史家讲史

历史深处的君与臣

黄朴民 ◎ 著

华夏出版社
HUAXIA PUBLISHING HOUSE

序　言

斜阳古柳赵家庄，负鼓盲翁正作场。
身后是非谁管得，满村听说蔡中郎。
——《小舟游近村舍舟步归》

南宋诗人陆游的这一番感慨，或许正体现了人们在了解和评价历史人物时，普遍会遇到的困扰与纠结。

大千世界，芸芸众生，绝大多数都是沉默的群体，恰如沙尘，无声无息消失在无垠的历史天穹之中，来无影，去无踪，不带走一丝云彩，也不留下任何痕迹。只有极个别的人，由于自身作为，也靠了机缘巧合，被史家在史册上记了一笔，于是，他们就得以在历史上留下或模糊、或清晰的身影。这些人，虽然说到底也是历史舞台上的匆匆过客，但毕竟留下了名字，所以，我们称之为"历史人物"。

在历史上，愿意尽显身手，做成一番事情（且不论事情的善恶对错），而在历史上留名（且不论是美名还是骂名），成为历史人物的，可谓不乏其人。桓温所言，大丈夫在世，"既不能流芳后世，不足复遗臭万载邪"（《晋书·桓温传》），道出了一些汲汲于青史留名者的共同心声。尽管我们可以不屑于历史上一些人的心态与作为，但是我们不得不承认，正是各式各样的历史人物的卖力表演，才使得我们的历史变得丰富多彩，充满生机与活力。

毋庸置疑，历史人物就是历史舞台上的主角，是历史聚光灯照耀的中心。如果说，在历史这个有机结构当中，将历史事件喻为"骨"，历史文化喻为"血"，那么，历史人物毫无疑问可以喻为"肉"。骨架使人得以成形，血液教人得以鲜活，而肉体则赋予人以具体的形象。

显而易见，解读和评价历史人物，是史学研究的重要内容和永恒主题。通过对历史人物的了解，我们走近他所处的那段历史；通过对历史人物的评价，我们认识他所处的那个时代。然而，要真正看清那些渐渐远去，甚至已经消逝的身影，又何尝容易？要在客观上做到"知人论世"，在抱有"同情之理解"的基础上，走进他们的内心世界，理解他们的思维方式与行为准则，从而体认其思想动机，评述其功过得失，更不啻是困难重重。

其中，最重要同时又最令人困扰的，就是对历史人物做评价。受研究者自身的阅历、观察问题的角度、社会环境的影响等种种因素的制约，对某一历史人物的具体评价往往会有截然不同的结果，这是历史研究中大量存在的现象，也是导致人们思想困惑的一个重要原因。

根据我的观察，造成这种分歧的原因固然很多，但是关键的因素，也许是道德尺度与历史尺度之间的纠葛与对立。对于某一具体的历史人物，用道德衡量或用历史衡量，往往会得出完全不一样的功过得失评价。在道德上占有优势，在人格上具有魅力，在历史上却不一定经得起检验；反之亦然，历史上有大贡献的人物，其所作所为也常常得不到传统道德的认可，不能成为人们真心景仰钦慕的人格楷模。而当历史研究者侧重于从一个方面对历史人物展开评价时，分歧便立即凸显出来了，各执一词，互不认可，导致持不同观点者在评价历史人物时完全没有交集。

这也是历史上诸多杰出人物"身后是非"、千秋功过任人评说，言人人殊的原因所在。以封建帝王为例，大多数人通常赞赏的是汉文帝刘恒、光武帝刘秀、宋太祖赵匡胤的为人与做事风格，而对秦始皇、曹操、朱元璋嗜杀、残暴、任性专制、严酷无情的行径无法苟同。尽管历史上曾有人别出心裁，努力为商纣王、秦始皇、曹操、隋炀帝、朱元璋等人鸣冤叫屈，汲汲于做翻案文章，但结果却往往不尽人意，言者谆谆，听者藐藐，心劳力拙，徒劳无功。秦始皇等人作为被普遍诟议的对象，长期无法真正翻过身来，正是因为道德戒律在历史人物评价中发挥着潜在的规范与制约作用。

然而，评价历史人物的功过是非毕竟不是只有一把道德尺子。作为历史研究者，与一般大众所不同的，是更倾向于用历史的尺子对历史人物做出价值判断。尽管秦始皇、曹操、武则天、朱元璋等人在道德品行上存在着备受争议的地方，无法让人认同，更无法令人喜爱，可是，平心而论，他们对历史发展的贡献有目共睹，甚至远远超迈占有道德或人性优势的刘秀、赵匡胤等人。所以，用历史的标尺衡量，他们又不能不受到充分的肯定与崇高的礼赞。

这样一来，学者的观点与大众的认知之间便存在着巨大的差距，如何缩小甚至消弭这种差距，便成了历史研究怎样面对社会，进入大众，而不被边缘化的重大任务。但是遗憾的是，人们在这方面的努力似乎并没有收到积极的效果，在充斥着泛道德主义的社会里，要对历史人物做出既合乎道德要素又满足历史条件的价值判断，真的是"难于上青天"，各吹各的号，各唱各的调，始终是历史人物价值判断的普遍现象，这不能不说是我们从事历史研究时所面临的一个重大困惑。

其实，历史人物的价值判断也并非一个不可解的死结。这一点早在孔子那里就已经做到了很好的平衡，堪称典范。翻开《论语》一书，我们可以看到孔子有关管仲的评价，充分体现了道德与历史的矛盾统一。孔子一方面对管仲不无微词，甚至多有贬斥，批评"管仲之器小"，指摘管仲贪货敛财，道德有阙；另一方面又充分肯定管仲辅佐齐桓公"九合诸侯，一匡天下"的历史功勋，盛赞管仲"如其仁，如其仁"。很明显，孔子批评管仲，乃是就道德层面发论；而孔子肯定管仲，则是就历史层面定位。两者并行不悖，互为参照，从而使对历史人物的价值判断在道德与历史的矛盾对立中实现了和谐的统一。这也启发我们，在评价历史人物时，应区分道德与历史的不同标准，"将上帝的还给上帝，将国王的交给国王"，从而走出历史人物价值判断的困惑。

我本人多年从事历史教学与研究，在此过程中，对了解和评述某些特定的历史人物一直怀有浓厚的兴趣，兴之所至，率尔操觚，信笔涂鸦，写下自己对这些风云过客功业与遭遇的看法，旷日持久，对历史人物的定位和评析，也渐渐形成了自己的标尺。承蒙华夏出版社诸位朋友的错爱，使我有机会对这些浅薄但不无性格的文字加以遴选，编勒成帙，付梓出版，以与众多历史爱好者分享。这是我的莫大荣幸，谨向读者朋友致以敬意，向华夏出版社同仁表达谢忱！

是为序。

黄朴民

2024 年 4 月 20 日

于北京时雨园寓所

目 录

001	先哲的睿智
002	大音希声,大象无形——老子的治国之术
007	"圣之时者":务实的孔子
015	厚礼:孙子其人其书的当代启迪
029	拒绝诱惑:庄子的境界
035	"尊贤使能":孟子的人才观
039	国士的卓识
040	范文子的卓识及其遗憾
051	子路:保持本色的儒之大者
055	"文能附众,武能威敌"的司马穰苴
060	韩信的睿智:"汉中对"新解
065	"天人合一"与董仲舒的演技
071	东汉开国第一人——邓禹与他的"图天下策"
075	三顾频烦天下计:"隆中对"平议
080	举重若轻:羊祜和他的《平吴疏》

085	**王霸者的多张面孔**
086	一代枭雄郑庄公
097	靡不有初，鲜克有终：回眸晋献公
103	"春秋首霸"齐桓公
109	贵族优雅精神的绝唱：宋襄公之死
120	左支右绌：晋襄公的苦闷
131	秦穆公"种瓜得豆"
137	"人中翘楚"楚庄王
142	晋悼公复霸
151	"心比天高，命比纸薄"：梁惠王的无奈
155	旷代明君汉文帝
166	"知雄守雌"：光武帝刘秀
171	政治博弈：魏孝文帝迁都
177	"杯酒释兵权"——赵匡胤的胆略与权谋
199	**历史的镜鉴**
200	"卿本佳人，奈何做贼"：逼出来的反叛
209	关公崇拜情结
215	洞见：读萨孟武《〈红楼梦〉与中国旧家庭》
222	从终点回到原点：传统政治的轮回

| 228 | 自污自晦：古代功臣自我保全之道 |

239	**才性离合**
240	最是高处不胜寒：伍子胥的末路
249	"鱼与熊掌不可兼得"——吴起身上的德才悖论
254	权力欲的深渊：白起范雎生死劫
261	厚黑有道：公孙弘的伎俩
267	屈服与依附：王充的另一面
271	无毒不丈夫：张杨的毁灭之路
275	做人要低调：贺若弼韩擒虎争功的教训
283	命悬一线：尉迟敬德闹宴风波
287	"事君数，斯辱矣"：胡惟庸现象透视

297	**英雄的命运**
298	人尽其才：王猛的襟怀
302	檀道济的悲剧人生
310	再见了，潼关：哥舒翰英雄揾泪
317	宋代政治文化传统与岳飞之死
330	暗箭难防：熊廷弼之死
335	亲痛仇快：袁崇焕之死

伏羲女娲 孔子见老子 升鼎画像石（东汉）。上层中间为高禖，一手抱伏羲，一手抱女娲；中层为孔子见老子图；下层为秦王泗水捞鼎。现藏山东嘉祥武氏祠文物管理所。

先哲的睿智

大音希声，大象无形——老子的治国之术

与儒家喋喋不休表示"兼济天下"意愿不同，也与法家大张旗鼓标榜"富国强兵"宗旨有别，老子的治国之术更像是藏在剑鞘中的利剑，裹在白手套里的重拳，底定江山悄无声息，挪移乾坤无迹可寻，大方无隅，大象无形，真正进入了治邦安国的上乘境界，所谓"指约而易操，事少而功多"。

"治大国如烹小鲜"，这是老子的名言，也是构筑老子治国理念的逻辑起点。它的意思有两层，首先，鱼是好东西，还是要吃的，而不是不吃，这在政治上就是要管治，而不是真的放任自流、无所作为；其次，治国过程中要小心谨慎，不要无事生非，乱翻乱动，否则鱼在锅中就会碎掉，没有办法再吃。前一层意思表明注重治国是老子学说的必有之义，韩非子苦心孤诣"喻老""解老"，司马迁将老子与韩非同入一传，绝非谬论知音；后一层意思表明老子的治国之术有自己的鲜明特色，作为典型的"君人南面之术"，它仍是形式上的"无为"和实质上的"无不为"的水乳交融、浑然一体。

在老子的眼里，天下万事万物都有自己的自然属性，所以最高明的统治理应顺从客观，尊重自然，既不有为，更不乱为，因势利导，率理而动，一切"道法自然"，凡事"无为自化"。这在治国上，首先要求统治者做到海涵一切，虚怀若谷，不以一人之智为智，而以众人之智为智，谦卑处下，宽容包纳：

"上善若水，水善利万物而不争。"老子的观点是：理想的世界应该是"不争"和谐的"混沌"状态，而要达到这样的境界，关键是占据着权力资源的统治者主动降低自己的身段，与处在下游的百姓们打成一片，消除彼此的隔阂，离开矛盾的旋涡，这就是所谓的"贵以贱为本，高以下为基"。总之，在上者是虚静无为，在下者是循理而为，各不逾矩，彼此相安，即双方都能按照各自的自然本性和谐地共存于一个体制之中。

其次，是主张顺遂人性，因循为用。老子反对用道德仁义等外在力量去强行改变什么，规范什么，"天地不仁，以万物为刍狗"，即任凭天下万物自生自灭而不加任何干涉。理由很简单，天地如果有仁爱之心，必然会以自己的意志"有为"地向万物施加恩泽，按自己的标准改变万物的状态，可是"强扭的瓜不甜"，这样一来恰恰破坏了万物生存的自然法则。比如牛羊吃草，人类吃牛羊，表面看似乎很残忍，但这却是生物的真实本性，是生物界的天然生物链。假如天地出于仁慈而加以改变，反而破坏了自然界的平衡。因此，天地必须冷血"不仁"，即对生物之间的弱肉强食不予干涉。同样，圣人治国也应该"不仁"。在老子看来，仁义孝慈是人类的自然本能，无须汲汲倡导而已自然存在，一旦倡导，在利益驱动下必然会导致大量伪道德出现，造成真道德丧失："大道废，有仁义；智慧出，有大伪；六亲不和，有孝慈，国家昏乱，有忠臣。"因此，留给圣人的只有一途："绝仁弃义，民复孝慈。"

其三，是提倡去奢节俭，废刑省罚。具体地说，第一要节俭，"去甚，去奢，去泰"。老子以为人之患在于有为，而导致有为的诱因，在于欲望太多，名利心太重。要纠正这一偏差，唯有节俭，珍惜生命，节约精力，这才合乎自然本性，也即"天道"："治人事天，莫若啬。"

第二是要知足常乐，进而荣辱皆忘。老子的观点是，统治者只有贵生重己，适可而止，知足常乐，方可远离祸害，免除灾难："名与身孰亲？身与货孰多？得与亡孰病？甚爱必大费，多藏必厚亡。知足不辱，知止不殆，可以长久。"

第三是要清醒地认识到法令刑罚手段在治国上的巨大局限性，反对以暴力强制的方法进行管治。老子指出，面对利益驱动下日益严重的"人心不古，世风日下"现象，日益猖獗、无奇不有的犯罪触禁，依靠刑事处罚的办法无济于事，甚至是南辕北辙，适得其反。道高一尺，魔高一丈，"法令滋章，盗贼多有"。在老子看来，在治国上依赖刑法的强制力，是典型的妄为，违背自然好生爱德的本性，舍本逐末，捡了芝麻丢了西瓜，注定没有任何出路。一旦民众失去生路，断绝希望，不再畏惧死亡，统治者就丧失了稳定政局的最后资本，整个社会的总崩溃就无可避免了："民不畏威，则大威至"；"民不畏死，奈何以死惧之"。很显然，老子从"道法自然"的基本立场出发，视政治高压、暴力强制为治国上的最大失败。

第四是强调贵柔守雌，以弱制强。《吕氏春秋·不二》说："老聃贵柔。"知雄守雌，以退为进，柔弱胜刚强，这的确是老子对待事物掌握主动的策略原则，也是其治国之术的一个显著特色。

按老子的理解，"反者道之动，弱者道之用"，处于柔弱卑下地位的一方，其实往往拥有最强大的力量，"天下莫柔弱于水，而攻坚强者莫之能先"。与之相反，一切刚强的东西实际上都蕴涵着衰败死亡的暗示，即所谓"人之生也柔弱，其死也坚强，万物草木之生也柔脆，其死也枯槁，故坚强者死之徒，柔弱者生之徒"。"物壮则老"乃是普遍的规律。基于这样的感悟，老子主张贵柔，守雌，"进道若退"，"知其雄，守其雌；知其白，守其黑；知其荣，守其辱"，以退为进，以屈求伸，以弱胜强。

在这种策略原则指导下，老子的治国之术当然会带有浓厚的阴柔特征。第一是肯定管理制度的设置和管理措施的推行，都要合乎时机，顺应自然，"静作得时，天地与之"。不可单凭主观的意念率意为之，以致走向事物的反面。同时在必要的时候，让治国的理念与方法随着情况的变化、形势的发展，而有所调整、有所改变，"与时迁移，应物变化"。

第二是主张管理上要由小入大，由易至难，循序渐进，和谐混成，而不能幻想一蹴而就，一劳永逸："图难于其易，为大于其细。天下难事，必作于易；天下大事，必作于细"；"为之于未有，治之于未乱。合抱之木，生于毫末；九层之台，起于累土；千里之行，始于足下"。

第三是提倡管治应该尽可能做到简约、明快，不讲求繁文缛节，不违背天然本性，事半功倍，效率至上。为此要"以一统万"，以简驭繁。

第四是强调治国的手段要善于体现以静制动，以不变应万变的特点，达到"成功遂事，莫知其状"的理想境界。善守雌节，后发制人："将欲歙之，必固张之；将欲弱之，必固强之；将欲废之，必固兴之；将欲夺之，必固与之。"

总之，是要在这样的"君人南面之术"的全面掌控之下，使天下得到有序的管治,"无为而无不为",即舍弃过度的措施,摈除酷烈的刑罚,尊重普遍规律,承认独特个性,不以俗情系心,不以他物累形,一切顺其自然,凡事因势利导,以不争的手段和姿态,来达到"天下将自定"的目的,即所谓"夫唯不争,故天下莫能与之争"。为此老子为我们描绘了"无为而治"的理想统治模式:"太上,下知有之;其次,亲而誉之;其次,畏之;其次,侮之。信不足焉,有不信焉!悠兮其贵言。功成事遂,百姓皆谓'我自然'。"它比"亲而誉之"的儒家政治高明,更比以"畏之"为特征的法家政治优越,的确是了不得的治国利器,不世出的政治智慧。

"圣之时者"：务实的孔子

孔子的思维理性，用他自己的话来概括，就是"中庸"精神。在孔子看来，"中庸"既是最高的道德，也是处理一切问题的思想方法论："中庸之为德，其至矣乎，民鲜久矣。"具体而言，"中庸"的核心内涵，是讲求原则性、稳定性、适应性与灵活性的高度有机统一，是格物、致知、诚意、正心、修身、齐家、治国、平天下的基本前提。按孔子的观点，凡事都必须坚守大经大法，做到不偏不倚，无过无不及，强调这是考虑和解决一切问题的出发点。具体的做法便是"执其两端而叩之"，从中找到和掌握合适的"度"（所谓"过犹不及"），辩证看待问题，巧妙取得平衡，举措合乎分寸，凡事不走极端。

这种思维理性可以说是渗透在孔子几乎所有的思想命题中，像"无形的手"操控着孔子一切观点的具体表述：如在天人关系方面，既不否定鬼神、天意的存在，"祭如在，祭神如神在"；又着重强调人事的作用，"天何言哉？四时行焉，百物生焉，天何言哉"，"未知事人，焉知事鬼"，"未知生，焉知死"。

在政治秩序方面，既肯定君臣尊卑、父子上下关系的天然合理性，"君君，臣臣，父父，子子"；同时又主张这种合理性必须建立在共尽义务和共享权利的基础之上，"君使臣以礼，臣事君以忠"。

在文质关系方面，既注重内容，又注重形式，反对畸轻畸重，片面偏颇，"质胜文则野，文胜质则史。文质彬彬，然后君子"。

在治国理政方面，既不能一味用强硬的一手，也不能无原则地怀柔，行姑息之政，仁与礼应该有机统一，德与刑应该相辅相成。哪一方面有所欠缺，则当及时弥补；哪一方面过分，则当有意识加以抑制，要做到文武并用，恩威兼施，宽猛一体，刚柔相济，张弛有章法，仁严有节度："政宽则民慢，慢则纠之以猛：猛则民残，残则施之以宽。宽以济猛，猛以济宽，政是以和"；"张而不弛，文武弗能也；弛而不张，文武弗为也；一张一弛，文武之道也"。

在理想追求方面，既汲汲不舍追求大同，"祖述尧舜"；又脚踏实地致力小康，"宪章文武"。总而言之，一切要"允执其中"。

最能体现孔子这种"中庸"思想理性精神的，是孔子对子贡赎人与子路受牛两事的评价与臧否。这里，孔子的言论可谓是典型的出乎意料，又合乎情理。

子贡赎人于诸侯与子路拯溺者而受牛的故事，见于《吕氏春秋·察微》的记载，而汉代刘向编纂的《新序》《说苑》等文献也曾引用。

子贡赎人于诸侯，讲的是当时鲁国有一条法令，明文规定：鲁国子民在其他诸侯国工作、生活期间，若因各种原因（包括经营不善、受欺上当、遭人洗劫、好逸恶劳等等）而一贫如洗沦为奴婢，其他鲁国人一旦发现，有责任有义务筹集资金，将其赎买出来，使其恢复自由之身（鲁国不愧为礼仪之邦，所谓"周礼尽在鲁矣"，这样的人性化法令，这样的"德政""仁治"也只有鲁国才能发明）。鉴于赎买奴隶需要一大笔钱，个人承担无论是在心理上还是实际财力方面都有些勉为其难。鲁国的法令进而规定：这笔钱先暂由个人垫支，开具凭据，回鲁国后再拿凭据到国家财务部门实报实销。

子贡是孔门弟子中最富有的，经商有方，生财有道，自己名下的财产多得连王公贵族都要妒忌。一次他出国做买卖，恰好遇上了一个鲁国人在该国沦落潦倒，充当奴隶。毕竟是圣门弟子，恻隐之心油然而生，他毫不犹豫地掏出钱来，替该人赎回自由之身。

事情到这里本来一切正常，中规合矩，可子贡头脑一热，再接下来的事就变得画蛇添足，把简单的事情复杂化了：他回到鲁国之后，没有按照国家法令的规定，去国家财务部门报销个人赎买奴隶自由身份的垫支，而是将垫付费用的收据留下，自我消化，自行承担了这笔费用。

我们忖度他这么做的动机或原因也许有两个，一是他十分富有，"接骑连驷"，富可敌国，到了与诸侯分庭抗礼的程度，奴隶的赎身费用虽然不菲，但是对子贡这样能进入"福布斯财富排行榜"的"超款"（既有"超女"，则富得流油者可称为"超款"）来说，不啻九牛之一毛，何足挂齿？能否报销实在是无所谓的事情。二是子贡虽属"超款"，但毕竟是圣门之风熏陶出来的"儒商"，或许他念及老师"君子喻于义，小人喻于利"等"圣训"，而准备朝着做"圣人"的方向努力，做一个毫不利己、专门利人的优秀人物。在子贡的意识深处，这样的做法，才是践行孔门的道义，才是把孔子的教导贯彻落实到具体的行动之中，才算是孔子所期待的好学生的应有表现……我想，当他做出不报销的决定时，脑中一定曾闪过如此念头：这下老师肯定大大地开心了，会把最美好的表扬毫不吝啬地加在我的头上，就让颜渊、曾参等同门去羡慕、去妒忌吧！

然而，孔子知道这一情况后的反应却出乎包括子贡本人在内的所有人的意料。他不仅没有赞许子贡的行为，反而非常严肃地训斥了子贡一通。他说：任何法律都建立在一定的道德基础上，而道德的标准并不取决于最杰出人士的水平，而是以大多数人的认识水平与行为准则为鹄的，鲁国赎奴之法同样不例外。它制定的初衷是为了让尽可能多的鲁国人摆脱奴隶的身份，重新回归正常人的生活，而其中有关赎金国库报销的规定，则完全是按照一般人的道德水准制定的。因为对大多数人来说，同情之心是普遍存在的，所以，见同胞受苦落难，都愿意尽自己的力量予以帮助，使之尽快恢复自由之身。然而，救赎奴隶毕竟要花费一大笔钱，是个不小的经济负担，要他们自己掏腰包来承担，则不免踌躇为难。于是，政府根据这种实际情况，制定了先垫支赎金而后到国库报销的法规，从而妥善解决了人们助人脱困的同情心与犯难个人大出血之间的矛盾，使事情获得圆满的解决。

孔子接着指出子贡行为的问题所在：现在你的所作所为彻底违背了国家立法的初衷，完全超越了人们所能接受的道德限度，陈义虽高却事与愿违，让貌似正确的道德优越妨碍了问题的解决，在正义的假象下造成实质上的人道危机。

道理非常简单，你子贡的做法表面上十分完美，无懈可击，可实际上却根本脱离了正常的道德要求，使绝大多数人陷入了两难的境地。如果效法你子贡的做法，由个人来承担不菲的赎金，不免心痛个人的巨大损失。如果不效仿你子贡的行为，继续采取先垫支赎金后找国家财政部门报销的方式，则会陷入道德的困境，生怕其他人指着自己的脊梁骨说三道四、鄙视轻蔑：人家子贡多高尚，多伟大，他能做到，你为什么这么看重钱财，不能做到无私奉献，自己出钱替奴隶赎身呢！这种道德的压力，是无法化解的，也是没有勇气去直面的，这叫作"生命中不可承受之重"！

左也不是，右也不是，进退失据，前后为难，那么最后可能会导致最糟糕的结果：既然自己掏钱不甘心，诚实办事又忧虑遭到道德的针砭，于是乎，就干脆视而不见，遇上问题绕着走，见了奴婢同胞躲一边，什么也不做，一切假装不知道，从而免了赔钱的损失，逃了千夫所指的尴尬。然而这样一来，更多的人将深陷于为奴作婢的苦海而不能得到拯救，国家合乎情理、行之有效的赎奴法令也随之变成一纸空文，形同虚设。正是在这个意义上，孔子非常恼火子贡的行为，认为这是虚假的崇高，属于用道德杀人的丑恶。

与贬斥子贡赎奴做法形成鲜明对比的是孔子对子路受牛之事的肯定和赞扬。

子路受牛说的是，子路一次外出，途经一条河道，发现有一人失足落水，在湍急的河水中苦苦挣扎，行将被淹没。子路是个热心肠的人，孔武有力，大概还有一身好水性，见状便毫不犹豫地飞身跳入河中，费力将那位行将淹死的人救上岸来。

得救者的家人对子路的救命之恩感激不尽，为了感谢子路的义举，他们登门致谢，同时还送上一头牛作为谢礼。牛在当时是最重要的生产资料，其价值对于普通人家来说可谓无与伦比。以牛作为酬谢之礼，等同于今天赠送一辆奔驰牌或宝马牌豪华轿车，算得上是非常非常厚重的大礼了。子路见对方诚心诚意相赠，他也不虚与委蛇，做假客气，而是十分爽直地收下了这笔厚礼。

子路的同门师兄弟对子路的做法颇不以为然（这中间恐怕不乏嫉妒的成分），认为老师孔子经常教育大家要多行善事，扶危济困，不计利益（用后世大儒董仲舒的话讲，是"正其谊不谋其利，明其道不计其功"），做到施恩不图报。而今子路居然堂而皇之地收下人家的厚礼，违背师训，有碍儒家的门风，"是可忍，孰不可忍"。于是他们纷纷跑到孔子跟前告子路的状，称子路私下受牛，冲淡了他入水救人行为本身的意义，违背了夫子提倡的做人处世之道，辜负了夫子的多年教育和殷切期望。

令他们怎么也想不通的是，孔子不但没有丝毫责怪子路的意思，反而强调子路的行为才是正确的做人处世之道，应该完全肯定，大力表彰。孔子说：到湍急的河流里拯救溺水者，是件非常危险的事情，子路如今冒着生命危险下水救人，得到被救者厚重的回报，乃是理所当然的事情，因此他将牛收下，做得完全正确。同时，救人得厚报，在客观上也能起到很好的激励作用，这就是昭示天下，善有善报，公道自在人心，其他人日后再遇上类似的情况，也会做出同样正确的选择，其结果是正气得到伸张，使更多陷入危险的人获得救助的机会。

上述两件事情，从一个侧面反映了孔子不保守、不拘泥的理性态度，可见，解放思想、实事求是、与时俱进乃是孔子认识社会、对待问题、处理矛盾的原则立场和行为方式。他从来不唱什么高调，从来不摆什么架子，而总是能通权达变，设身处地贴近生活的实际，做出最明智、最实在的选择，找到最平易同时也是最高明的解决问题的方法。这其实正是他"中庸"思想方法论在处理日常生活中具体问题时的必有之义。孟子称道他为"圣之时者"，可谓是说到点子上了。人因平凡而伟大，因务实而高明，因通达而神圣，孔子之所以成为"圣人"，真正的奥秘正在于此！

以孔子"圣之时者"的人格与气度，来观照我们身边的某些现象，是很有帮助的，可以使我们看清一些人的真实面目，洞察其不纯动机。识人之难，古今一律，所以白居易曾浩叹："周公恐惧流言后，王莽谦恭未篡时。向使当初身便死，一生真伪复谁知。"有人将这一现象精辟地概括为："始于作伪，终于无耻。"

但是，其实作伪也好，无耻也罢，终归有蛛丝马迹可寻。我们时不时会听到有这样的"典型"：老婆生孩子，他不回去照顾；父亲弃世，他不回去送丧。理由是工作很忙碌，故公而忘私，舍身忘家。这显然是不合起码的人情，把自己抬高到与其他人对立的做法。我们很难设想，一个人对自己最亲近的人都冷漠无情，还能够真正关心他人，热爱集体和国家！

从这个角度观察问题，我们不能不对他这类有悖基本人情、缺乏基本人性的举动产生合理的怀疑。在我们看来，他这么做，一定是怀有某种不太纯正的动机，是为了实现自己缘黉而进、飞黄腾达的企图，是不折不扣的"作伪"。

中国古代哲人庄子说得好："道德不废，安取仁义？性情不离，安用礼乐？五色不乱，孰为文采！五声不乱，孰应六律。"(《庄子·马蹄》)就是这些小人的虚伪与欺诈,把我们的社会风气搞坏了,"浇淳散朴,离道以善,险德以行……然后民始惑乱"(《庄子·缮性》)。对于这类唱道德高调,"满口仁义道德,一肚子男盗女娼"的伪君子、假道学,我们应该提高必要的警惕,防止他们用"高尚"的口号把我们引入道德的歧路;而作为掌握用人权力的部门或领导,则更加有必要增强防范意识,使任何伪君子、假道学彻底碰壁,无所售其奸,白白忙乎一场。

厚礼：孙子其人其书的当代启迪

空间无限，时间永恒，岁月飞逝，风流云散，斗换星移，沧海桑田，人类早已进入了高科技的时代，过去所发生的一切，仿佛离我们越来越远，远得几乎令人淡忘……

其实这也没有什么可奇怪的：现代生活日新月异，风光旖旎，在新技术、新信息、新观念如同潮水般涌来，不断改变着人们的生活方式和价值取向的大背景下，人们只能立足现实，面向未来，无法也不应该沉湎于往昔的峥嵘、执着于消逝的彩虹，以至于让旧的束缚住新的，死的窒息了活的。

然而，孙子及其兵法著作却是这一历史法则的极少数例外之一。他们经受住了时间的考验、大浪的淘洗，既不曾沦落成古董，更没有化作为泡沫。恰恰相反，其合理的思想内核在今天依然闪烁着真理的光泽，到了明天，同样将是异彩纷呈，魅力无限。

道理很简单，因为《孙子兵法》所总结和揭示的一般军事规律，对于当代军事理论的建设与发展，具有永远不可替代的借鉴意义；而其辩证能动的思维方式、求实进取的文化精神，也业已顺理成章地渗透到军事以外的社会生活领域，在企业管理、商业经营、外交角逐、体育竞争等活动中获得极为广泛的重视和应用，更为人们的思维方法与行为模式提供着用之不竭的文化启迪。因为实事求是、观照全局、高明预测、掌握情况、把握机遇、权衡利弊、辩证分析、主动积极、扬长避短、避实击虚、灵活应变等等，始终是人们在从事各项事业时，所必须遵循的认识路线和指导原则。

从这个意义上讲，《孙子兵法》已经超越了时空的界限，而成为整个人类社会的一大笔取之不尽、弥足珍贵的历史文化遗产。

一、全局意识

古人认为，"不谋全局者，不足谋一域"。因为"一域"不能代替全局，"一域"之得更不能弥补全局之失。换言之，全局决定着一域的存亡，所以任何事业能否成功的关键正在于能否认识全局、驾驭全局。而谋全局需要的是高屋建瓴、宏观控制的大见识、大魄力，处处高人一等，时时占得先机。

历史上，那些成功的战略家总是善于从错综复杂的局面中清醒地分析敌我双方的优劣态势，充分考虑当时的战略地缘关系、综合实力以及战略布局与互动，在此基础上确定自己的战略目标，站在最高层次上寻求全盘皆活的战略转机，夺取和掌握战略主动，营造有利于未来发展的良好战略环境。

《孙子兵法》的精髓，就是善于从全局的高度，去认识决定战争胜负的要素，把握克敌制胜的奥秘，驾驭治军用兵的方法。无论是对政治与军事主从关系的分析、经济与战争依赖性质的阐述，抑或是对敌我战略优劣态势的判断、作战指导原则各个层面的协调，它都具有鲜明的整体性、系统性、全局性、互补性，如战略预测上的"五事七计"，治军手段上的"令文齐武"，作战方法上的"奇正相生"，战争观念上的"仁诡相济"等，无一不是以系统综合的视角切入，由全局呼应的途径造就。处处体现出纲举目张、举重若轻的大局意识和见微知著、占隐察机的预见能力。

这种全局意识，对于我们今天从事任何工作都是弥足珍贵的文化启迪。就任何一个追求事业成功的人士而言，大局观可以说是一种不可或缺的基本素质。只有看到事物的内在联系性，才不至于在应对时顾此失彼，左支右绌；只有认识到关系的错综复杂性，才不至于在处理时挂一漏万；只有意识到趋势的多样变化性，才不至于在前瞻时一厢情愿、进退维谷。从而以联系的观点审时度势，以辩证的态度观照一切，以互补的手段多管齐下，以稳妥的步骤循序渐进。防止因偏执一端而轻躁冒进，避免因忽略细节而功亏一篑。真正明白牵一发而动全身的道理，深刻理解红花还须绿叶扶的要义。很显然，立足全局，明了大势，观照整体，和谐协调，是推进事业并牢牢立于不败之地的前提条件，也是强本固基、可持续发展的重要保证。

二、重点意识

观照全面，不等于事无巨细平均使用力量，恰恰相反，抓住重点，强调主次，是做好一切工作的生命线。最糟糕的情况，是"眉毛胡子一把抓，芝麻西瓜满地捡"，"样样都懂，样样稀松"。大路货，万金油，加个不多，缺个不少。

《孙子兵法》不愧为"兵学圣典"，对这层道理有十分深刻的阐释，在它看来，即使有极大的优势，但是如果不能把好钢用在刀刃上，不讲主次，四面开花，全面受敌，撒胡椒面，其优势将不复存在，并很可能陷入两难，所谓"备前则后寡，备后则前寡；备左则右寡，备右则左寡，无所不备，则无所不寡"。正确的方法是，在充分观照全面、有效照顾整体的同时，合理地配置有限的资源，突出重点，高明选择战略主攻与突破方向，集中优势兵力，中心突破，以点带面，创造最经济、最优化的效益，达成自己预定的战略目标，这就是"为兵之事，在于顺详敌之意，并敌一向，千里杀将"，"并气积力，运兵计谋，为不可测"。

正是基于这样的认识，《孙子兵法》全书既坚持全面论，更强调重点论。其所有命题，均以两点之中抓重点的方式来表述，如攻守一体，以攻为重点；奇正相生，以奇为优先；主客相对，以客为侧重；常变并行，以变为主体；"全胜""战胜"不可或缺，而以"战胜"为重中之重；"避实""击虚"相辅相成，而以"击虚"为根本选择。

《孙子兵法》这种思维模式，是符合辩证法的基本原理的，在哲学上，同一个事物内部往往存在着矛盾的两个方面，其中，矛盾的主要方面决定着事物的性质，决定和制约着矛盾的次要方面。因此，要处理和解决矛盾，就必须从矛盾的主要方面入手，从而事半功倍，水到渠成，以四两拨千斤，以抓纲而举目。从这个意义上说，我们不能把两点论与重点论简单地对立起来，不能将观照全局与强调中心机械地割裂开来，面对风云变幻的形势，面对千头万绪的工作，面对纷至沓来的矛盾，面对形形色色的压力，切不可不分主次平均使用力量去应对，而必须沉着镇静，以静制动，突出中心工作，解决关键问题，循序渐进，化整为零，真正做到"有所为，有所不为"。

三、创新意识

任何事物的活力皆渊源于锐意开拓，不断创新。《孙子兵法》从本质上说是创新的过程，创新的成就。换言之，"创新"精神融入了《孙子兵法》的整个过程，是《孙子兵法》之所以能够超越其前代兵学理论，独领风骚的根本原因。

《孙子兵法》的创新包括观念的创新、战法的创新、思维的创新等多个层次、多个方面。具体而言，就是对"古代王者《司马法》"的创新与超越。

"古司马兵法"的军事思想，其主要特点是在战争观、治军理论、作战指导思想原则上，充分反映和贯彻"军礼"的基本精神，提倡"以礼为固，以仁为胜"；主张行"九伐之法"，"不鼓不成列"，"不杀黄口，不获二毛"；贵"偏战"而贱"诈战"，"结日定地，各居一面，鸣鼓而战，不相诈"。这正是汉代班固所指出的"下及汤武受命，以师克乱而济百姓，动之以仁义，行之以礼让,《司马法》是其遗事也"。

《孙子兵法》则完全不同，它排斥"以礼为固，以仁为胜"的旧"军礼"传统，提出了一系列反映时代要求、迎合新的战争形势的兵学理论，用"兵以诈立""兵者诡道"取代"鸣鼓而战，不相诈"；用"掠乡分众""堕其城，隳其国"取代"不杀黄口，不获二毛"；用"兵贵胜，不贵久""兵之情主速，乘人之不及，由不虞之道，攻其所不戒"取代"逐奔不过百步，纵绥不过三舍"。通过这些全方位的创新，使其兵学理论成为与时俱进、满足现实的战争指导原则，实现了中国古典兵学的一次具有革命性意义的飞跃。

《孙子兵法》的创新意识，对我们今天从事各项事业也同样具有深刻的启示。故步自封、墨守成规是前进道路上的最大障碍；抱残守缺、得过且过是人生进取中的致命弱点。朱熹诗云"问渠那得清如许，为有源头活水来"，要提升境界，实现升华，关键在于绝不安于现状，能够以"知昨非而今是"的健康心态，对旧的传统、旧的模式进行挑战，不落窠臼，打破常规，勇于开拓，锐意创新，做到百折不挠，一往无前。这也就是《易经·系辞》上所说的"穷则变，变则通，通则久"的道理。

当然，创新不是不着边际的胡来瞎搞，不是割裂传统的标新立异，那样，创新就成了无本之木、无源之水，反而会未获其利而蒙其害。真正的创新，是继承与汲取传统基础上的开拓，是尊重与借鉴前人前提下的进取。这方面，《孙子兵法》同样为我们提供了明亮的镜子，它固然汲汲于创建崭新的兵学理论，但同时也充分吸取了以往兵学的合理成分，保留了"穷寇勿迫""合军聚众"等有价值的兵学原则，从而在新与旧、常与变的结合中找到了最佳的平衡点。

四、机遇意识

机遇指的就是时机，而所谓"时机"，在战略层面上就是对我方行动最有利的态势，是关系战局胜负趋势的基本条件，用一句俗语做比喻，便是"时来天地皆同力，运去英雄不自由"。故《将苑·应机》云："夫必胜之术，合变之形，在于机也。"

利用"时机"，一方面自然应该持重，不可忘乎所以，轻举妄动，所谓"时不至，不可强生；事不究，不可强成"；另一方面更应该善于把握战机，一旦遇上有利的时机，就要求坚决利用，毫不犹豫，以避免贻误战机，葬送胜利的前景。"得时无怠，时不再来"，"从时者，犹救火、追亡人也。蹶而趋之，惟恐不及"；"见利不失，过时不疑；失利后时，反受其殃"。

《孙子兵法》的高明，在很大程度上反映为它对创造和把握机遇的重视。它主张在强大的军事实力的基础上，充分发挥将帅的主观能动性，积极创造和运用有利的作战态势，进而打击敌人，去夺取战争的胜利。即通过"造势""任势""示形动敌"等手段，寻得最大的机遇，争取最好的条件。所谓"善战者，其势险，其节短，势如彍弩，节如发机"。而一旦捕捉到机遇，则要毫不犹豫地把握住，使之转化为胜利的现实："始如处女，敌人开户；后如脱兔，敌不及拒。"

今天人们要在人生竞争大舞台上牢牢占据主动地位，淋漓尽致地展示自己的能力与水平，同样离不开创造和把握机遇。利益的蛋糕就这么大，而竞争者又这么多，你要想跻身其中，分得一杯羹，有无强烈的机遇意识是重要的先决条件。不能不切实际地幻想有天上掉馅饼的美事，扫帚不到，灰尘不会自己跑掉。天底下没有免费的午餐，与其抱怨命运，不如参与游戏，所谓"临渊羡鱼，不若退而结网"，该出手时就出手，要知道人生的拐点也就这么寥寥几个，战机稍纵即逝，一旦失之交臂，再也无法追回。

当然，机遇在很多情况下也是可遇而不可求的。有时候太投入去争呀拼啊，反而会南辕北辙，适得其反。所以也要有随缘豁达的心态，顺其自然，无为而无不为，"夫唯不争，故无尤"。应懂得一个简单的真理：机遇错失，这说明事实上它并不是真正的机遇。作如是观，则释然矣。

五、主动意识

众所周知，主动权乃是军队行动的自由权。在战场上，谁失去行动自由，谁就面临失败的危险，可见，主动权即军队命脉之所系。

孙子对这层道理早有深刻的领会，并用一句简洁深刻的话，概括揭示了牢牢掌握主动权的不朽命题："致人而不致于人"，即善于调动敌人而不被敌人所调动。我们认为这一原则是孙子制胜之道的灵魂。无怪乎《李卫公问对》要这么说古代兵法："千章万句，不出乎'致人而不致于人'而已。"

为了达到掌握主动权的目的，孙子全方位、多角度阐述了相关的要领：第一，示形于敌，迷惑和欺骗敌人，使其暴露弱点，然后给予凌厉的打击。第二，"以十击一"，即集中优势兵力，果断有效地打击敌人。第三，"攻其所必救"，即正确选择作战的主攻方向。第四，"避其锐气，击其惰归"，即高明把握实施攻击的有利时机。第五，"知战之地""知战之日"，察知战场地理，了解战场天候。并采取"策""作""形""角"等手段，全面掌握敌情。第六，"兵无常势，水无常形"，因敌变化而取胜。

社会是复杂的，生活是残酷的，人性是有弱点的，竞争是充满陷阱的，田园牧歌、温情脉脉，只存在于想象之中，要避免出现"人为刀俎，我为鱼肉"的悲凉境况，就应该把命运掌控在自己的手中。《国际歌》唱得好，"从来就没有什么救世主"，对芸芸众生而言，最好的选择就是：求人不如求己。而要掌控自己的命运，最重要的就是必须具备主动意识，即像孙子所说的那样"先处战地而待敌"，"致人而不致于人"。一方面尽可能增强自己的竞争实力，增加自己的竞争资本，把自己的这块"蛋糕"做大，取得话语权；左右逢源，游刃有余。另一方面则应该审时度势，张弛有道，选择最合适的方式参与人生的竞争，以相对小的代价换取最大的利益，实现利益的最大化，四两拨千斤，予取予求，随心所欲而不逾矩，真正达到"战胜不复，而应形于无穷"的理想境界。

六、优势意识

所谓优势意识，也就是实力意识。在军事斗争中，奇谋妙计固然占有举足轻重的位置，但从根本上讲，强大的军事实力才是真正决定战争胜败天平上的砝码。因为不仅"伐兵""攻城"离不开一定的军事实力的巧妙运用，就是"伐谋""伐交"也必须要以雄厚的军事实力为后盾。综观古今中外的战争历史，无一不是力量强大的一方战胜力量弱小的一方。即使本来是弱小的一方，最终战胜力量强大的一方，也是通过各种途径，逐渐完成优劣强弱态势的转换，使自己的力量在总体上超过了最初力量强大的一方而实现的，这是战争活动的客观规律。

孙子对这一问题有着清醒的认识，他全面系统地论述了军事实力在战争中的地位和作用，以及军事实力运用的原则和实力建设的方法、途径诸问题。具体地说，"先为不可胜""胜兵先胜而后求战"是实力政策；"守则不足，攻则有余"，即

"强攻弱守"是对实力的战略运用;"修道而保法"是发展军事实力的基本原则,而"善战者之胜也,无奇胜,无智名,无勇功""胜于易胜"则是实现实力政策所要达到的上乘境界。孙子认为,战争指导者必须依据敌我双方物质条件的优劣、军事实力的强弱,灵活采取攻守两种不同形式,"以镒称铢","决积水于千仞之溪",以达到在战争中保全自己、消灭敌人的目的。

《孙子兵法》注重实力、强调优势的强烈意识,很显然完全可以作为我们今天参与社会竞争、人生角逐的有益借鉴。俗话说,鸡蛋碰石头,不自量力,一败涂地;相反,石头砸鸡蛋,则所向披靡,稳操胜券。说明轻重不均,优劣悬殊,则胜负立判,输赢铁定。要赢得主动,争取成功,没有强大的实力,没有充足的优势,不啻是痴人说梦,自欺欺人罢了。所谓"善战者,立于不败之地,而不失敌之败也"。因此,个人要出人头地,企业要笑傲江湖,国家要和平崛起,最大的自觉就在于拥有强烈的优势意识,强化硬实力与软实力的建设,做到"胜兵先胜而后求战",避免"败兵先战而后求胜"。

当然,在形成与强化优势的过程中,为了避免陷入树大招风的困境,必须"形人而我无形","形兵之极,至于无形",巧妙掩饰自己的战略企图,韬光养晦,知雄守雌。同时,任何优势都是相对的,"尺有所短,寸有所长",这时就应该善于"避实以击虚",扬长而避短,以自己的长处去对付对手的软肋,同时尽量保护好自己的软肋,不要洞开大门,让对手有机可乘。从而使得自己固有的优势得到最充分的利用和发挥,成为竞争中真正的强者,一直笑到最后!

七、偏锋意识

另类思维，剑走偏锋，往往能起到特殊的效果，达成意外的收获，此所谓"攻其无备，出其不意"。

《孙子兵法》之所以能享有"百世谈兵之祖"的美誉，一个重要的原因，就是它往往不按常规出牌，常常有出人意表的哲理阐发。例如，有关军队法规制度的实施，通常的做法应该是照章办事，令行禁止。《孙子兵法》承认与强调这一规则，但它又认为，仅仅如此，还不足以打造一支所向无敌的军队，在特定条件下，必须剑走偏锋，另出奇招，有变通。所以，它又提倡"施无法之赏，悬无政之令"，意谓为了激发士卒的杀敌之心，必要时就要施行超出惯例的奖赏，法外施恩，颁布不合常规的命令，莫测高深。又如，军队驻扎与布阵，通常的处理当然是"前左水泽，右背高陵"，"前死后生"，但是在特殊情况下，却要反其道而行之："投之亡地然后存，陷之死地然后生。"再如，有关军队人员的配置问题，既一再提倡要占有数量上的绝对优势，"十则围之，五则攻之"，"以十击一"；又不机械对待，主张精减与压缩人员，"兵非益多也，惟无武进，足以并力、料敌、取人而已"。所以，剑走偏锋，另类思维，是《孙子兵法》思维理性的显著特征之一。

这种偏锋意识，无疑是我们今天应该借鉴的。没有规矩，不成方圆，这固然是处理问题的重要原则；然而，别出心裁，出奇制胜，更常常是达到目标的有效手段。陆游诗云"山重水复疑无路，柳暗花明又一村"，日常社会生活中，往往有"有意栽花花不发，无心插柳柳成荫"的现象，这时候，就需要人们跳出常规思维的窠臼，用反向思维、另类思维对待事物，处理问题，另辟蹊径，歪打正着。切忌因拘泥经验、恪守规矩而瞻前顾后，患得患失，优柔寡断，投鼠忌器，以至于错失良机，葬送前程。更不应该丧失定见，随波逐流，一窝蜂去效仿时尚，追逐潮流，人云亦云，亦步亦趋，邯郸学步，东施效颦。

八、忧患意识

《孙子兵法》的文化精神中，还有一个常为人们所忽略，但却十分重要的内涵，这就是强烈的忧患意识。

中国古代的哲人，尤其是那些堪称思想巨人的大师，都有一种非常可贵的传统，即朝乾夕惕，忧患系心。孟子尝言"出则无敌国外患者，国恒亡"，又说"人生于忧患，死于安乐"。孙子作为伟大的兵学家，对兵凶战危尤有切身的体会，因此，忧患意识在他的身上表现得特别充分，一部《孙子兵法》自始至终在字里行间渗透着"慎战节兵"的价值取向，洋溢着"以战止战"的文化理念。

这种忧患意识不仅笼罩在战争观、战略论的层面，而且也反映在具体作战指导的细节中；不仅在战争之前、战争之中有鲜明的体现，而且也在战争善后问题上有突出的表露；不仅处于逆境时一再强调，而且在顺境中反复重申。像"兵者，国之大事，死生之地，存亡之道，不可不察也""夫钝兵挫锐，屈力殚货，则诸侯乘其弊而起，虽有智者，不能善其后矣""夫战胜攻取，而不修其功者，凶。命曰费留"等等格言，均是其厚重忧患意识的集中流露，反映了一位优秀思想家对国家安危、民众存亡乃至人类命运的终极关怀。也正是由于《孙子兵法》具有强烈的忧患意识，它才超越了普通兵书的层次，而升华到了伟大哲学理论的高度。

这种忧患意识，是值得今天的人们倍加珍视、积极弘扬的宝贵遗产。《礼记·曲礼上》有言，"敖不可长，欲不可从，志不可满，乐不可极"，它提醒人们，最大的危险来自志满意得，放松警惕，沾沾自喜，无所用心，让胜利冲昏头脑，让太平消磨斗志，而忘记了"反者，道之动""祸兮，福之所倚；福兮，祸之所伏"的简单道理。

北宋周敦颐《爱莲说》中有两句名言："出淤泥而不染，濯清涟而不妖。"这实际上表述的是和《孙子兵法》一样的忧患意识，告诉人们的是在不同环境下如何做人、怎样处世的深刻道理。其中"出淤泥而不染"所表达的是，一个人不屈服于恶劣的环境，自尊自强，从逆境中奋起，从挫折中进取；而"濯清涟而不妖"，则是喻指人在顺境中要始终保持头脑的冷静和清醒，不忘乎所以，脚踏实地继续前进。

从某种意义上说，一个人能做到"出淤泥而不染"的确难能可贵，然而要做到"濯清涟而不妖"则是更大的考验。无论是在历史上，还是在现实中，都有这么一些人，当他们在名微位卑之时，往往能锐意进取，自强不息，最终成就一番功业。然而，当其战胜逆境，走出困厄，功成名就之后，却踌躇满志，忘乎所以，贪图安逸，追名逐利，徜徉于温柔之乡，沉湎于酒肉之林，甚至于巧取豪夺，与民为敌，彻底背叛自己的过去，堕落为不齿的人渣。

由此可见，一个人在逆境中奋斗、自强固属不易，而在顺境中自重、进取实在更难。而只有具有强烈忧患意识的人，才能够跨越这个巨大的陷阱，实现人生的升华。这就如同《孙子兵法》中所说的那样："夫智者之虑，必杂于利害。杂于利而务可信也，杂于害而患可解也。"

所以，对所有人而言，忧患意识都是不可或缺的。人们既要善于从逆境中奋起，更要能在顺境之中善始善终，戒骄戒躁，"战战兢兢，如履薄冰"。这才是做人处世的理想境界，也是我们今天领略《孙子兵法》精辟哲理时所应该具备的现代意识。

拒绝诱惑：庄子的境界

对中国历史上的读书人而言，庄子永远是他们精神追求上遥不可及的巅峰。这种巅峰的文化意义，在于"堕肢体，黜聪明，离形去知，同于大通"（《庄子·大宗师》），进入"坐忘"境界的庄子，是世俗完全摆脱、心灵彻底自由的一个象征。所以，庄子作为一种文化"图腾"，始终为古往今来的读书人所仰慕、所效仿。在他们看来，庄子那种既不"入世"，又不"避世"，姑且"游世"的人生哲学（"不敖倪于万物，不谴是非，以与世俗处"），乃是"十有九人堪白眼"处境中的自己最好的精神慰藉。区别仅仅在于，有的人是出乎本性主动朝着这方面努力，如"浑身上下静穆"的陶渊明；有的人则是在人生道路上摔了跟头之后再回过头来寻觅庄子这个精神港湾，如李太白、苏东坡。不过，殊途而同归，这恐怕也是事实。

其实，庄子是人不是神，他的德行、他的修为也并非一朝一夕精进到这种地步的。正如鲁迅先生所说的那样，即便是天才，他离开娘肚子的第一声哭，也同平常的婴儿一样，而绝不可能是一首美妙的诗或者是一曲动听的歌。依我看，庄子能够参悟天地的奥秘、省识人生的玄机，恐怕有赖于他自己仕途上的挫折所提供的特殊契机。换句话讲，庄子与官场的种种瓜葛，恰好使得他在人生道路的选择上有了一个正确的方向，从而真正超越了世态常情的羁绊，走向了"一是非而齐生死"的境界。

众所周知，中国读书人的千般苦闷、万种烦恼，都出于"皮之不存，毛将焉附"的社会世态。作为"毛"，管你是白毛黑毛，粗毛细毛，还是软毛硬毛，长毛短毛，都得依附在特定的社会体制这张"皮"上，而毛的意义，毛的作用，按传统的认知理念，则又在于能否当官，进入主流圈，拥有话语权，而不被边缘化。所谓"万般皆下品，唯有读书高"云云，其实就是指读书人能把自己的知识、智能、能力开出一个好价格，兜售给帝王家，甚至漫天要价（当然这只是在"吾皇圣明"的盛世），换取一顶顶大小不一、形态各异的官帽戴戴。似乎只有这样才算是实现了自己的价值——"达则兼济天下"。于是乎，一代又一代的读书人，都争先恐后地往仕途上挤，挤得龇牙咧嘴，碰得头破血流，这恐怕就是唐太宗李世民所乐观其成的"天下英雄，尽入吾彀中"的理想场面。在这种情况下，哪里还能标榜什么"精神自由"，侈谈什么"人格独立"。常言道，"吃人家的嘴软，拿人家的手短"，你既然仰人鼻息，暂时当稳了奴才，有了"扯淡""帮闲"，甚至于"帮忙"的机会，那自然只能是以人家的意志为意志，出主入奴，亦步亦趋，做得好一点的，争取当一个良知未泯的"清官"，定力不足的，则不免乎为虎作伥，祸害天下。

从这个意义上讲，读书人与官场关系的深浅，在很大程度上决定着他的自然本色还能保持几许，他的心灵自由还能留存多少。庄子、陶渊明等人与官场瓜葛比较少，他们的精神自由空间便相对宽阔一些，可以大白天睡懒觉，做梦变蝴蝶，"鼓盆而歌"；可以吟咏"采菊东篱下，悠然见南山，山气日夕佳，飞鸟相与还"的诗句，可以"目送飞鸿，手挥五弦"。王摩诘、李太白、苏东坡等人一度比较热衷官帽，老是幻想着"我辈岂是蓬蒿人"的角色，殷切期待着"天上掉馅饼"一类好事的发生，以便可以"仰天大笑出门去"。因此，他们的心灵便难免要多受一些折磨，患得患失、自寻烦恼，"举杯消愁愁更愁，抽刀断水水更流"了。至于韩愈、柳宗元、司马光、王安石、曾国藩之流，亦官亦学，一副"如欲平治天下，舍我其谁也"的腔调，尽让人看了恶心，则更是自郐以下，不足具论了。

庄子的走运，我觉得正在于他仕途上的坎坷，因此避免了"失足"的尴尬，摆脱了"沉沦"的危险。不管是出于养家糊口的原因，还是对其他因素的考虑，庄子他一开始也不怎么清高，不怎么潇洒，也曾涉足于仕途，在宋国蒙地当过一阵子"漆园吏"。这个管理漆园的官职，至多相当于今天小小的科长，不入流，没有品，收入不会太多，事情操心不少，典型的责任不轻，辛苦多多，一年到头要为漆园的经营忙前忙后，日晒雨淋，夏天在毒日底下烤得全身脱皮，冬季在寒风之中冻得手脚裂口，既没有了读书抚琴的时间，又丧失了吟诗作画的雅趣。更要命的是，漆在当时属于国家战略物资，修缮宫殿需要它，制作武器需要它，老百姓日常生活也离不开它。所以国家对它的出产与质量加以关注和重视乃是事所必然，理固宜也。这意味着上级官员动辄要莅临漆园，考察监督生产的进度，考核审计工作的实绩。如此一来，庄子便不得不劳心费神、加班加点地整理汇报材料，编造各种数据，填写各种报表；不得不低眉顺眼、低头哈腰地迎往送来，陪宴敬酒。在酒席上不断经历从"豪言壮语"到"花言巧语"，止于"不言不语"（完全醉倒，钻到桌子底下，不能吭声的"最高境界"）的游戏过程，就像《聊斋志异·促织》篇中那位可怜的小吏成名那样，过得人不像人、鬼不像鬼。这种日子，生性自由的庄子如何能够忍受？陶渊明好歹还是个县令，正儿八经的"正处级"，可他尚且不愿为"五斗米"折腰，挂冠而去，回乡下老家种瓜栽豆，过自食其力的生活，"种豆南山下，草盛豆苗稀"。庄子的"漆园吏"比起县令来，又低了不知多少级，他当然更不愿为"五斗米"折腰了。于是乎他的选择也就只有一个：趁早辞官，去做"涸辙之鱼"，到烂泥沟里自由自在地摇曳自己的尾巴，"无己""无名""无功""无待"。可见，庄子不愿当官，最初的动因，恐怕是嫌官职太小，只有办事的辛苦，没有吆喝的快乐。

不过，问题又来了：庄子嫌漆园吏官小位卑，有苦劳没功劳，所以撂挑子不干，似乎说得通，可是当楚国国君路远迢迢派遣专使恭请庄子去当宰相，他还是不干，这又是什么道理？宰相一人之下、万人之上，位高而名尊，职重而权大，应该是读书人所追求的最显赫最荣耀的仕途顶点吧。可是庄子居然不识抬举，表示只愿做烂泥塘里翻跟斗的小乌龟，而不愿做那庙堂里面供瞻仰的大乌龟，三言两语谢绝了楚王的一番盛情，让楚王的专使（相当于今天的组织部部长或人事局局长）乘兴而来，败兴而归。这简直是犯迷糊到了极点。庄子本人可一点也不傻，倒是绝顶聪明。在他看来，宰相这个官职太大太高了，就像《荀子·王霸》所称，宰相拥有"论列百官之长，要百事之听"的大权，一旦爬上这个位置，地位自然是高了，俸禄自然是多了，威风自然是有了，享受自然也是少不了的。有金银源源不断送上门，有美女纷至沓来偎上身，荣华富贵如春风、似秋雨挡也挡不住。可是常言说得好："木秀于林，风必摧之；堆出于岸，流必湍之，行高于人，众必非之"，在拥有巨大权力的同时，也要承担巨大的责任，更得面对巨大的危险。在君主独裁专制体制之下，伴君如伴虎，一不小心，还不得让老虎一口吃了！范雎当年身为宰相，够受秦昭王重视，够厉害了吧，白起这样的功臣宿将，范雎几句话便让他送了命。可是到头来，邯郸一战秦国打得窝窝囊囊，范雎的小命也给赔了进去。

礼聘庄子的楚国，情况更是糟糕，做宰相的，下场大多不是太妙。春秋时，城濮之战失利败北，令尹（也就是宰相）子玉只好引刀自我了断，让对手晋文公乐得心花怒放，连声叫好："莫余毒也！莫余毒也！"战国时吴起当宰相，辛辛苦苦辅佐楚悼王搞改革，使楚国面貌大变，一跃而成为战国七雄中的龙头老大，可结果却被恩将仇报的楚国贵族大佬扣上"谋叛"的帽子，不由分说用乱箭射死。

这说明官大有官大的难处，尤其是像宰相这种级别的高官，风险更是难以估量。庄子他学富五车、知古识今，曾说过："方今之时，仅免刑焉。福轻乎羽，莫之知载；祸重乎地，莫之知避。"（《庄子·人间世》）可知庄子本人对自己险恶的生存环境早有十分清醒的认识，哪里肯拿自己的生命去开玩笑，他当然不会接楚王送来的宰相委任状。由此可见，庄子不愿当官，又是因为嫌官职太大，虽有当官的神气、威风，但更多的是要面临当官的危机。作为明白人，这种致命的游戏避之唯恐不及，又怎么会掺和进去，同豺狼虎豹一起玩牌呢！

小官不屑干，大官又不愿干，那么，庄子难道真的对当官持深恶痛绝的态度吗？我看其实也不见得。庄子成为大思想家后这方面的心态我不敢妄加揣度，但是其早年恐怕是不能彻底拒绝当官的诱惑的，否则，我们便不能解释他为何连漆园吏这样的芝麻官也一度做得。按我个人的揣测，庄子内心真正想做的官也许是既不太大、又不太小的中等官。这种中等官，一方面无须承担过重过大的责任，不必一天到晚战战兢兢、如履薄冰地侍候在国君的身边，稍不留意，颈上的人头便莫名其妙搬了家；另一方面又有一定的地位，一定的权力，一定的威风，没有太大的风险，不必像最基层的小吏那样忙得头昏脑涨，手足胼胝。庄子自己曾说过，做人要把握分寸、恰到好处，应该处于材与不材之间，这恐怕也可以理解为他在做官问题上的夫子自道：即做官也应该处于材与不材、不大不小之间。

而历史也证明了庄子的远见：欧阳修的《醉翁亭记》、范仲淹的《岳阳楼记》、苏东坡的《前赤壁赋》等永垂不朽的篇章，岂不都是在他们当太守、团练使这类中不溜儿官员时写成的吗！可见，对读书人来讲，当不大不小的"中官"，恐怕是"入世"与"出世"两不相误的较好途径，也是实现自己人生价值的一种比较理想的选择。

在庄子身上，这种做一个"材与不材"、不大不小的中官的机会一直没有出现，所以到后来他索性杜绝了仕进的念头，"终身不仕，以快吾意"，以"游世"的立场与态度打发自己的生命，"居不知所为，行不知所之，含哺而熙，鼓腹而游"，"不谴是非以与世俗处"，在绝对自由的精神王国中驰骋，"独与天地精神往来"。这对中国历史而言，或许是一件天大的幸事：少了一个普普通通、庸庸碌碌的官僚，而多了一位傲视千古、伟大不朽的思想大师。

"尊贤使能"：孟子的人才观

在专制体制之下，国家是君主个人的私产，君主要谋求自己地位的安固，让这份偌大的"家产"保留下来，传承下去，就不能不在治理上有所重视，有所投入，所以历史上的统治者，只要不是白痴（如晋惠帝）或心理变态（如明武宗），大概都是希望好好治理江山社稷，成就一番功业的。不过，他们多少也明白，治国安邦头绪纷繁，每天批阅的文件奏章都要按斤论石来计算（《史记·秦始皇本纪》载"上至以衡石量书，日夜有呈，不中呈，不得休息"，就是例证），自己能耐再大，手段再高，也无法大包大揽，事无巨细，亲力亲为。否则，这当头做脑的岂不是由蜂后变成了工蜂，也实在太不好玩了。要知道，像诸葛亮那样"事必躬亲"毕竟不是一种好办法：于他个人，是累得形销骨立、短命早逝，"出师未捷身先死，长使英雄泪满襟"；于蜀汉政权，则导致事业上后继乏人，结果蜀国在三国当中第一个垮台灭亡，"凄凉蜀故伎，来舞魏宫前"（刘禹锡《蜀先主庙》）。所以，选拔任用各类人才来辅弼自己治国安邦，使整部国家机器得以顺利运转，也就成了统治者要关注的首要事宜，也是一切活动的出发点。这用韩非子的话说，就是"虽有尧之智，而无众人之助，大功不立"（《韩非子·观行》）。

"天下之治，由得贤也；天下不治，由失贤也。"（《河南程氏文集·上仁宗皇帝书》)意思浅显得很,可谓"卑之无甚高论",可是若要真正操作起来,又谈何容易?有的人放在某个位置上,无疑是顶呱呱一把好手,战略谋划高瞻远瞩,战术运作滴水不漏;可一旦挪动到另一个岗位,却又是老虎爬树——干瞪眼,事事失机,处处碰壁,非出尽洋相、闹足笑话不可。所谓"有所长必有所短,有所明必有所敝",历史上最典型的例子莫过于三国时代的马谡。此公作为一名高级参谋,真是一块难得的材料,他的战略建言"攻心为上,攻城为下;心战为上,兵战为下",让统帅诸葛亮找到了平定南中叛乱的正确途径,一劳永逸地解决了战略大后方的稳定巩固问题,"纲纪粗定,夷汉粗安"(《三国志·蜀书·诸葛亮传》裴松之注引《汉晋春秋》)。可是同是这位马谡,作为一方军事主将,他大考的成绩却只能打零分:街亭一战,他拘泥兵法教条,以卵击石,结果被老谋深算、韬略过人的曹魏大将张郃杀得丢盔弃甲、一败涂地,一手葬送了诸葛亮好不容易才操持起来的第一次北伐之举。马谡的经历,告诉人们一个简单的道理:人才乃是"专才",而绝非"全才","尺有所短,寸有所长",人才能否真正发挥作用,关键在于定位准确,任用合宜,能用其所长而避其所短,否则必定是事与愿违,越帮越忙。

对人才性质上的这种差异性,古人早已有所察觉,于是乎便有了"因人授任"的用人思路,"因事设官,量能授职",即根据人才的具体条件,授予相应的职务,达成特定的目标:"夫大将受任,必先料人。知其材力之勇怯,艺能之精粗,所使人各当其分。"(《武经总要》前集卷一)

中国古代对"因人授任"观念最形象最贴切的表述,我个人认为当首推儒家"亚圣"孟子"尊贤使能"的理论。在孟子看来，人才形形色色，千奇百怪，但归根结底可以分为两大类：一类是道德情操特别优秀，素孚清望，堪为楷模，但办事能力相对薄弱，权略机变相对逊色的"贤者"；另一类是道德品质也许尚有瑕疵，声誉名望或许不那么让人仰慕，可办事能力出色超众，韬略权谋老练娴熟的"能者"。前者乃是大旗，乃是招牌，治国安邦固然不可或缺；后者则是得心应手的工具，是使国家机器运转的动力，治国安邦更是须臾难离。这两类人，统治者都要倚重，都要任用，"自是任用，皆随其材"，犹如车之两轮，鸟之双翼，共生而互补，并存而互用，庶几合乎中国哲学"和实生物，同则不继"的要旨。

当然，让我们感到佩服的，还在于孟子进一步说出了统治者任用"贤者"与"能者"的不同原则。按孟子的主张，对于"贤者"，是要"尊"；对于"能者"，则是要"使"。合在一起，便是所谓的"尊贤使能"。具体地说，对待"贤者"是要给予崇高的地位，提供优厚的待遇，让他们以其无与伦比的道德魅力感化民众，体现了国家政治的正确导向，是谓"贤者在位"。对待"能者"，则是要充分发挥其办事能力强、应变功夫深的特殊优势，让他们担任具体的官职，委以干实事的权限，多出业绩，快出业绩，是谓"能者在职"。孟子认为，统治者如果能在"贤者""能者"两类人才的任用上做到无所偏废，各有侧重，那么就算是真正掌握了用人的艺术，治国安邦便可很好地达到预期的目标。

证之于史，孟子"尊贤使能"的用人理念可谓是屡试不爽，成效卓著。战国初期，魏国在魏文侯的领导下率先崛起，称霸七雄，原因固然很多，但是其中非常重要的一个因素，是魏文侯善于用人，充分发挥了人才群体的矩阵优势，而魏文侯善于用人的标志，又在于他在用人问题上正确区分了人才的性质，对"贤者"与"能者"予以不同的任用。史载，魏文侯"师卜子夏，友田子方，礼段干木"（《吕氏春秋·察贤》），对德高望重的儒学大师卜子夏等人尊礼有加，给予优渥无比的待遇，从而争取到人心的归附，民众的拥戴，使自己的政权获得道德上的合法性与优越性，这一招便是所谓的"尊贤"，"贤者在位"。同时，魏文侯也知道儒家人物普遍存在着"迂远而阔于事情"的缺陷，要真正实现富国强兵的目的，实在少不了"能者"们的帮忙。所以，他在尊礼卜子夏等"贤者"的同时，更注意将"能者在职"的用人方针放置在重要的位置，并在实际的政治操作当中加以具体落实。让翟璜、李悝、西门豹等能臣干吏站到政治的前台，承担起处理具体军政事务的重任，甚至起用"母死不归，杀妻求将"，"贪而好色"，人品颇受诟议，但能力超群、办事干练的吴起。这就是所谓的"使能""能者在职"。总之，"尊贤"与"使能"双管齐下，两手都硬，魏文侯在治国安邦问题上不能不大获成功，而魏国在战国初期率先崛起也就丝毫没有悬念了。

人物 龙虎画像石（东汉）。安徽宿州市褚兰镇金山孜出土。画面上两名男子各执戟、笏侧身恭立，下刻一龙一虎对舞。现藏安徽博物院。

国士的卓识

范文子的卓识及其遗憾

英国著名战略学家利德尔·哈特,在其代表性著作《战略论》一书中指出:军事战略的最主要特征,就是战略指导者要有能力区别哪些是能够办到的,哪些是不能够办到的。

这实际上是给人们展示了一个最深奥却又是最简单的道理:从事任何社会活动,都要求人们具有卓越的战略意识,要深谋远虑,未雨绸缪,趋利避害,把握主动,这在铁血厮杀、生死较量的军事斗争方面尤其如此。作为军事统帅或将领,如果他目光短浅、见识平庸,不能做到洞察幽微,参悟长远战略利益与眼前战术得失之间的辩证关系,只顾局部的、暂时的蝇头小利,而对根本的全局的战略目标熟视无睹、无所用心,抓小放大,买椟还珠,那么他的品位就高不到哪里去,至多只能成为一员普通的战将,而不可能跨入战略家的行列。

春秋中期,晋国厉公在位时的世卿重臣范文子算得上是一位富有长远战略眼光的杰出历史人物。我们从他对晋楚鄢陵之战的认识就能够看出他的战略观念高人一等,他善于透过扑朔迷离、错综复杂的战略形势,从大局出发,着眼于根本利益,去芜存精,正确理解并评估战略前景的卓越见识,即所谓"夫未战而庙算胜者,得算多也"(《孙子·计篇》)。

略通历史的人都知道,晋楚争霸是整个春秋历史演变过程中的关键节目和主题旋律。而在晋楚大国争霸战争史上,城濮之战、邲之战、鄢陵之战又各具里程碑式的意义。

公元前632年城濮之战，晋文公伐谋伐交，退避三舍，后发制人，一举战胜气焰嚣张一时、兵力占有优势的楚国大军，"取威定霸"，召开轰轰烈烈的践土大会，一跃而成为中原地区的霸主，号令诸侯，睥睨天下。楚国在很长一段时间内龟缩于汉淮流域，北进中原的势头受到遏制。而公元前597年的邲之战，结果是晋国中军将荀林父统率的晋军兵败如山倒，楚庄王驱兵进入中原，陈师王畿，耀武扬威，问九鼎之轻重，俨然要取代晋国而为诸侯之伯。

公元前575年爆发的鄢陵之战，则是晋、楚这两个老对手争霸大战的第三回合，也是两国军队之间最后一次主力会战。是役晋胜楚败的结局，标志着楚国对中原的争夺从此走向颓势，晋国咸鱼翻身，卷土重来，再一次对楚国构成明显的战略压迫，其称霸大业进入极盛的阶段。

按理说，作为晋国统治集团核心成员之一的范文子，应该对晋国的大获全胜、所向披靡感到由衷的欢欣鼓舞才是。的确，含辛茹苦、时来运转，把多年的劲敌楚国杀得一败涂地、狼狈逃窜，使得郑、宋等中小诸侯国纷纷改换门庭，叛楚附晋，乃是一件扬眉吐气、极有面子的事情！

然而，实际情况完全不是如此，范文子从一开始就反对晋国进行这场胜券在握的战争，认为这完全是图慕虚名而惹取实祸的赔本买卖，因而即便战争最终获胜也不能激发他的兴趣和热情。

早在进行鄢陵之战战略决策之时，范文子就明确表示不赞成晋楚开战。他的主要理由是，晋国的忧患在内部而不在外部，在晋国面临深重的内部危机、形势吊诡不可捉摸的关键时刻，最稳妥的战略选择是沉着冷静，硬干不若观望，一动不如一静。"我伪逃楚，可以纾忧……我若群臣辑睦以事君，多矣。"

他还进一步分析论证了晋国的战略决策必须随着国家所面临的战略形势的变化而及时进行相应的调整：晋国在很长一段时间里南征北战，是因为在邲地之战战败后，晋国的战略处境恶化危殆，周边强敌环伺，社稷风雨飘摇，南有楚国的攻势，西有秦国的威胁，东有齐国的捣乱，北有戎狄的趁火打劫，在这样的局面下，晋国非战则不得摆脱危机，绝处逢生。只有以硬对硬，"针尖对麦芒"，以军事的手段各个击破对手，才能确保国家的生存和发展。

但是，现在的形势却完全不同了，晋国已经摆平了秦、齐、戎狄三大敌人，只剩下楚国一个强敌仍然在那里负隅顽抗。"今三强服矣，敌楚而已。"所以晋国实在不必急于去收拾楚国，恰恰相反，倒是应该有意识地保留这个对手来为晋国的整体利益服务。政治生态学的基本特征之一，就是"除恶"绝对不能"务尽"，永远要留对手，切不可一统江山，弄成"白茫茫大地真干净"的局面！

考虑到这一点，范文子强调指出，不如收敛锋芒，暂时保留楚国这个外患来转移大家的视线，以稳定晋国的内部："唯圣人能外内无患，自非圣人，外宁必有内忧。盍释楚以为外惧乎！"（《左传·成公十六年》）所以，他一再主张放弃毕其功于一役的进攻战略，避免和楚国全面摊牌，做正面的交锋。应该说，他的这个认识与后来孟子"无敌国外患者，国恒亡"的见解相一致，也与晋国当时的社会政治局面相符合。

长期以来，晋国统治集团内部存在着尖锐的矛盾，自曲沃武公通过叛乱，以支孽取代嫡宗、夺得政权以来，又经历晋献公"尽诛群公子""骊姬之乱"等重大变故，晋国的内乱可谓一波未平一波又起，并多次激化为血腥的冲突，流血掉脑袋早已经成了政治生活中的常态。卿权太重，各拥军队，内部不团结，钩心斗角，政出多门，互相拆台，乃是无法治愈的痼疾，从而严重影响了晋国称霸中原大业的顺利进行。

在外患迭至、形势危殆的情况下，国君与卿大夫之间，为了抵御外患，尚能够齐心协力，一致对外，如同《孙子兵法》所说的那样："夫吴人与越人相恶也，当其同舟而济，遇风，其相救也如左右手。"如此一来，种种内部弊端还可以暂时被掩盖起来。但是一旦外患消除，那么原先潜藏着的国内政治矛盾便会迅速激化，导致残酷的内讧。《孙子兵法·九变篇》有云："智者之虑，必杂于利害；杂于利而务可信也，杂于害而患可解也。"范文子正是朴素辩证地看待利害得失关系，从根本战略利益出发考虑问题，才坚决主张不与楚军展开决战的。

遗憾的是，晋国当时的实际执政者、中军元帅栾书却是一位战略目光短浅而又刚愎自用、自以为是的庸人。他只看到表面上对晋军有利的作战形势，认为与楚军作战有胜出的把握，送上门的东西不捡白不捡嘛，所以他坚决主张早打、大打、一剑封喉，底定天下。他斩钉截铁地表示："不可以当吾世而失诸侯，必伐郑。"（《左传·成公十六年》）拳头出真理，刀剑定是非。战略意识同样平庸的晋厉公采纳了栾书的意见，大举兴师，与楚军在鄢陵（今河南鄢陵西南）地区摆开阵势，一决雌雄。

公元前 575 年农历六月，晋厉公、栾书统率的晋军与楚共王、司马子反带领的楚军在郑地鄢陵相遇。当时，晋国的盟军齐、鲁、卫军尚在开赴鄢陵的途中，针对这一情况，楚军统帅部做出决策，趁齐、鲁各国军队尚未抵达战场，先集中优势兵力击破晋军，把握作战上的主动权。为此，楚军于古代用兵所忌的晦日——六月二十九日，利用晨雾作为掩护，突然迫近晋军营垒布阵，以期同晋军速决胜负。

此时，晋军的盟军援兵尚未抵达，营垒前方有泥沼，兵车无法出营列阵。鉴于这一态势，晋军主帅栾书主张固守待援，"楚师轻窕，固垒而待之，三日必退。退而击之，必获胜焉"。然而新军统帅郤至则认为，楚军自身存在着诸多弱点，具体说来，一是楚军中军帅子反与左军帅子重关系疏离，矛盾重重；二是楚王的亲兵暮气沉沉，缺乏战斗力；三是楚军的盟友郑师列阵不整；四是随同楚军出征的蛮夷部队不懂得阵法；五是楚军布阵于无月光之夜，实不吉利；六是楚军布阵后，阵中士卒喧哗不止，秩序混乱。他指出，如此杂乱无章的军队一旦投入战斗，必定是互相观望，没有斗志，人在心不在，出工不出力。我方如果乘此机会发动进攻，一定能够一举击溃对手。因此他主张利用楚军的弱点，先发制人，主动攻击楚军。

晋厉公认为郤至所言非常在理，于是改变先前制订的固守待援、后发制人的作战计划，在营垒中填平井灶，扩大列阵的空间，调动上、中、下军以及新军布列阵势，准备立即与楚军决战。

双方在决战前夕都本着"知彼知己，百战不殆"的原则进行了战场侦察活动。楚军方面，楚共王在晋国叛臣伯州犁的陪同下，登上高高的巢车，观察晋军阵营的动静变化。伯州犁向楚共王逐一解释了晋军活动的性质与目的，仔细介绍了晋军的临战准备情况。然而，楚军并未由此准确判明晋军的作战意图，并及时做出相应的准备。

另一边晋军方面，晋厉公也在楚旧臣苗贲皇的陪伴之下，登上高台，居高临下观察楚军的阵势。苗贲皇十分熟悉楚军的内情，这时便向晋厉公提出建议道：楚军的精锐是中军的王族部队，晋军应该率先动用精锐部队分击楚国的左、右军，一旦得手后，再聚合全军上下集中攻击楚国的中军。这样一定能够大败楚军，高歌凯旋。

晋厉公和栾书欣然采纳了这一建议，及时改变原有的阵势，由中军的将、佐各率精锐一部加强左右两翼，确定了首先击破楚军薄弱的左、右军，尔后集中兵力围歼其主力中军的作战方案（这种先弱后强，各个击破的战法，与城濮之战中晋军的作战方法如出一辙。看来在一定条件下，"依样画葫芦"不失为一种稳妥有效的手段）。部署既定，晋军遂在营内开辟通道，迅速出营，从两侧绕过营前泥沼向楚军发起凌厉的攻势。

楚共王见晋厉公所在的晋军中军兵力薄弱，即亲率楚中军攻打，企图先一举击败晋军中军，结果却遭到晋军的顽强抵抗，进展甚微。战斗中，晋将魏锜用弓箭射伤楚共王的眼睛，迫使楚中军向后退却，未及支援两翼。楚共王中箭负伤的消息很快就传遍了楚军上下，导致楚军官兵人心浮动。晋军则士气大振，士兵们犹如蛟龙入海、猛虎下山，乘势疾攻楚左、右军。楚军抵挡不住，被紧逼到狭窄泥泞、不便通行的地形上，陷入被动，阵脚大乱，士兵们纷纷丢盔弃甲，向颍水北岸方向溃退。双方从清晨一直缠打到夜幕降临，楚军方面死伤惨重，损失巨大，公子茂也成了晋军的俘虏。楚共王见势不妙，只得鸣金收兵，而晋军见天色已暗，不得不暂时中止了追击。

当天夜里，楚国中军帅子反检查救护伤兵，补充兵卒战车，修缮甲胄兵器，整顿部队秩序，准备来日再战。晋军方面见楚军还不肯真正服输，也积极行动起来，补充人员，厉兵秣马，准备来日再一较高下。楚共王听到晋军备战的消息，心里很是不安，急忙召见子反商量对策。但此时子反却因多饮了三两盅，大醉卧帐，不省人事，无法应召。楚共王见元帅如此，不禁心灰意冷，忖度继续打下去也占不到什么便宜，于是咬咬牙，跺跺脚，率军连夜逃遁了。当楚军撤退到瑕地时，楚军中军帅子反引咎自杀身死。次日，晋军洋洋得意地进占楚军的营地，食用楚军撤退时来不及起运带走的粮食，在那里休整了三天后回师。鄢陵之战，至此以晋军的光荣胜利而宣告结束了。

从表面上看，鄢陵一役如栾书等人所料，晋军毫无悬念地打赢了，这当然使晋国上下欢腾雀跃、把酒庆功，即所谓"得意则恺乐、恺歌以示喜也"（《司马法·天子之义》）。然而头脑异常冷静清醒的范文子并不为这种胜利的表象所迷惑，他仍然坚持自己的初衷。面对晋军自鄢陵凯旋的热闹场面，他不但没有忘乎所以、兴高采烈，反而更加忧心忡忡、愁肠百结，认为整个国家实际上正处于深渊边缘，"黑云压城城欲摧"，随时有爆发内乱的危险。为了逃过这一劫难，范文子甚至希望自己快点死去，一死百了，眼不见为净，以免不明不白做了大动乱的牺牲品："君骄侈而克敌，是天益其疾也。难将作矣！爱我者唯祝我，使我速死，无及于难，范氏之福也。"（《左传·成公十七年》）

《老子》有言："祸兮，福之所倚；福兮，祸之所伏。"俗谚也讲"塞翁失马，焉知非福"，"因嫌纱帽小，反把枷锁扛"。形势的发展果真证实了范文子的远见，晋国的霸业达到辉煌顶点的时候，也正是晋国衰运的开始。

晋厉公取得鄢陵之战大捷后，认为已经没有外患对自己构成威胁，倒是内部的政治生态成了严重的问题，遂集中精力对付国内的强卿宗室："晋厉公侈，多外嬖。反自鄢陵，欲尽去群大夫，而立其左右。"他先是凶狠出手，一个早上便诛杀了郤至等"三郤"，使桀骜不驯的郤氏宗族遭遇灭门之祸；接着又雷厉风行，无端剥夺了栾氏、中行氏的权力，闹得拥有实权的贵族大臣人人自危，结果导致强力的反弹，晋国内部的各种矛盾迅速激化，动乱随之全面爆发。晋厉公的亲信胥童等人丧命刀下，厉公本人也没有落得好下场，在血雨腥风中走上了不归路。

这场残酷血腥的内部动乱使得晋国在鄢陵之战后所取得的相对战略优势很快化为乌有，也导致晋国的政局长期处于风雨飘摇、动荡不安的状态之中。日后虽然也短暂出现过"晋悼公复霸"的历史场面，即所谓"晋三驾而楚不能与争"，但这毕竟是回光返照、苟延残喘。从某种意义上说，后来齐、晋之间先后发生平阴之战、太行之战，盟国关系迅速破裂；晋国公室日益没落，一蹶不振，最终导致"六卿相残""四卿争权""三家分晋"格局的形成以及嬗递等，都可以从鄢陵之战看出端倪，找到根源。草蛇灰线，早已埋下了伏笔。

由此可见，范文子对鄢陵之战问题的认识，绝不是杞人忧天、无事生非，而的的确确是极其宝贵的战略远见，是难得糊涂的卓越判断，所谓"知彼知己，胜乃不殆；知天知地，胜乃可全"（《孙子兵法·地形篇》）。可惜的是，他的战略远见未能为最高决策者所重视、所采纳，"落花有意，流水无情"，是典型的对牛弹琴，"一个人的精彩"，实在枉费了他的一番良苦用心。否则，统一天下、主宰六合的机会哪里会轮到"僻处一隅"的秦国身上，倘若真的如此，春秋后期乃至整个古代中国的历史也许就得重写了。

战略家、决策者的高明之处，在于有全面驾驭利害关系的杰出智慧，尤其是在看待利与害的时候能够清醒地分清主次轻重、要害缓急。换言之，趋利避害，不只是一个功利选择问题，更是一个哲学考察问题。

就"利"而言，"利"有根本之利与枝节之利，有长远之利与眼前之利，有全局之利与局部之利，有实质之利与表面之利。与此相应，"害"的情况也同样有根本与枝节、长远与眼前、全局与局部、实质与表面之区分。高明的决策者"趋利避害"的关键，就在于求本质之利、根本之利、长远之利、全局之利，而不为眼前之利、局部之利、枝节之利、表面之利所迷惑，以致做出错误或短视的决策，干扰了根本利益的实现。要有勇气做到牺牲眼前之利，去赢得长远之利；牺牲枝节之利，去赢得根本之利；牺牲表面之利，去赢得本质之利；牺牲局部之利，去赢得全局之利。

在鄢陵之战中，范文子看到的是长远利益，其观察问题的角度是"杂于利害"；而晋厉公和中军帅栾书看到的是眼前利益，思维方式是单向、直观的，结果让暂时的表面的利益遮蔽了自己的理智，做出了极其错误的战略抉择，损害了根本的战略利益。由此可见，脱离长远的利益去追求一时的成功，是多么危险，又是何等愚蠢！

"利"与"害"相交杂，无单纯之利，也无单纯之害的深刻哲理，在我们周围生活中也大量存在。譬如有的人很有才干，但同时却恃才傲物，你要让他发挥才干，多做贡献，使他的优点、长处充分得以展现，那就必须容忍海涵他个性孤傲、处世乖张的缺陷；否则你就只好去任用听话老实的人，而很多情况下，这样的人很可能是庸才。但对干事业来说，用人才总比用庸才要来得有意义。又譬如，对一切适龄男子而言，他们总是希望娶到一个既美丽温柔、又精明能干的女子为妻。可事实往往难以两全，温柔的女性可能不精明能干，而精明能干的女性又常常不那么温柔。这些均说明事物有一利必有一弊的现象实具有时间的超越性和空间的普遍性，是不以人们的意志为转移的。

这种利与害并存的哲学思维，也是我们今天观察一切问题的正确方式，解决一切问题的有效手段。改革开放以来，我们国家的发展变化之巨大是举世瞩目的，成就有目共睹，进步显而易见，这无疑是国家之"利"，民族之"利"，百姓之"利"，但是用范文子"利害相杂"的观点来考察，在取得大"利"的同时，必定也存在着一定的"不利"，它们是并存的。

如在经济腾飞、GDP猛升的同时，我们看到，我们的各种资源在急剧减少，生态环境遭污染、遭破坏的情况日益严重。又如，让一部分人先富起来的政策，使得不少人迅速富裕，成为事业的成功者和生活的幸福者，然而，我们又不得不承认，这在某种程度上是以牺牲很大一部分弱势群体的利益为代价的，社会贫富差距正变得越来越大，成为我们社会所面临的新问题、新挑战，暗藏着社会不稳定的因素。再如，这些年大量引入的新观念、新生活方式，改变着人们的思维模式与行为方式，使之更加合乎现代社会的生活节奏与潮流，在此过程中，我们也痛心地发现，我们民族固有的不少传统美德，像孝敬父母、友悌兄弟、和睦邻居、尊重师长等，正越来越走向式微，有识之士无不为之痛心疾首、嗟叹惋惜。凡此种种，均表明"利"与"害"如影相随、交杂共生。作为决策者，一定要对此予以高度重视，在充分肯定成就（"利"）的同时，也清醒地看到"利"背后所蕴含的"害"，这样才不会让胜利冲昏头脑，才能牢牢立于不败之地，即所谓"杂于利而务可伸也，杂于害而患可解也"。

利与害是辩证的统一，看待利与害也应持辩证的态度。高明的战略家从来不否定同一事物中利与弊的客观存在，只是特别强调要把利与害控制在一定的范围之内，不让任何一面无限制地膨胀（即便是"利"也不宜过分追求，如投资股票、经营房地产所获之"利"远远大于储蓄生息之"利"，可它们的风险性——"害"之大也是具有毁灭性的）。总之，一切都要取舍得当、张弛有度。从这个意义上说，前几年我们讲发展经济是对的，非如此，则没有国家的迅速崛起，也无法将泱泱大国的风采展现于世界各国之前。现在讲科学发展观更是没有任何错，非这般，则我们国家的发展就不可能持续化长期化。可见，在不同的时期自有不同的强调重点，自有其时代的主题与文化的精神。

从这个意义上说，范文子在鄢陵之战中所体现出的高明战略远见，又具有超越时空的价值，永远给后人以智慧的启迪。

子路：保持本色的儒之大者

孔子门下弟子号称三千人，在人口两千来万的春秋战国时期，这个数目大得可以吓人一跳。其实，这三千人当中，绝大部分是几年也见不到孔子本人一面的外围人员，慕孔子之名到"孔家店"当个记名弟子，就好比当今社会上常见的"追星族"，真正有造诣、可以登堂入室，即所谓"受业身通者"不过"七十有七人"而已。在这些排得上号的弟子中，让人感到最为亲切、最为可爱的是名列"政事"之科、孔武有力的子路。

子路在孔门弟子中属于年龄较长者，他只比孔子年轻九岁。据此一条猜测，子路与孔子的关系似乎应处于亦师亦友之间，然而通观《论语》《孔子家语》《史记·仲尼弟子列传》等文献，我们可以发现，子路像是一个总也长不大的顽童，心直口快，了无城府，天真直率，血气方刚，是一位个性鲜明、有棱有角的生动人物。《论语》中关于子路言行的记载多达二十余则，其生动形象呼之欲出。

子路能当上孔门大弟子，并深得孔子信任，自然有其独到可取的长处。子路的长处就在于他具备干练的办事能力，尤其是军事管理方面的专长。孔子曾说："由（仲由，即子路）也，千乘之国，可使治其赋也。"又说："由也果，于从政乎何有？""片言可以折狱者，其由也欤！"可见，尽管孔子有时对子路有所不满，认为子路鲁莽冲动，动不动就要敲打敲打这个老顽童式弟子，来树立自己的"师道尊严"，但他对子路的从政才干还是颇为欣赏、充分肯定的。

当然，子路让人觉得亲切可爱之处，并不在于他的工作能力，而是其纯朴质直的个性特征所散发出来的人格魅力。套句老掉牙的俗语，就是子路的为人，于平凡中见伟大；子路的个性，于率直中见真情。作为典型的性情中人，子路才是严格意义上的"儒之大者""儒之纯者"。

子路对自己的老师孔夫子尊重而不迷信。在孔门诸多弟子之中，敢于对孔子所作所为直言不讳表示不同意见甚至尖锐批评质疑的，唯有子路一人而已。孔子想当官想得昏了头，不顾自己身份走女人路线，去和那位口碑不怎么样的南子夫人套近乎。子路不满之色溢于言表，逼得孔子连连向天发誓："予所否者，天厌之！天厌之！"公山弗扰、佛肸等人搞叛乱，想借助孔子的名望造声势、提人气，遂一遍又一遍征召孔子前去帮忙，整天希望"为东周""治国平天下"的孔子心动了，准备应召。子路听到风声后，便"以子之矛，攻子之盾"，用孔子经常挂在嘴边的礼义大防之道责备孔子，逼得孔子连声替自己洗刷和辩白，最终放弃了与"乱臣贼子"为伍。

孔子津津乐道什么"必也正名乎"一套东西，子路听得耳朵起了老茧，大不耐烦，认为这简直是"迂远而阔于事情"，直截了当地批评孔子不合时宜："有是哉，子之迂也！奚其正？"弄得孔子颜面上十分难堪，下不了台，急火攻心，就气急败坏地斥责子路："野哉！由也。"与那位一天到晚对孔子唯唯诺诺、毕恭毕敬的"优秀"弟子颜渊相比，子路实在有点

"头上长角，身上长刺"的味道。

从表面上看，子路锋芒毕露，快人快语，不大给孔子面子，老是让导师处于尴尬的境地，似乎不够尊重所谓的"师道"。但实际上，子路把老师看作人而不是神，这才是对老师真正的尊重，是真情实感的天然流露，没有半点的虚伪矫饰，从而在真正意义上践行了孔子的道德原则："当仁不让于师。"

相反，像颜渊那样对老师亦步亦趋，并不是真正的从师之道，起不到任何教学相长的作用，这一点连孔子自己都承认："回（颜回，即颜渊）也，非助我者也，于吾言无所不说。"可见孔子其实头脑很清醒。但是人性的弱点，决定了孔子跟常人一样喜欢人家顺从自己，所以，虽然明明知道颜渊除了听话和死读书之外，别无所长，孔子还是最喜欢他，把他当自己的亲儿子看待。

子路的质朴天真，还表现为勇于在公开场合表达自己的真正看法，从不虚与委蛇，欲说还休。有件事典型地反映了子路这一性格特点：他委派子羔去做费邑这个地方的行政长官，孔子认为这一任命不明智，简直是误人子弟，"贼夫人之子"。子路却觉得老师的批评没有道理，没有调查便没有发言权，虽说是老师也不应该有例外，于是他不客气地向孔子表示："有民人焉，有社稷焉，何必读书，然后为学！"孔子听了自然很不高兴，指责子路是强词夺理。这件事本身的对错我们姑且不论，但子路能够光明磊落地说出自己的意见，就是其为人正直、言行一致的形象写照，那种"逢人且说三分话，未可全抛一片心"的圆滑之态在他的身上找不到半点影子。这样的品德实在是难能可贵。

子路的可爱，还表现为他毫无机心，喜怒哀乐全形于色。《论语》和《史记》等典籍中所描述的子路是一个易动感情，且多少有点自我表现欲的寻常男子。孔子"在陈绝粮"，跟随的弟子们都饿得两眼发昏，躺在地上爬不起身，但是碍于情面，不敢在老师跟前发牢骚，流露不满情绪。这时唯有子路敢于径直跑到孔子跟前发泄不满，诉说怪话："子路愠见曰：'君子亦有穷乎？'"一个"愠"字，非常传神地写出了子路的真切情感。

又如，孔子悲叹自己生不逢时，政治理想无法实现，萌生"道不行，乘桴浮于海"的念头，且以为届时只有子路一人能够陪伴自己出行，"从我者，其由与！"子路听后，不禁沾沾自喜，得意起来。"子路闻之喜"，一个"喜"字，十分生动地体现了当时子路乐不自禁的神态。"唯大英雄能本色，是真名士自风流"，子路不失赤子本色，称得上是大英雄与真名士。

许慎《说文解字》云："儒者，柔也。"令人遗憾的是，子路的本色精神在后世儒者的身上并没有被继承下来，更遑论发扬光大了。历史上的儒者大多不是巧言令色、道貌岸然、口是心非、言行不一的伪君子，就是拘泥教条、迂阔无能、尸位素餐、唯唯诺诺的酸夫子，使得儒家学说的真正生机遭到严重的窒息。子路若泉下有知，一定会为这种儒林异化现象冲冠一怒，捶胸大吼："你们算什么玩意儿，也配担当儒家的名头，统统给我滚回家里去，别再在外面丢人现眼了！"

"文能附众，武能威敌"的司马穰苴

唐朝肃宗上元元年（760），正是朝廷举全国之力平定"安史之乱"的重要关头，这时，统治者迫切需要在兵林中树立一尊最高偶像来振奋民众的精神，鼓舞军队的士气，于是，兵学鼻祖姜太公便被推上了"武圣人"的宝座，"追谥太公望为武成王"，地位与"文宣王"孔子相颉颃。同时，朝廷又从历代名将中遴选出"十哲"，进入"武成王"庙中配享，这意味着武"亚圣"们，也得以际会风云、排定座次了。

春秋后期齐国著名军事理论家司马穰苴，很荣幸地入选"十哲"的行列，成为与白起、韩信、诸葛亮、孙武、吴起等兵家风云人物齐名的"亚圣"。司马穰苴并非浪得虚名，而是以其兵学造诣赢得后人推崇的。当年，他曾以治军高明和率师逼退燕、晋联军而闻名天下，更以撰写著名兵书《司马法》一书而惠泽后世，被齐国名相晏婴称誉为"文能附众，武能威敌"。如此"总文武"、这般"兼刚柔"，堪称名将的楷模、兵学的典范。

当然，真正使司马穰苴进入第一流兵学家行列的，并不是他执法如山、立斩违背军纪的监军大臣庄贾的壮举，也不是他用兵如神、迫使来犯敌军望风而逃的手笔，这些固然了不起，但单凭这些，还不具备"武成王"庙的准入资格。司马穰苴之所以英名彰显、傲领风骚，根本的原因在于他整理总结了古司马兵法,即所谓"自古王者而有司马法,穰苴能申明之"(《史记·太史公自序》),并在此基础上构建起自己新的兵学体系,"号曰《司马穰苴兵法》"。这部兵法,代有传播,到了北宋神宗元丰年间,更被列为武经七书之一,颁行于当时的武学,成为将校必读之书。

如果说,《孙子兵法》所体现的是"狭义的军事艺术",即论述的重心是用兵之法,为实施战争的艺术;那么司马穰苴的《司马法》所反映的就是"广义的军事艺术",即讨论的命题涉及军事学的各个方面,包括军赋制度、军队编制、军事装备保障、指挥联络方式、阵法与垒法、军队礼仪与奖惩措施等,带有明显的条令条例与操典的性质,为军队建设与战争实施的规则。两者是一种互补的关系,无《孙子兵法》的精妙用兵艺术,打仗便失去了种种悬念、层层变数,就无法"运用之妙,存乎一心";无《司马法》的规整用兵法则,打仗便没有了一定之规、最后底线,就不能"以礼为固,以仁为胜"。从这个意义上说,司马穰苴的兵学理论与孙子的兵学思想相比,毫不逊色,二者各有千秋,彼此都有自己的位置,谁也无法取代对方。这正是司马迁之所以激赏《司马法》,称道其书"闳廓深远,虽三代征伐,未能竟其义,如其文也"(《史记·司马穰苴列传》)的缘由。

司马穰苴的兵学体系博大精深,而有关治军的理论阐述,则是其整个学说的重要组成部分。它的最大特色,就是强调"国容不入军,军容不入国"(《司马法·天子之义》)。其根本宗旨,是要区分治军与治国的不同,要清醒地认识到两者虽都沾着一个"治"字,但彼此的差异性却是客观存在的,千万不可任意混淆。在司马穰苴的眼中，国家、朝廷的那一套礼仪规章万万不能搬用于军队，同样的道理，军队的那一套法令条例也不能移植作为治国的工具，两者各有不同的特点和要求："在国言文而语温，在朝恭以逊……在军抗而立，在行遂以果，介者不拜，兵车不式。"（《司马法·天子之义》）如果哪位统治者心血来潮，混同了两者的区别，那么，必定会捉襟见肘、进退维谷，既在治国上捅娄子，又在治军上摔跟头，"军容入国则民德废，国容入军则民德弱"（《司马法·天子之义》），即如果把军队的管理方法应用于国家、朝廷，民众就会变得暴戾刚狠，温情脉脉的礼让风气就会废弛；反之，倘若将国家、朝廷的礼仪规章贯彻于军队，军人就会变成一群温驯的绵羊，尚武勇迈的精神就会被削弱乃至消失。

应该说，司马穰苴的这一观点完全符合军队建设与管理的规律与特点，因此受到后人的高度重视。西汉时期名将周亚夫细柳营军门挡住汉文帝的车驾，整肃军容、严明军纪的做法，就是借鉴"国容不入军"思想，并将其高明地应用于治军实践的一个显著事例。无怪乎汉文帝不仅不以周亚夫的举动为忤，反而满心喜欢，一再褒扬周亚夫是顶天立地的"真将军"了！

"国容不入军，军容不入国"，语言虽然朴素直白，但是这中间却蕴含着深刻的哲理。司马穰苴道出的不仅是治军的基本要领，更是朴素辩证法的精髓。用今天的哲学语言来表述，便是不同质的矛盾必须用不同质的方法来解决。任何方法、任何手段，是否真正管用，关键在于它是否具有针对性，是否具有适用性；任何理论、任何政策，是否有益于事，症结在于它是否具备实践的土壤，是否能够避免水土不服。如果不能做到量体裁衣，对症下药，那么关注越多，越是添乱，投入越多，越是糟糕，南辕北辙，事与愿违，是谓"橘逾淮北而为枳"，明明要进这扇门，偏偏走进别的屋。西哲亦有云"播下的是龙种，收获的却是跳蚤"，到头来，竹篮打水一场空，全然是无谓的付出。

历史上，违背司马穰苴区分"国容"与"军容"的忠告，不分场合，不分条件，不分时间，不分对象，用一个模子对待和处理复杂的事物，结果导致破绽百出，甚至全盘皆输的，可谓司空见惯，不胜枚举。

这中间有的是错乱时空，"不知有汉，无论魏晋"，脱离特定的环境穷折腾、瞎忙乎，因而自酿苦酒，自找晦气。如当年王莽面对土地兼并越演越烈、奴婢问题堆积如山的局面，智短计穷，居然祭起恢复周礼的法宝，打出推行"王田私属"的大旗。可惜的是，事过境迁，物是人非，王莽企图改良的愿望固然美好，但是他所选择的方子却完全不靠谱，到头来不但没能扭转乾坤，走出新路，反而扰乱天下，最终连自己的身家性命也全都赔了进去。

有的是鸡兔同笼，不分青红，何谈皂白，不区分事物的性质，捡到篮里都是菜，装在瓶里都是水，因而弄巧成拙，种瓜得豆。如当年诸葛亮起用马谡心切，拔苗助长，将本来是优秀参谋之材的马谡摆放到并非马谡之长的北伐前敌总指挥的位置上，混淆了参赞军务与独当一面的本质区别，结果呢，"置将不善，一败涂地"，首次北伐中途夭折暂且不说，还害得本来可以成为优秀辅弼之才的马谡身败名裂。

由此可见，避免一锅煮，防止简单化，说来容易做来难，司马穰苴能够清醒地意识到这个问题，并且提出"国容不入军，军容不入国"这样高明的原则，表明他真正参悟了用兵治军的奥妙。正是在这个意义上，司马穰苴才受到后人的普遍尊重，而他的区别矛盾，不同对待的思想方法，也始终在为人们提供着智慧的启迪和文化的借鉴。

所以说，尽管司马穰苴在历史上的名声远远不及号称"百世谈兵之祖"的孙武子，但是就不少理论命题的思想深刻性而言，他可是一点也不逊色于孙武子和他的兵学原理。

韩信的睿智:"汉中对"新解

轰轰烈烈的秦末农民大起义推翻了秦朝的残暴统治,全国范围内出现了群雄并起,逐鹿中原的局面,其中又以西楚霸王项羽和汉王刘邦两大集团实力最强,他们为争夺全国统治权,实现天下统一,展开了殊死的斗争,拉开了长达四年的楚汉战争的帷幕。

早在楚汉战争前,刘邦集团和项羽集团围绕全国统治权的问题就进行过较量。项羽率军北上与秦朝主力殊死搏斗之际,刘邦乘机率先破秦入咸阳,秦王子婴投降。按照楚怀王当初与诸将的约定:"先入关者王之",刘邦理应如约为关中王,而刘邦自己也已经以关中王自居,他身边的谋士们曾一边安定关中社会秩序,一边为刘邦"王天下"、建立政权做着各种准备。

但项羽挟击破秦朝主力的战功,耻于让刘邦钻了空子,得到先入关中的名声,所以他决不容许在关中享有民望,且最有夺天下野心的刘邦居于关中,而是将他分封于巴、蜀、汉中为汉王,还将关中一分为三,让秦朝的三个降将做诸侯王,以监视、牵制刘邦的势力。鉴于项羽强大的军事实力,刘邦只好在"鸿门宴"上卑辞谢罪,承认项羽的天下霸主地位,被迫忍气吞声离开关中,前往巴、蜀。

但是,刘邦集团并不甘心于困居巴蜀,暂时的退让是为了以屈求伸,等待时机成熟,"还定三秦",再图天下,而项羽集团的政策失误和战略上的麻痹，则给刘邦提供了东山再起的机会。项羽在刘邦低头后，错误地认为最有实力与他争夺天下统治权的刘邦已真心臣服，不再具有威胁，所以他在分封后即弃关中而东归，定都于彭城。但分封政策无疑瓦解了他自己的强大力量，同时，分封的不公又造成了他与其他诸侯之间不可调和的矛盾，使自己成为众矢之的。

就是在这样的背景下，韩信适时地向刘邦进献了千古名对——"汉中对"。

"汉中对"的逻辑起点，是转化楚汉双方战略优劣态势，帮助刘邦摆脱被动，争取战争主动权的现实需要。当时，项羽身为霸主，政由己出，兵多将广，实力雄厚，具有压倒性优势。"汉中对"就是要在这种特定的历史条件下，从不利中发现有利，从被动中寻找主动，为刘邦指明发展的方向，奠定以弱胜强、夺取天下、完成统一的基础。

"汉中对"作为成功的战略决策，在以下几个方面体现了其高明之处。

第一，对双方战略条件进行综合比较，在此基础上正确预测了楚汉战争的前景。"知彼知己"，正确判断战争形势，是正确制定战略方针的前提。"汉中对"的高明，首先体现为韩信对整个形势以及发展趋势的正确分析判断和把握。韩信既看到了敌强我弱的客观现实，肯定项羽在诸多方面占有绝对优势，如骁勇善战、地盘广大、宽厚待下等等，同时也从项羽貌似强大的表象中发现了其致命的弱点：其一，他刚愎自用，不能识拔和放手任用人才，而只凭一己之勇；其二，排斥异己，任人唯亲，"以亲爱王"，结果导致诸侯不平；其三，缺乏战略远见，自动放弃关中形胜之地；其四是不讲信用，加之诛杀无度，残暴酷虐，"所过无不残灭"，予天下人以暴君的形象，失去了民心。所以项羽只有"匹夫之勇""妇人之仁"，表面上虽强大，但随着时间推移，必然会由强转弱，因而要想击灭他并不困难。

在"知彼"的同时，韩信也能"知己"，指出刘邦势力虽暂弱小，但却拥有雄厚的资本，入关后约法三章，秋毫无犯，赢得了民心归附，而未能如约王关中并被项羽赶到汉中一事，反而使刘邦获得了广泛的同情。这就为刘邦最终战胜项羽提供了可靠保证。通过这样的比较，韩信预见到刘邦由弱转强，夺取天下的乐观前景："今大王举而东，三秦可传檄而定也。"(《史记》卷九十二《淮阴侯列传》)从而为处于逆境中的刘邦树立起必胜的信心。这充分显示了韩信洞察大局、高屋建瓴、见微知著的战略预见能力，同时也为他进一步正确选择战略主攻方向提供了可能。

第二，正确选择主要战略方向，夺取战略前进基地，为赢得楚汉战争胜利创造充分的条件。要确保战略进攻达到预期的目的，关键之一在于正确选择主要攻击方向，掌握战争的主动权，从而达到乘隙捣虚的效果，实现战略目标。这是指导战争活动的通则，更是决定战略进攻成败的要害。"汉中对"注意到了这一关键问题，因而明确提出夺取关中、还定三秦应为刘邦首要的战略主攻方向。

应该说，这一战略选择是十分明智和完全正确的。因为从兵要地理形势考察，关中地区地理条件优越，它作为四塞之地，带山阻河，形势便利，"左崤函，右陇蜀，沃野千里。南有巴蜀之饶，北有胡苑之利，阻三面而守，独以一面东制诸侯……诸侯有变,顺流而下"(《资治通鉴》卷十一,汉高帝五年),处于进可攻、退可守的有利地位,一旦拥有,可获得极大战略主动,并为日后伺机东进、并吞天下创造积极的态势。由此可见,在战略方向选择上,韩信深谙用兵之道。

第三,及时把握战略进攻的时机,迅速开展军事行动,使还定三秦的战略目标尽快得以实现。只有把握进攻时机,才能给敌人以猝不及防的打击,以较小的代价换取最大的胜利。所谓捕捉战机,就是指战争指导者要在全面掌握敌我情况的基础上,善于发现敌人的弱点,一旦有机可乘,即以迅雷不及掩耳之势,展开进攻行动。用孙子的话说,就是"敌人开阖,必亟入之",从而使敌人措手不及,无暇抵抗,完全丧失主动,即所谓"后如脱兔,敌不及拒。"

为此,"汉中对"指出了刘邦集团在战略进攻时机把握上应注意的几个关键环节:一是针对当时项羽后院起火,自顾不暇,无力西向的有利条件,抓住时机,拉开楚汉战略决战的帷幕。二是根据关中三位降王(章邯、司马欣、董翳)众叛亲离、丧失民心的具体情况,立足于刘邦政治威望高、受关中百姓拥戴的优势,及时把握东进的时机,展开战略进攻。三是巧妙利用刘邦部众"思东归"的心理,使坏事转化为好事,振作士气,鼓舞斗志。四是利用汉军"明烧栈道"造成的无意东进的假象,在项羽放松警惕、戒备疏懈时,把握"还定三秦"的战略时机。这表明,"汉中对"对战略进攻时机的把握达到了出神入化、炉火纯青的境界。

第四,高屋建瓴、总揽全局地提出实施战略进攻的原则性手段,以确保战略目标的顺利实现。在确定了战略目标后,还要采取一定的方法、手段，以循序渐进地实现既定的战略目标。这是战略决策构筑过程中的必要步骤，也是整个战略方针的有机组成部分。"汉中对"向刘邦进献了实现战略目标的具体手段："任天下武勇，何所不诛！以天下城邑封功臣，何所不服！以义兵从思东归之士，何所不散！"（《史记》卷九十二《淮阴侯列传》）即：一是要广泛招揽贤能，放手使用人才，发展壮大自己的实力，凭借实力打击并最终消灭项羽集团；二是利用封赏这个有力的杠杆，调动将士杀敌制胜的积极性，驱使他们为赢得战争胜利而效命疆场；三是掌握和利用部队士气，充分发挥部队的战斗潜能，战胜攻取，以弱胜强。这是韩信对战略手段的高度归纳和概括，也是赢得统一战争最终胜利的重要保障。

总之，举凡战略条件的分析、战略方向的选择、战略时机的把握、战略手段的运用，"汉中对"都做出了全面辩证的阐述。这一分析，洞察天下形势，比较了楚汉双方的情况，不仅合乎当时的战争形势，而且也规划了汉王争夺天下完成统一的战略活动，既有预见性，又具备现实性、可操作性，能满足当时战争活动的需要，因此刘邦欣然采纳："遂听信计，部署诸将所击。"

接下来历史的发展果然不出韩信所料，项羽东归不久，田荣于山东起兵反楚，陈余于河北、彭越于梁地也起而叛楚，项羽后院起火，到处奔波灭火不暇，左支右绌、顾此失彼、捉襟见肘，陷入了战略上的极大被动。而刘邦则遵循着韩信"汉中对"提出的既定战略，乘机部署军队暗度陈仓，迅速平定三秦，夺取关中形胜之地，为"争权天下"取得了战略前进基地，并为最终在垓下之战中战胜项羽，使之落得四面楚歌、自刎乌江的悲惨下场，从而在血泊中完成统一，奠定了坚实的基础。

"天人合一"与董仲舒的演技

生活在今天的我们怎么也闹不明白：两千多年前的汉代儒生难道精神都有毛病，否则为何个个都像犯癔症似的，发热昏，说胡话，做妖道，扮巫师，装神弄鬼，占卜算命，而且乐此不疲，甚至于掉了脑袋，灭了九族，犹不觉悟。像夏侯始昌、京房、眭孟、夏侯胜、翼奉、李寻、田终术之流患病打摆子也就算了，要命的是连刘向、班固、郑玄、何休这一类大学者也来凑这个热闹。这样一来，汉代思想界真的变得一片光怪陆离、乌烟瘴气，没得治了！

造成这个局面，汉代第一号儒学大师董仲舒恐怕难辞其咎。史称他"始推阴阳，为儒者宗"。一个"始"字，道出他在玩弄"阴阳五行"、装神弄鬼方面的"开创之功"。"为儒者宗"，则表明后来的儒生对他亦步亦趋，像被传染了似的，和他一起发热昏，讲胡话。何休"阴阳算术、河洛谶纬""莫不成诵"，又擅长"风角、七分"，在自己的代表性著作《春秋公羊传解诂》之中侈谈"二类"（人事与灾异）；郑玄做梦，梦见孔子告诉自己"起，起，今年岁在辰（龙），来年岁在巳（蛇）"（按，汉儒迷信的说法是"岁至龙蛇贤人嗟"，是大凶之象），郑玄醒来"以谶合之，知命当终"，于是不吃不喝，躺在床上静静等死，就是例证。

当然，董仲舒作为汉儒中的"大哥大"，装神弄鬼也有独到之处，他最擅长的大约就是呼风唤雨。农业社会，靠天吃饭，雨水是农作物的命脉，久旱不雨，便会颗粒无收，这是要饿死人的。故自上古以来，遇旱求雨，始终是一项重要的祭天仪式，也是众多巫师术士混饭吃的主要手段。董仲舒明白风调雨顺对社会生活的意义，所以举纲持领，紧抓根本，装神弄鬼也先从"求雨"入手。

　　董仲舒向汉武帝进呈"天人三策"，汉武帝秉行对儒家思想大师"不可不用，又不可大用"的基本用人原则，赏给董仲舒一个"江都相"的官职，让他离开权力中心，到江都国去当国相，在相对次要的岗位上替朝廷效劳做鹰犬。一朝权在手，就把令来行，董仲舒终于有机会把自己的"求雨"能耐付诸施行了，他在江都这块地盘上一试身手："以《春秋》灾异之变推阴阳所以错行，故求雨闭诸阳，纵诸阴。其止雨反是。""行之一国，未尝不得所欲"，似乎还蛮有效果的。（《汉书·董仲舒传》）董仲舒因此捞足了名声，成为众多儒生艳羡的对象。他也沾沾自喜，到处宣传自己"求雨"成功的经验："言零祭可以应天，土龙可以致雨。"

　　不过，董仲舒不会以"求雨"为终极目标。作为汉儒的领袖，其志固不在小，他要以"求雨"成功来证明自己的"天人合一"理论。而提倡"天人合一"，又是为了参与政治，对当时的社会政治生活施加自己的影响。说白了，就是企图树立"天"的最高权威。以"天"的名义，将儒家所提倡的伦理道德，置放在皇帝的权力之上，借此来约束皇帝的所作所为，即拿神权限制君权。所谓"郊重于宗庙，天尊于人"，这就是董仲舒的主张，也是他千辛万苦装神弄鬼背后的台词。

"权力导致腐败,绝对的权力导致绝对的腐败。"所以,建立权力制衡机制,始终是怀有使命感、责任心的思想家所倾心关注的命题。古人同样有这类意识,无非表述的方式不同而已。欧洲中世纪情况似乎还好一些,因为有教会能与世俗的王权相颉颃,形成互相辅助、互相制约的双头政治格局。顾准指出:"中世纪的基督教会,又是世俗政治权威以外的另一个政治权威……这一点,对于欧洲政治之不能流为绝对专制主义,对于维护一定程度的学术自由,对于议会制度的逐渐发达,甚至对于革命运动中敢于砍掉国王的头,都是有影响的。因为两头政治下最底层的人也许确实捞不到什么好处,体面人物却可以靠这抵挡那,可以钻空子,不至于像中国那样'获罪于君,无所逃也',只好延颈就戮。"(《顾准文集》第250、251页)真可谓一针见血。

可古代中国就没有这么幸运了。自皇帝制度确立之后,高度专制便两千多年不复动摇,"溥天之下,莫非王土;率土之滨,莫非王臣"(《诗经·小雅·北山》),君主"独制四海之内",意味着皇帝拥有绝对不受限制的权力,想砍人的脑袋就砍,想搞多少财宝就搞,"惟辟作福,惟辟作威",真的是随心所欲!"民一于君","臣下闭口,左右结舌"(《慎子·逸文》)。若是这个皇帝还有半点人性,老百姓尚能苟延残喘;一旦摊上像桀、纣这类头上生疮、脚下流脓的"天子",那老百姓(包括朝廷大臣、王公贵族)就只好自认倒霉,"无所逃于天地之间",乖乖等着人家来砍你的脑壳吧!

头脑清醒的思想家看到了这种绝对专制皇权的弊端,于是想法儿要给它套上一件紧身衣。人力是不成了,只好求助于老天。墨子说"天志",就是把人事的最后判决权交到"天"的手中:"天子为善,天能赏之;天子为暴,天能罚之。"天下非一人之天下,乃天下人之天下,虽贵为天子,亦不能为所欲为,只有"循天之道",才能在金銮殿上坐下去,否则,大事不妙,就等着有人来"革命"吧!

董仲舒更加干脆,直接把"天"和皇帝的关系定位为"父"与"子"的关系。让"天"来管"人",用神权来限制君权。照他的见解,天子对广大民众来讲,固然是最高的统治者,但是在老天爷跟前,他仍是儿子,必须像儿子对待父亲一般,以孝道"事天","受命之君,天意之所予也。故号为天子者,宜视天为父,事天以孝道也"(《春秋繁露·深察名号》)。

倘若做天子的违反了"天"的意志,不恭行做儿子的"孝道",那就是逆伦,他就要被"天"(父亲)剥夺继承权,天子的宝座是百分之百坐不成了,"天子不能奉天之命,则废而称公,王者之后是也"(《春秋繁露·顺命》)。从这个意义上看,董仲舒如同他的前辈孟夫子一样,也鼓吹以有道伐无道,肯定商汤灭桀、武王伐纣式的"犯上作乱"的合理性。因此,《春秋繁露·尧舜不擅移汤武不专杀》称:"且天之生民,非为王也,而天立王以为民也。故其德足以安乐民者,天予之;其恶足以贼害民者,天夺之……故夏无道而殷伐之,殷无道而周伐之,周无道而秦伐之,秦无道而汉伐之,有道伐无道,此天理也,所从来久矣。"

黑格尔在其《哲学史讲演录》中这么说过:亚里士多德一般地将灵魂区分为理性和非理性的两个方面,但是理性本身并不构成美德,只有在理性和非理性双方的统一中,美德才存在……灵魂的非理性的一面也是一个环节。这个非理性的一面，当它和理性发生关系并服从理性的命令而行动时，我们称此行为为美德。

董仲舒装神弄鬼自然滑稽可笑，其行为的理论基础——"天人合一"神学目的论自然是非理性的。可是，往深处说，其深处包藏的政治意图却是现实的、理性的。前者（外壳）是服从于后者（内质）的"命令"的，这乃是"理性和非理性双方的统一"，是"美德"，是合理的。弄清楚了这一点，董仲舒"装神弄鬼"的良苦用心，就可以理解了；汉儒发热昏，讲胡话，也能够原谅了。

当然，理解不等于赞同，原谅也不等于肯定。因为，董仲舒装神弄鬼，想假神权限制君权，纯粹是异想天开、一厢情愿，根本无法达到目的。皇帝是独夫，但不是笨伯，他口中自称"天子"，可这只不过是虚应故事，做个姿态给人们看的，其内心不会真的把自己当作"天"的儿子。说白了，他不至于傻到去相信虚无缥缈的"天意"，改变我行我素的人生哲学。平时他可以睁只眼闭只眼，让董仲舒这些"书呆子"胡说八道、装神弄鬼，以示自己的"开明"；可一旦触犯了心意，亵渎了龙颜，那就要引发"雷霆之怒"，毫不客气地扬起鞭子，亮出屠刀，指向这些饶舌多嘴的"书呆子"。

还是这个董仲舒，终于有一天装神弄鬼走到了尽头。他写了一本《灾异之记》，对辽东高庙之灾说三道四、议短论长，结果让主父偃参了一本，说他胡言乱语，对朝廷大大不敬。汉武帝大发其火，一道圣旨下来，董仲舒马上被扒去朝服，摘掉官帽，上了锁链，进了班房，三堂会审，按律量刑，即将问斩。幸亏有多人说情，汉武帝这才回心转意，暂且寄下董仲舒颈上的人头。小命虽然保住了，但他想拿神权限制君权的春秋大梦却该醒醒了。

人毕竟是怕死的，老子讲的"民不畏死，奈何以死惧之"，恐怕是"站着说话不腰疼"的大话，万万信不得，至少在董仲舒身上是这样。拨云见天，跌跌撞撞出了死牢后，董仲舒学乖了不少，知道了在"鸟笼子"里什么是可以说的可以做的，什么又是千万不能触碰的，明白了思想与言行的"红线"究竟画在哪里。"吃一堑，长一智"，他从此再也不敢拿性命去同天子的权威开玩笑了，"遂不敢复言灾异"。装神弄鬼的悲喜剧至此草草收场。

可敬而又可怜的董仲舒啊！

东汉开国第一人——邓禹与他的"图天下策"

南宋奇士陈亮曾说:"自古中兴之盛,无出于光武矣。奋寡而击众,举弱而覆强,起身徒步之中甫十余年,大业以济,算计见效,光乎周宣。此虽天命,抑亦人谋乎!何则?有一定之略,然后有一定之功。略者不可以仓促制,而功者不可以侥幸成也。"(《陈亮集》卷五《酌古论一》)而献策定此"一定之略"者,正是谋士邓禹。

邓禹字仲华,南阳新野人。少年时曾受业于长安的太学,与刘秀相识,二人遂结为莫逆之交。更始元年(23),刘秀奉命平定河北时,他从南阳赶赴河北追随刘秀,提出了"延揽英雄,务悦民心,立高祖之业,救万民之命"的方略。其后他不断向刘秀举荐人才,如荐寇恂为河内太守,认为"今河内带河为固,户口殷实,北通上党,南迫洛阳。寇恂文武备足,有牧人御众之才,非此子莫可使也"。(《后汉书·邓禹传》)又随刘秀镇压铜马等农民起义军,消灭王朗等割据势力,并乘赤眉与刘玄火并之机,率军西征,夺取河东,乘胜由河东入关中,使刘秀处于战略主动地位。他智谋超人,气度恢宏,深明以弱胜强、以柔胜刚之道,"知所以骄而怠人之术",能使敌人由强而骄,由锐而怠。

宋代军事理论家何去非曾将邓禹视为成就刘秀帝业的关键人物,比之为西汉的萧何:"昔者汉光武被命更始,安集河北,始得邓禹于徒步之中,恃之以为萧何者,以其言足以就大计,其智足以定大业,且非群臣之等夷也。遂以西方之事委之,而禹亦能胜所属任,所向就功。"(《何博士备论·邓禹论》)陈亮也说其"起身徒步,杖策军门,一见光武,遂论霸王大略,陈天下之大计,此其胸中固有大过人者矣。连兵西讨,所当者破,既定河东,复平关中,威声响震,敌人破胆"(《陈亮集》卷六《酌古论二》)。

邓禹"图天下策"的高明之处,就在于他为刘秀理清了在乱世和身处弱势的情况下夺取天下的思路,为刘秀的最后胜利指明了努力的方向并制订了长远计划。

其一,洞察全局,把握枢纽,正确分析形势,及时捕捉良机,先立根本,徐图大业。邓禹分析了王莽改制引起天下大乱的形势,认为天下纷争、混战无主的局势,正可利用来建立大业。当时,全国独霸一方称王称帝的有十多个集团。王莽的残余势力占据着从洛阳到长安的地盘,但王莽倒台后,更始帝及所属绿林军,由湖北经河南进入关中,山东的赤眉正从青州、徐州向中原和关中进发,中原及关中正是四战之地,各方势力势必在这一核心地带杀得你死我活,正所谓"四方分崩离析,形势可见"(《后汉书·邓禹传》)。而刘秀在更始入关时,被委以"破虏将军"的名义,并利用刘氏宗室的身份前往河北招安各地,虽失去了随更始帝入关分享胜利果实的机会,却得到了独立发展自己势力的良机,避免了在羽翼未丰时被他人打垮。邓禹的"深虑远图",与刘秀的志在天下可说是不谋而合,所以邓禹劝刘秀珍视这一难得的良机,重视河北这一新兴地区的战略地位。陈亮说:"使燕赵未平而光武西取关辅,则遂与

（隗）嚣、（公孙）述为敌，而赤眉无所骋其锋矣。与嚣、述为敌，则欲徇燕、赵而彼乘其虚，赤眉无所骋其锋，则已服郡县或罹其毒。是燕赵未可以卒平，关辅未可以卒守，河北、河内未可以卒保，而天下纷纷，将何时而一也！"（《陈亮集》卷五《酌古论一》）陈亮认为这是刘秀最高明之"一定之略"，而这一"致之有术，取之有方"的方略正出自邓禹。

其二，力避过早成为矛盾之焦点，沉着等待时机，广泛招揽人才，积极争取民心，致力于河北这一根据地的经营，利用处于各种势力边缘的机会，发展壮大实力，待各方势力互相削弱后再出面收拾残局，以弱胜强，席卷天下，争取事半功倍之效。这是典型的以弱自处、以柔胜刚之术。邓禹认为，更始皇帝虽然强大，但寡谋少断，缺乏一套妥善的治理国家的措施，朝廷中的文武大臣，尤其是带兵的将军，大部分是庸庸碌碌之辈，这些新贵是不能治天下的，所以刘秀如果想夺天下，当务之急必须是争取民心。具体办法一是招揽储备人才，治理已经控制的州县，巩固根据地，打起恢复汉室的旗号，争取更多的支持，即"延揽英雄，务悦民心，立高祖之业，救万民之命"（《后汉书·邓禹传》）。二是像汉高祖刘邦在汉中建立根据地一样，颁布几条切实可行的法律，使百姓安居乐业，这样才能人心所向，天下归顺，四分五裂的局势，不出几年就可以归于一统。刘秀正是依此策略，冷眼观望群雄火并。到了公元25年，羽翼丰满，时机成熟，刘秀遂即皇帝之位，号令天下。其后赤眉进入长安，更始帝投降后被杀，绿林势力被解除，而赤眉在与绿林的争战火并中，亦大伤元气，加之关中残破无粮，赤眉又西向陇右发展，及至无所得再返长安，已几为强弩之末。刘秀这时候出来收复洛阳、关中，已是水到渠成，毫不费力稳控关中和中原，至此，统一全国不过是早晚之事了。当代学者黄仁宇先生在其《赫逊河畔谈中国历史》中说这一战略是"用南北轴心作军事行动的方针，以边区的新兴力量问鼎中原，超过其他军事集团的战略"。

英国现代著名战略家利德尔·哈特在其名著《战略论》中总结古代到第一次世界大战前西方的历次重大战争经验教训时，提出了"间接路线"的理论，认为战略是一种恰当运用军事手段以达到政治目的的艺术，战略的成功取决于对"目的"和"手段"的正确计算、结合和运用，并认为最完美的战略是"不经过严重战斗而能达成目的的战略"。纵观刘秀取天下战略的成功，其关键也正在于此。王夫之称其"以柔取天下"，正窥透了个中乾坤。可以说，刘秀本人以及为其谋划的邓禹等人，均是循着这一战略思路才成就如此大业的。

三顾频烦天下计："隆中对"平议

汉末三国时期兵学思想发展的一个重要特色，是军事战略对策研究风靡，注重务实，强调实用，使得兵学理论的建树紧密贴近战争活动的实践。诸葛亮向刘备进献的"隆中对"（又称"草庐对"），鲜明地体现了这一特色。

"隆中对"为刘备集团勾画了求生存、谋发展、取天下、致统一的系统完整的战略方案，被誉为文人战略家战略谋划的典范，千秋独步的战略名对。

东汉末年，军阀混战，天下大乱，刘备作为其中一支武装割据势力，也在此时悄然崛起。刘备在遇到诸葛亮以前，虽有成就一番事业的雄心，并长期矢志不渝，但因缺乏一套合适的战略纲领，始终未能拥有自己稳固的地盘，不得不东奔西逃，寄人篱下。所以，他才有"三顾频烦天下计"之举。而诸葛亮在遇到刘备之前，也隐居隆中，大志无所伸。二十年后，诸葛亮曾深情追忆这次君臣际遇："先帝不以臣卑鄙，猥自枉屈，三顾臣于草庐之中，咨臣以当世之事，由是感激，遂许先帝以驱驰。"（《三国志·蜀书·诸葛亮传》）可以说，"天下英雄"刘备的屈尊下顾、虚心求教，以及他复兴汉室、拨乱反正的忠肝热肠，都使诸葛亮深感知遇之厚，于是他才将"隆中对"这一卓绝千古的战略名对和盘托出。

"隆中对"的高明，在于它具有全局观念，同时又充满前瞻意识。一方面它高屋建瓴，统筹全局，提出了"跨有荆益""两路出兵"的"三分割据纡筹策"。众所周知，谋全局的核心，首在战略目标的确定。诸葛亮以恢宏的气度和思接千古的见识，指陈时势，在总结历史经验和分析现实形势的基础上，指出在各集团的消长纷争中，曹操是刘备的主要敌人。所以，刘备的近期目标应该是"跨有荆、益"，即利用各种矛盾，夺取天下要冲荆州和天府之国益州，作为自己的立足之地，以此为角逐天下的根本，从而实现三分天下有其一的霸业。对现实目标的这一定位，建立在对天下大势的洞察，对敌我关系现状和变化趋势的把握上，同时，也考虑到了战略地缘关系。

更为重要的是，"隆中对"的根本目标在于最终实现国家的统一，体现了战略决策上的前瞻意识。所以，它在确定近期目标的基础上，进一步提出了刘备集团的长远战略目标，这就是"待天下有变"，由荆州、益州两路出兵，互相配合，密切协同，构成钳形进攻之势，兵锋北上，席卷两京，收得中原，兴复汉室。这里，它虽然未明言孙权的命运，但言下之意，待消灭了主要敌人强曹，孙权之接踵而亡自不待论矣。到那个时候，实现全国的统一，也就成了瓜熟蒂落、水到渠成的事情。（参见黄朴民《大一统：中国历代统一战略研究》，军事科学出版社2004年版，第127页。）

另一方面，"隆中对"所反映的大局观念与战略前瞻意识，并不是诸葛亮本人的突发奇想、闭门造车。它的可行性，建立在诸葛亮所提出的一系列系统完善的方法手段的基础之上。换言之，它的战略前瞻不是虚幻的"画饼"，而是极有可能实现的现实，目标的长远性与方法手段的有效性是协调一致的。这些方法手段包括：第一，利用"天下思汉"的普遍心理，凭借刘备身为"帝室之胄"的优越背景，争取政治上的主动，以与曹操之"挟天子以令诸侯"的做法相抗衡。第二，推行"西和诸戎，南抚夷越，外结好孙权"的方针，做好"外交"工作，为自己争取安定的战略后方和比较可靠的盟友，从而保证自身的安全，使得自己左右逢源，创造有利于自己发展壮大的外部环境和良机。第三，"内修政理"，整顿吏治，清明政治，发展经济，搞好内部建设，积蓄实力，文武并用，刚柔相济。(《三国志·蜀书·诸葛亮传》) 可见"隆中对"中有关战略长远目标的提出，不是偶然的，而是深思熟虑后的独到心得，它的战略前瞻意识是鲜明合理的，因为它以政治、经济、外交努力为战略前瞻意识的明确化和可操作化提供了必要的条件。

显而易见，"隆中对"是诸葛亮在形势最低迷之时慧眼识先机，为刘备集团制定的一套完整的统一战略预案。它见微知著，帮助刘备集团由弱转强的战略筹划，达到了前无古人的境界。"隆中对"实施之初，就帮助刘备取得了赤壁大战的胜利，并使刘备集团迅速振衰起弊，据有荆州大部，继而进一步拓展西川，攻取汉中，终于开国蜀汉，实现三国鼎立。然而，军事活动的动态性与不可捉摸性等因素干扰了"隆中对"战略计划的下一步发展，形势变得对刘备集团日益不利，诸葛亮更为弘远的战略计划渐渐成为"明日黄花"，与占据中原、兴复汉室的目标渐行渐远，但"隆中对"仍然是卓绝的以全局观念突出、前瞻意识鲜明为特征的统一战略预案。正如前人所评价的那样，"孔明创蜀，决沉机二三策，邃成鼎峙，英雄之大略，将帅之弘规也"(王睿《将略论》)。

三国以降，"隆中对"两路进兵、统一全国的战略规划，曾引发历代争论，如宋代人苏洵说："诸葛孔明弃荆州而就西蜀，吾知其无能为也。且彼未尝见大险也，彼以为剑门者，可以不亡也。吾尝观蜀之险，其守不可出，其出不可继，兢兢而自完，犹且不给，而何足以制中原哉？"（《嘉祐集》卷三《权书》）意思就是说，以剑门相隔的四川盆地，作为保境自守的根据地尚且不够理想，更遑论以此为基地去进取中原、经营天下了。而南宋时期的朱熹则坚持："若无意外龃龉，曹氏不足平，两路进兵，何可当也。"（《朱子语类》卷一三六）

我们认为，朱熹之论，出于维护蜀汉"正统"的需要，过分推崇"隆中对"，但是，像苏洵那样完全否定"隆中对"的价值，也属故作惊人之论，博人眼球而已，所以难怪朱熹视其为纵横家。当然，从总结历史经验教训角度考虑，"隆中对"的确不是无懈可击，尽善尽美。其失误主要表现在"两路进兵"的长远目标过于理想化。毛泽东针对苏洵以上议论，曾做过一段发人深思的批注："其始误于'隆中对'，千里之遥而二分兵力，其终则关羽、刘备、诸葛三分兵力，安得不败！"（《毛泽东读文史古籍批语集》，中央文献出版社1993年版，第106页。）

这里所讲的"二分兵力"，指的就是"隆中对"中所设想的从荆州、益州发动钳形攻势，北伐中原，统一全国。的确，为大巴山、巫山所阻隔的荆、益二州，相互之间很难进行支援。尤其是在当时的通讯、交通条件下，悬隔千里，要协调战场动作，使之互相策应、配合和支援，实难做到。加上刘备集团本来就是兵寡将微，二分兵力恰好是犯了用兵大忌。所以，毛泽东的批评无疑是非常有道理的。另外,"隆中对"提出既要"跨有荆、益",又要"外结好孙权",即希望刘备在保有荆州这一战略要地的前提下,维持与东吴方面的联盟关系,这多少是有些一厢情愿了,在现实中,鱼与熊掌实难兼得,必然会碰壁。

然而,尽管有种种缺陷,"隆中对"仍不失为中国历史上卓绝非凡的战略对策,而且这些缺陷也根本无损于诸葛亮雄才大略战略家的光辉形象。

举重若轻：羊祜和他的《平吴疏》

所谓"战略"，其经典的释义，按中国人民解放军军事科学院首版《战略学》所界定的，就是指导战争全局的方略。它显然具有三个最基本的特征：第一，它是指导性的，即引领、规范与主导军事行动的方向；第二，它是全局性的，所谓"不谋全局者，不足以谋一域"它具有系统性、根本性、长远性的意义；第三，它是一种方略，方针与策略，具有可操作性。战略同时也是一种选择，即在扑朔迷离的形势下，在存在多种可能性的局面中，睿智地选择一种成本最小、效益最大，且具有可操作性的最佳方略。具体地说，战略所要解决的是"做不做""何时做""何地做""何人做""怎么做"等最核心、最关键的问题。

中国具有悠久的军事文化传统，战略思维与战略指导理论的成熟与高明在世界上也是罕有其匹的。在长期的战争实践中，曾产生过诸如"汉中对""隆中对""平陈十策""雪夜对"等脍炙人口的战略决策与指导思想的典范，它们是重要的战略历史文化资源，至今仍不无启迪意义，值得我们高度重视和认真借鉴。而在它们中间，西晋时期羊祜的《平吴疏》，作为国家统一战略的重要案例，以其独有的战略洞察力与决策可行性而拥有特殊的魅力，千百载后依然不乏学习借鉴的价值。

众所周知，赤壁之战后形成了三国鼎立局面，经过数十年的战和更替，统一全国的形势已渐趋成熟。公元263年，魏廷在司马氏的操纵下，发兵一举攻灭了偏安于西南一隅的刘氏蜀汉政权；又过了两年，司马炎通过"禅让"的方式，灭魏自立，建立起西晋王朝。这样，魏、蜀、吴三分天下的局面演进为晋、吴两大政权南北对峙的战略格局。

晋武帝司马炎即位伊始，在稳定国内政局、解决北方鲜卑族拓跋树机能部武力犯边的同时，也将灭亡东吴、统一全国作为最重要的任务提上了议事日程。然而，朝廷内部在何时和如何进行统一战争的问题上存在着严重分歧。重臣贾充、荀勖等人对晋武帝出兵伐吴的战略意图持明确反对的态度。他们认为，东吴水军强盛，且据有长江天险，出师攻伐，胜负实难逆料，与其冒险用兵，不如稳妥守成，所以主张按兵不动，以静观形势变化。这些意见的存在，在很大程度上干扰了人们的思路，也使得晋武帝一时难以做出最后的决断。正是在此背景下，一贯倡言伐吴的大臣羊祜于咸宁二年（276）向晋武帝进献了《平吴疏》，正确分析了当时的战略形势，论证了晋朝起兵攻灭东吴，统一全国的历史合理性与现实可能性，并具体策划了晋军战略进攻的基本步骤，以期帮助晋武帝排除各种干扰，果断地将灭吴的战略方针付诸实施，从而完成统一全国的殊世伟业。

《平吴疏》通过对晋、吴双方经济、政治、军事等条件进行全面考察，"校之以计，而索其情"，从而系统深入地论证晋统一全国的必然性。

其一，中华文明是世界上为数不多的独立起源的文明之一。中国历经五千年沧桑，国内诸民族经历了战和更替、聚散分合、迁徙与融汇，却始终不曾割断共同的文化传统，民族认同始终如一，而且越是历经磨难、遭遇坎坷，越是能增强多元一体的中华民族的自我意识和对中华文明的认同感。很显然，统一是中国历史发展的主流，符合中华民族高于一切的理想追求和道德情感。

羊祜深受中华文化中"大一统"理念的熏陶，因此将起兵灭吴，结束南北分裂，混成一统，认定为合于天意人心的正义之举，强调"夫期运虽天所授，而功业必由人成"（《晋书》卷三十四《羊祜传》，以下引文，出处均同），天下一统，"成无为之化"，乃是理有固宜，势所必然。他强调指出，用兵打仗的根本目的在于"宁静宇宙，戢兵和众"。这样就从弘扬"大一统"理念的高度，为灭吴战争的性质做了正确的定位，阐发了"以战止战，虽战可也"，也就是消灭割据、混一天下的合理性，他请求晋武帝圣心独断，排除一切干扰，毫不犹豫地将统一大业前进推向。

其二，羊祜全面分析了敌我双方的战略态势，进而阐说晋军灭吴的时机业已成熟，夺取统一战争的胜利具有极大的把握。《平吴疏》指出，当时的东吴，事实上军事实力已明显处于下风，"弓弩戟盾不如中国"；其内部更是钩心斗角，矛盾重重，上下离心，"孙皓之暴，侈于刘禅；吴人之困，甚于巴蜀"，"将疑于朝，士困于野，无有保世之计，一定之心"，可以说已处于风雨飘摇之中。在这种情况下，一旦西晋大举出击，东吴必定难以组织有效抵抗，其结果必然是望风披靡，土崩瓦解，"兵临之际，必有应者，终不能齐力致死，已可知也"。相反，西晋在政治、经济、军事上占有明显的优势，"以镒称铢"，以石击卵，统一大业定能凯歌高奏："大晋兵众，多于前世，资储器械，盛于往时。"所以，只要把握战机，果断征伐，则"军不逾时，克可必矣"，即必将所向无敌，一举而克。

东吴政权之所以敢负隅顽抗，抵制统一，就在于其依恃长江天险，且水师相对较强，所谓"水战是其所便"，这也正是西晋内部相当一部分人，包括贾充、荀勖等皇帝心腹重臣，对伐吴之举持消极抵触态度的重要原因之一。然而羊祜却能具体分析，认为这并不构成灭吴的绝对障碍。他说，险阻只有在双方实力基本相当的情况下才可发挥作用，"凡以险阻得存者，谓所敌者同，力足自固"。一旦进攻一方拥有了绝对优势，那么险阻也就不成其为不可克服的障碍了，"苟其轻重不齐，强弱异势，则智士不能谋，而险阻不可保也"。这一点业已为魏灭蜀汉的历史实践所证明："蜀之为国，非不险也，高山寻云霓，深谷肆无景，束马悬车，然后得济，皆言一夫荷戟，千人莫当。及进兵之日，曾无藩篱之限，斩将搴旗，伏尸数万，乘胜席卷，径至成都，汉中诸城，皆鸟栖而不敢出。非皆无战心，诚力不足相抗。"至于吴军善于水战，确实值得重视，但只要战略上处理得当，也可以使其难以发挥作用，晋军可以凭借突然袭击渡过长江，只要"一入其境"，吴军就无法依托长江进行抵抗了，只能退保城池，进行消极防御。如此，则吴军"去长就短"，水战的优势将荡然无存，在战略指导与战役指挥上均将陷入极大的被动。

其三，羊祜在《平吴疏》中又拟定了具体的作战部署，阐述了正确的用兵方略，为晋武帝发动平吴战争统一南北提供了一份可供操作的军事进攻方案。为了确保灭吴之役达到预期效果，羊祜还根据晋吴战略态势，提出要多路进兵，水陆俱下，即从长江上、中、下游同时发起进攻："引梁益之兵水陆俱下，荆楚之众进临江陵，平南、豫州，直指夏口，徐、扬、青、兖并向秣陵。"羊祜满怀信心地指出，这样一来，吴军势必首尾不能相顾，因为"无所不备，则无所不寡"（《孙子兵法·虚实篇》），其彻底失败的命运将注定不可避免："以一隅之吴，当天下之众，势分形散，所备皆急。巴汉奇兵出其空虚，一处倾坏，则上下震荡。"如此，汉末以来的长期分裂割据局面必将结束，国家的统一必将实现。

由此可见，羊祜的《平吴疏》的确是一份高明的统一战争的战略谋划。其内容十分丰富，举凡战略目标的确立，战争性质的界定，战略形势的分析，战略部署的筹划，均有全面细致的研究和阐发，充分体现了羊祜作为杰出战略家洞隐烛微、提纲挈领、驾驭全局的卓越能力，以及积极进取、辩证乐观、求真务实的无畏胆识。它的提出，为晋武帝翦灭东吴，完成统一奠定了基础。

就这个意义而言，尽管羊祜他本人并未能亲历"王濬楼船下益州，金陵王气黯然收。千寻铁锁沉江底，一片降幡出石头"的辉煌历史时刻，但他仍是西晋统一大业的第一号功臣。无怪乎在平吴的庆功宴上，晋武帝司马炎要"执爵流涕曰：此羊太傅之功也！"对他在西晋统一事业中所做出的杰出贡献予以最充分的肯定。

"人事有代谢，往来成古今。江山留胜迹，我辈复登临。"今天重温羊祜的《平吴疏》，依然是这样令人不胜仰慕。这是中华战略文化宝库中的一份瑰宝，其价值与启示乃是永恒的。

仙车　公孙子都暗射颍考叔　狩猎　西王母画像石（东汉）。上层为西王母与进献跽拜人物，二层为两辆仙车，三层为公孙子都暗射颍考叔，四层为车骑出行图，五层为狩猎图。现藏山东嘉祥武氏祠文物管理所。

王霸者的多张面孔

一代枭雄郑庄公

只要看看神州大地到处都把《孙子兵法》《三十六计》《厚黑学》捆绑在一起吆喝贩卖，只要有工夫留意一下人们在欺生宰熟、坑蒙拐骗方面无师自通的高超演技，你就不能不承认，热衷权谋、深富韬略的确是中国文化传统的有机组成部分，所谓"帝王之兵，贵谋而贱战"，所谓"攻人以谋不以力，用兵斗智不斗多"云云，正是这种文化传统的简练概括、形象写照。它往好里说，是崇尚智慧，善于竞争，"四两拨千斤"；往坏处讲，是心术不正，鬼蜮伎俩，"害你没商量"。

但不管你喜欢还是不喜欢，它总是存在，总有人把它视为政治手腕与能力，誉之为"识时务"，有水准。事实上也是这样，历史上大凡在政治上有所建树的人物，其成功的秘诀不外乎政治智慧超凡入圣，谋略运用炉火纯青，风风雨雨等闲而过，把握主动永不言败。

历史上这样的成功人士多得是，不过，我不愿意赶时髦、随大流，跟着别人去炒作、拜谒汉武帝、唐太宗、朱元璋、康熙爷这类青史上的"大牌明星"，倒更喜欢关注那些有特色的二三流人物。春秋初年的郑庄公，是最值得说道一番的。

郑庄公是春秋初年郑国的第三代国君，他在历史上的最大作为，是筚路蓝缕、拳打脚踢，通过各种手段使得西周末期才立国的小小郑国，在春秋初年率先崛起，"小霸"天下，一鸣惊人。

当然，与汉武帝、乾隆爷这类"超级大腕"的功业相比，郑庄公这点儿事功实在算不得惊天动地、可歌可泣。但是若从郑庄公所作所为所体现的政治技巧来考察，就不能不让人对他的深厚功力、绵长气韵表示由衷的佩服了。

郑庄公政治手腕的老练、政治操盘能力的出众，首先表现为料事能准。《孙子兵法》上说"知彼知己，百战不殆"，又说"多算胜，少算不胜"。一个政治人物是否成熟，不看他是否口若悬河，不看他是否善于作秀，就看他有没有睿智的头脑，能否透过复杂纷纭的表象，一眼明了事物的本质，掌握战略态势的走向，料事如神，制敌先机，做到"未雨绸缪""胜兵先胜而后求战""先为不可胜，以待敌之可胜"。这正是《管子》中提到的既"遍知"又"早知"的道理，如果所知有缺环，便不能掌握全局；而所知不及时，便失去了时效性，成了"事后诸葛亮"了。

郑庄公在这方面可谓是第一流的高手，他与其父郑武公、其祖郑桓公三代均为周王室的卿士，对周王室的大小事务、各种矛盾了若指掌，谙熟于心。因此，作为局内人，他比其他人更早更清晰地看到周王室外强中干、色厉内荏的事实，看到"天而既厌周德矣"的形势，认清周天子权威的没落乃是不可逆转的趋势，凭实力进行政治上重新洗牌的机会即将来临。"先下手为强，后下手遭殃"，郑庄公宁做"白眼狼"，不要虚声望，遂当机立断，高明决策，第一个跳将出来，"近水楼台先得月，向阳花木易为春"，利用操控王室政务的便利条件，让肥水只流自家田，借鸡下蛋发展膨胀自己的势力，比曹孟德早上一千多年就玩起了"挟天子以令诸侯"的把戏，先后联鲁、伐宋、侵陈、灭许，一举造就"郑庄公小霸"的风光局面。

等到羽翼基本丰满后，他又敢于过河拆桥，转过身来向周天子叫板，甚至不顾忌冒天下之大不韪，"太岁头上动土"，与周天子兵戈相向。其敢作敢为，令全天下为之惊诧莫名，目瞪口呆，只好傻乎乎站在一旁看着郑庄公一步步登上霸主的宝座，成为开春秋一代风气之先的人物。而郑庄公敢于肆无忌惮，为所欲为，就在于他早已算准了周王室的反应，早就看扁了周天子的那些能耐。

郑庄公政治手段的娴熟、政治操盘能力的超人，其次表现为遇事能忍。北宋大文豪苏东坡《留侯论》有云："古之所谓豪杰之士，必有过人之节，人情有所不能忍者。匹夫见辱，拔剑而起，挺身而斗，此不足为勇也。天下有大勇者，卒然临之而不惊，无故加之而不怒。此其所挟持者甚大，而其志甚远也。"

可见，"遇事能忍"说白了便是处于下风时，能够装孙子，老虎扮猫，唾面自干。能做到以退为进，以柔克刚，以不争谦让的方式，达到争的效果，毕竟"夫唯不争，故无尤"。用杜牧《题乌江亭》中的诗句说，就是"包羞忍耻是男儿"。一个人能够真正践行"装孙子"哲学，那么，他眼光之远，抱负之大，心机之深，胸襟之宽，都是臻于一流的，是令人畏惧、令人恐怖的，而郑庄公就是这样的人。

"克段于鄢"就典型地反映了郑庄公遇事能忍的政治风格。郑庄公的母亲姜氏在生他时难产，吃足了苦头，因此郑庄公从小就不讨母亲的喜欢，姜氏对他横看竖瞧总是不顺眼。姜氏所宠信溺爱的，是郑庄公的胞弟姬段。大人物的私生活也是政治，姜氏的爱憎好恶就为日后的朝廷冲突埋下了深深的隐患。

从《左传》的相关记载来看，姜氏是一个心胸狭窄、自以为是、喜欢自我表演、权力欲很强的女人。郑庄公登基后，她不甘寂寞，老是插手朝廷的政治，替爱子姬段经营前途。她先是打军事要地制邑的主意，遭到挫折，"一计不成，再生一计"，又逼迫庄公将姬段分封到京城（今河南荥阳东南），立为京城大叔。

大叔段进驻京城之后，即大修城邑，图谋不轨。大臣祭仲目睹这一情况，即提醒庄公要防止出现政出多门、尾大不掉的局面，威胁自己的统治。"不如早为之所，无使滋蔓！蔓，难图也，蔓草犹不可除，况君之宠弟乎。"（《左传·隐公元年》）但郑庄公一笑了之，以一句"多行不义必自毙"应付过去。面对姜氏与姬段串通一气，给自己多方制造麻烦的行为，郑庄公做到了隐忍不发，他故意装出一副无关痛痒、漫不经意的样子，忍下一时之气。大叔段见自己的举动没有遭到兄长的制止，便变本加厉，将郑国西部和北部的城邑攫为己有，进一步扩充自己的势力。

姬段的肆无忌惮、得寸进尺之举，让郑庄公的臣子们都感到"是可忍，孰不可忍"，大夫公子吕就催促郑庄公迅速采取行动，有力应对，以免变生肘腋、祸起萧墙。可郑庄公这时还是一再忍让，以"不义，不昵，厚将崩"为理由婉言谢绝了公子吕等大臣的建议，郑庄公如此工于心计、老谋深算，真可谓是忍耐功夫修炼到了家。

郑庄公的遇事能忍，也反映在他处理与周王室的关系问题上。冰冻三尺，非一日之寒，郑国与周王室之间的矛盾由来已久，周平王在位时为了稍加限制和分散郑庄公的权力，曾打算任命虢公林父为卿士。但由于事机不密，为郑庄公所侦知。郑庄公对此甚为不满，向周平王提出质询。周平王力图予以否认，结果发生了"周郑交质"事件：周以王子狐在郑国为人质，郑则以公子忽为人质于周。一场风波表面上暂时平息，可实际上双方互相猜忌更趋严重。

公元前720年，周平王去世，其孙姬林继位，是为周桓王。在郑国充当人质的王子狐死于回国途中。王子狐是周桓王的叔父，他的死让桓王对郑庄公心生痛恨，加之桓王年少气盛，缺乏政治经验，上台伊始，便急不可待地处处羞辱和打击郑庄公，双方的关系更是日趋冷淡恶劣。

郑庄公毕竟富有政治经验，他知道一味和周天子僵持并不符合郑国的根本利益，所以他不愿激化矛盾，面对周桓王的作梗为难，他努力克制心内的恼怒，百炼钢化为绕指柔，公元前717年他主动前往王都洛阳朝拜周桓王，希望缓解长期以来彼此间的对立情绪。

谁知周桓王是头犟驴，只图一时痛快，不顾后患无穷，他一点也不买郑庄公的账，给郑庄公吃了个闭门羹，让他乘兴而来，败兴而归。接着，周桓王又极不理智地干了两桩让郑庄公极度不愉快的事情。一是在公元前715年正式任命虢公林父为王室右卿士，让他与身为左卿士的郑庄公分庭抗礼。二是于公元前712年强行向郑庄公索取邬、芳、刘、刊等四座郑国城邑，而以本不属于周王所有的苏忿生的十二个邑作交换，这等于是开了一张空头支票，让郑庄公望梅止渴、画饼充饥。此番捉弄使郑庄公极没面子，令他气不打一处来，但他深知"小不忍则乱大谋"的道理，最终还是按捺住怒火，硬生生地忍了。

这种打落牙齿往肚里咽的忍劲儿，实在了得。可见，遇事能忍，是郑庄公显著的性格特征，而老谋深算、工于心计、喜怒不形于色，则是郑庄公战略意识高度成熟的突出标志。

郑庄公政治手腕的老练，政治掌控天赋的过人，第三表现为他出手能狠，雷霆万钧，干净利落，一步到位。

郑庄公在胞弟逼宫问题上的容忍，在周桓王刁难打击面前的退让，说到底不是单纯的容忍或退让，而是韬光养晦、后发制人。用军事术语讲，这是积极防御，即以防御退却为手段，以反攻制敌为目的的攻势防御。

他没有马上对自己的胞弟和周桓王实施反制，不是他软弱，不是他胆怯，更不是他无能，而是他不能在没有准备就绪、稳操胜券的情况下过早地和对手摊牌。所以，郑庄公在容忍退让的同时，私底下一直在做充分的准备，以求一招制敌、一击而胜。

郑庄公的对手们智商太低，对他的真实战略意图茫然无知，把郑庄公的克制容忍、妥协退让、欲擒故纵误认为是软弱可欺，于是乎他们得寸进尺、步步逼近：姬段利令智昏，动员军队企图偷袭郑国国都；周桓王大举起兵，进犯郑国纵深之地。殊不知他们的所作所为，全然是在郑庄公的算计之中，他们的嚣张猖狂、忘乎所以，恰好为郑庄公痛下决心全面反击提供了机会。在做好充分准备的前提下，他给予对手迎头痛击。

"克段于鄢"，一举端掉国内动乱的祸根。

大叔段在母亲姜氏的支持下，一直经营着篡权夺位的"大业"。郑庄公的容忍放纵，使得他得意忘形，自以为机会来临，打算发动叛乱，乱中夺权。鲁隐公元年（前722），他整治城郭，积聚粮草，修缮武器，训练军队，并勾结姜氏充当内应，准备偷袭郑国国都。"溪云初起日沉阁，山雨欲来风满楼"，郑庄公当机立断，命令公子吕统率二百辆战车讨伐大叔段，直捣其叛乱的巢穴。

在郑军山呼海啸般的强大攻势下，京邑的民众起来反对大叔段，大叔段被迫出逃到鄢（今河南鄢陵境内），郑庄公亲自统率大军征伐鄢邑。大叔段势穷力蹙，全线溃败，只好逃出郑国，"累累如丧家之犬"，流亡到卫国的共邑（今河南滑县）。至此，郑庄公彻底清除了内部分裂势力，巩固了自己的统治地位。

战于繻葛，用新型的"鱼丽"阵法杀得周室联军人仰马翻、落花流水。公元前707年，踌躇满志的周桓王下令剥夺郑庄公王朝左卿士的职位，把郑庄公逼进了死胡同。这一回郑庄公再也无法容忍，从此不再去朝觐周桓王。周桓王认为必须教训惩罚郑庄公无礼犯上的行为，便于同年秋天，亲率周、陈、蔡、卫联军对郑国发起进攻。郑庄公率兵迎战，双方军队遂在繻葛（今河南长葛东北）一带摆开战场，进行决战。

交战前夕，双方调兵遣将、布列阵势。周桓王将周室联军分为三支：左军、右军、中军。其左军由卿士周公黑肩指挥，陈军附属于内；右军由卿士虢公林父指挥，蔡、卫军附属其中；作为主力的中军则由桓王本人亲自指挥。郑庄公针对联军这一部署，也将郑军编组成三个部分：中军、左拒、右拒（"拒"是方阵的意思），指派祭仲、曼伯等大臣分别指挥左、右拒，自己则亲率中军，准备与周室联军一决雌雄。

正式交战之前，郑国大夫子元对周室联军的组成情况进行了分析。他认为，陈国国内正发生动乱，其兵无斗志，其将无战心。如果先对联军左翼实施打击，陈军一定会土崩瓦解，不堪一击；而蔡、卫两军的战斗力不强，届时也将难以抵挡郑军的进攻。据此，子元建议郑庄公首先击破联军的薄弱部分——左右两翼，然后再集中优势兵力进攻联军的主力——中军。郑庄公欣然接受了这一先弱后强、各个击破的作战方针。

鉴于以往郑军与北狄作战时，郑前锋步兵被击破，后续战车失去掩护，以致无法同步兵进行有效协同作战的教训，另一位郑国大夫高渠弥主张改变具体的作战方式，编成"鱼丽阵"以应敌。"鱼丽阵"的基本特点是"先偏后伍""伍承弥缝"，即把战车布列在前面，将步卒疏散配置于战车两侧及后方，形成车步协同配合、攻防灵活自如的整体。同时左、中、右三军的部署，是两翼靠前，中军稍后，成倒"品"字形，像张网捕鱼似的打击敌人。

郑庄公不愧为一代雄主，善于开诚布公，集思广益，对高渠弥的建议拍案叫好，当即吩咐具体落实。

会战开始后，郑军按照既定作战部署向周室联军发起猛攻，旗动而鼓，击鼓而进。郑大夫曼伯指挥郑右军方阵，以泰山压顶之势攻击联军左翼的陈军，陈军果然士气低落，一触即溃。

与此同时，郑大夫祭仲也率郑军左方阵，奋勇进击蔡、卫两军所在的周室联军右翼。蔡、卫军的情况也不比陈军好多少，未经几个回合的交锋，便丢盔弃甲，纷纷败退。周联军中军为溃兵所扰，军心动摇，阵势顿时纷乱。郑庄公立即摇旗指挥郑军中军，向周中军发动攻击。祭仲、曼伯麾下的郑左右两大方阵也乘势合围,"以正合,以奇胜",夹击周室中军。失去了左右两翼掩护协同的周中军,无法抵抗郑三军的合击,仓皇后撤,周桓王本人也被郑将祝聃射中了肩膀。周军败得一塌糊涂,输得无话可说,周桓王无奈,只好下令部队逃离战场,保住部分力量。这就是所谓"桓王箭上肩"的来历。

无论是"克段于鄢"也好,繻葛之战也罢,都让我们看到了郑庄公在关键时候的果毅坚决,敢作敢为,看到他的铁血手腕,磐石意志。这就是,不出手则罢,一旦出手,那就又准又狠,雷霆万钧,摧枯拉朽,所向披靡,给对手以毁灭性的打击。由此可见,出手能狠,正是郑庄公战略智慧超人一等,能够真正成就大事的显著特点。

郑庄公政治手腕运用娴熟、斗争艺术炉火纯青,第四表现为善后能稳。

孔子说"过犹不及",老子道"天之道,其犹张弓欤?高者抑之,下者举之;有余者损之,不足者补之",《孙子兵法》也说"军争为利,军争为危,举军而争利则不及,委军而争利则辎重捐"。真正高明的战略家对战略目标的设定都是非常理智的,绝不会在胜利面前头脑发热,忘乎所以,而是能注意掌握分寸,适可而止,张弛自如,见好便收。用现代的话讲,就是能做到"有理,有利,有节","好戏不要唱过头"。

郑庄公在这方面的作为,同样出神入化,可圈可点。当姬段逃窜共地之后,郑庄公便鸣金收兵,不再追击,因为他知道,这个时候的姬段已惶惶似丧家之犬,众叛亲离,形孤势单,失去了一切可资利用的资源,再也折腾不起什么大浪了,实在不值得继续花工夫去对付,再采取任何举动都是画蛇添足,自寻烦恼。

另外,由于郑庄公的母亲姜氏在这场叛乱中扮演过很不光彩的角色,她企图与姬段里应外合,置郑庄公于死地,"大叔完聚,缮甲兵,具卒乘,将袭郑,夫人将启之"(《左传·隐公元年》)。对此,郑庄公的内心是既痛苦又愤恨,遂指天画地发下毒誓,永远不再见姜氏的面,"不及黄泉,无相见也!"但是为了社稷大局,他最终还是与姜氏和解了,"大隧之中,其乐也融融","大隧之外,其乐也泄泄","遂为母子如初"。事实上,能否真正尽释前嫌,"为母子如初",那只有天知道!可在表面上,样子终究还要过得去,郑庄公借此赢得了"孝"名,在政治上替自己捞够了分数。

处理繻葛之战善后问题,更反映出郑庄公的机心深密、棋高一着。当郑国在战场上大获全胜已成定局时,郑军上下十分振奋,余勇可贾。祝聃等将领遂积极请战,建议郑军乘胜追击,以扩大战果。但是郑庄公坚决拒绝了部属们的请战要求,头脑异常冷静地表示:"君子不欲多上人,况敢凌天子乎!苟自救也。社稷无陨,多矣。"(《左传·桓公五年》)下令终止追击,放对手一马。

不仅如此,他还在当天晚上派遣专人前往周室联军的大营,慰问肩上中箭负伤的周桓王,从而给周桓王一个下台阶的机会,使得双方之间的关系没有闹到彻底破裂的地步。既赢得了利益,显足了威风;又留出了余地,杜绝了后患。一石二鸟,游刃有余,郑庄公战略识见的高明、斗争火候的恰到好处,真是令人叹为观止。

"舞榭歌台,风流总被雨打风吹去。"(辛弃疾《永遇乐·京口北固亭怀古》)意气风发的郑庄公的"小霸"事业，早已时过境迁，成为历史了。然而，郑庄公的战略意识与政治手腕却依旧让今天的读史者无限钦仰，不胜叹服！

　　的确，从更深的层次进行考察，我们应该承认，料事能准、遇事能忍、出手能狠、善后能稳，是古今中外成就大事业之人所要具备的基本素质；同时，它又何尝不可以为今天从事国际战略角逐者提供有益借鉴？在风云变幻、错综复杂的国际形势面前，一定要头脑清醒，沉着冷静，对局面有准确的分析，对大势有高明的预见，对自己有恰当的定位，不为假象而迷惑双眼，不因义愤而蒙蔽理智；在某些情况下，有必要韬光养晦，自敛锋芒，创造条件，等待时机，"以天下之至柔，驰骋天下之至坚"；在关系国家民族的核心利益、根本得失问题上，若条件成熟，机遇巧合，理应坚决出手，断然处置，一举而克，期于必成，所谓"金猴奋起千钧棒，玉宇澄清万里埃"；至于在具体的斗争策略运用过程中，则必须巧妙地做到有张有弛，有利有节，斗而不破，全胜至上，即所谓"张而不弛，文武不能也；弛而不张，文武不为也；一张一弛，文武之道也"！

靡不有初，鲜克有终：回眸晋献公

一部晋国史，从某种意义上说就是一部春秋史。

在一群晋国国君中，最赫赫有名的，自然非晋文公莫属。他在城濮之战中一举击败强盛一时的楚国，"取威定霸"，确立了晋国在中原地区的霸主地位，跻身于"春秋五霸"之列。这固然是晋文公本人主观努力、麾下三军将士效命的结果，但同时也有春秋以来晋国长期发展壮大的原因。在这个过程中，晋献公曾扮演了重要的角色。

晋献公的父亲是曲沃武公，此人洵非简单人物，他以"小宗"的身份，凭借优势武力攻灭了翼地（今山西翼城东南）的晋国"大宗"晋侯缗，以庶夺嫡，成为晋国新的统治者，是为晋武公，时在公元前678年。

"前人栽树，后人乘凉"，晋武公登基"作威作福"才二年，就寿终正寝了，其子于公元前676年即位，是为晋献公。晋献公较之乃父更有魄力和手腕，其文治武功，为晋国的迅速崛起、跻身于春秋大国行列（原先晋国乃蕞尔小国，军队只有一军，史称"偏侯也"）奠定了坚实的基础。不过，他晚年的糊涂与荒谬，却使得他未能最终完成晋国称霸中原、号令诸侯的宏伟大业。

从《左传》《国语》《史记》等现存史料记载的情况看，晋献公绝非一位平庸的君主，而是一位颇有雄才大略的领袖。他有比较明确的国家发展战略，深谋远虑、举重若轻。这就是在政治上，对内以血腥残忍的手段削弱同姓公族的势力，大力度强化中央集权；对外故作姿态，显示"尊王"的态度，以捞取优厚的政治资本。在军事上，一方面积极扩充武备，增强军力，"先为不可胜"；另一方面"该出手时就出手"，伺机吞并小国，打击戎狄势力，开拓疆土，进而争霸逐雄。在这一高明战略方针的指导下，晋国走上了迅速强盛的道路。

当时的周天子，龟缩于洛邑一隅，风光不再，不招诸侯国待见，可他毕竟还是名义上的天下共主与姬姓大宗，还有可资利用的剩余价值。晋献公知道这一点，所以即位伊始，就和虢公一道，风尘仆仆前往成周朝觐周惠王，接受周王的赏赐。为了更进一步密切与王室的关系，晋献公又伙同虢公、郑伯，一起为刚刚当上"天子"的周惠王操办隆重的婚礼，出资赞助周卿士原庄公到陈国，迎接陈国公主陈妫到成周和周惠王完婚。

场面上的事要做，实质性的事更得干，公元前655年，晋军攻灭虞国之后，晋献公慷慨大方，"归其职贡于王"，即把虞国的贡纳和赋税呈献给周惠王，解了周室缺钱少粮的燃眉之急。这些做法，与其父晋武公在位之时发兵攻打周室，杀死成周的夷邑大夫夷诡诸，逼走成周执政大臣周公忌父的行径不啻有霄壤之别。晋献公就是通过这种姿态，轻轻松松赢得"尊王"的美誉，在一众诸侯国中树立了良好的形象，极大地提高了自己的声誉！

双管齐下，多头并进，在大张旗鼓"尊王"的同时，晋献公还不遗余力地巩固和强化中央专制集权。诛杀"公族"，就是这方面最重要的措施。所谓"公族"，即由历代国君的庶子繁衍枝蔓而形成的宗族。旷日持久，他们人数膨胀，在国内政治舞台上具有举足轻重的地位，经常对君权构成严重的威胁。晋献公的前辈就是晋国公族的一支，曲沃桓叔、庄伯、武公以"小宗"身份兼并"大宗"，最终攫取晋国政权的血腥历史，晋献公耳熟能详，有切身的感受。他当然不愿让同样的历史悲剧轮回到自己的身上，因此，他一直处心积虑、步步为营，致力于翦灭公族、加强君权的斗争。

为此他采纳大夫士蒍的计谋，在诸公族之间蓄意制造矛盾，挑动他们自相倾轧、自相残杀。在公族势力遭到相当程度的削弱之后，晋献公于公元前669年在聚地（今山西绛县东南）筑城，让群公子居住，同年冬天，晋献公亲自统领大军，出其不意围攻聚邑，亮出屠刀，大开杀戒，尽屠群公子，使大权集中于国君之手，结束了内患，安定了统治。当然，这一残忍的举措也留下了明显的后遗症，即导致春秋后期晋国公室卑弱衰微，异姓贵族势力乘机坐大，操纵国政，把持军权，最终走上"三家分晋"的不归之路。

在彻底解除公族对君权造成威胁这一后顾之忧后，晋献公开始大刀阔斧地展开对外的军事扩张。要对外开拓发展，首先必须拥有强大的军事实力。为此，晋献公我行我素，毫无顾忌地打破先前周王室所规定的晋国只能拥有一军的数量限额，于公元前661年将一军增扩为两军，他本人亲领主力上军，太子申生统率下军。

在兵强马壮的基础上，他动用军队主动向外出击，于同年先后灭掉耿（今山西河津东南）、霍（今山西霍县西南）、魏（今山西芮城东北）等诸多小国。次年，晋献公再接再厉，又派遣太子申生率军讨伐东山皋落氏（今山西垣曲东南，系赤狄氏之一支），得胜而归，"败狄于稷桑而反"。与此同时，晋献公还先后派兵攻灭了周围的骊戎等诸多小国。

在初战告捷的有利形势下，晋献公又将进攻的矛头指向实力更为强盛的虢、虞两国。他虚心听从大夫荀息的建议，用向虞国假道攻伐虢国的一石两鸟之计，于公元前658年两度出兵攻打其南部近邻中最强盛的虢国，经过激烈的厮杀，终于将晋国的战旗插上了虢国国都的城墙，一举吞并了虢国。并且在凯旋途中，背信弃义，厚颜无耻地对虞国发动突然袭击，轻而易举、水到渠成地灭亡了虞国，取得了对外兼并扩张的重大胜利！

通过多年锲而不舍的经营，晋献公已使原来不起眼的晋国一跃而成为一个人人忌惮的大国，即据有河汾间沃壤，及今山西、陕西、河南之间三角地带之重要地域，幅员辽阔，地势险要，攻守可恃，战略主动，军事实力强大，君权高度集中，国势日益兴盛，已完全具备了东进中原、角逐霸权的基本实力。

晋献公智勇双全，干练老辣，在政治、军事上多有建树，然而他毕竟还不具备成为一代霸主的素质，尤其是在其晚年，他生活上奢华侈靡，沉湎于酒色，直接酿成晋国内部的多年动乱，使得晋国与中原霸主的宝座失之交臂。

骊姬之乱，就是晋献公人生中的最大败笔。公元前672年，晋国攻打骊戎，骊戎兵寡将微，节节败退，危在旦夕。为了解救危难，骊戎的国君剑走偏锋，祭起"美人计"的法宝，将两名美女敬献给晋献公。其中年龄稍长的那位叫作骊姬，她容貌出众，聪颖乖觉，又深富心计，善于察言观色，曲意逢迎，因此很快博得晋献公的欢心，大受恩宠。

在这之前，精力旺盛的晋献公曾先后娶纳贾君、齐姜、北狄狐家两姐妹等女子为妻妾。其中，齐姜被立为夫人，生育有一子一女。男孩即后来的太子申生，女儿即日后的秦穆公夫人，史称穆姬。北狄狐家姐妹中，姐姐生了公子重耳，妹妹生了公子夷吾。本来按周礼"立嫡不立长"的原则，只有夫人齐姜所生育的申生才是理所当然的君位继承者。然而，骊姬的出现改变了这一切。她嫁给晋献公之后，生有公子奚齐，随其陪嫁的妹妹则生下公子卓子。为了使自己的儿子奚齐在日后能继承君位，长期保有她自己的权势，她利用晋献公对她的宠信，千方百计、机关算尽，翦除和排斥包括太子申生在内的诸位公子。而晋献公这时则完全昏头昏脑了，任凭骊姬胡作非为，遂使骊姬的阴谋一步步得逞：她先是让晋献公废黜齐姜，改立自己为夫人；接着又用权谋促使晋献公派遣太子申生、重耳、夷吾等人外出镇守曲沃、蒲、二屈等地，远离晋国的政治中枢；随后又设毒计陷害太子申生，迫使他自缢身亡，并逼迫重耳和夷吾分别逃奔狄国与梁国；最后，骊姬费尽心机，终于让自己的儿子奚齐当上了"太子"，完成了废嫡立庶，把持晋国政治的基本步骤："尽逐群公子，乃立奚齐焉。始为令，国无公族矣。"

骊姬的所作所为违背了传统的道德观念，而她在整个过程中又屡施奸计，损害了相当多的贵族的既得利益，因此，人心尽失，遭到人们的仇视与反对。晋献公生前，大家慑于他的淫威，敢怒而不敢言，不敢公然跳出来反对，可是，自然规律无法抗拒，老迈的晋献公总有撒手归西的一天。这一天终于来了，公元前651年，晋献公咽下最后一口气，骊姬失去了最大的靠山，就再也罩不住晋国的政治了。那些当年被边缘化的贵族们集结在一起，亮出刀剑，一场政治大动乱终于爆发。祸起萧墙，血肉横飞，骊姬和她的心腹亲信遭遇灭顶之灾。其继位为君的儿子奚齐、外甥卓子先后丢掉脑袋，她本人也丧命于其政敌的屠刀之下。

动乱甫定，夷吾在血泊中登基，可此人实在是个扶不起的小人，其才能不及乃父晋献公，而残暴荒淫实则过之。继他而立的晋怀公更是"一蟹不如一蟹"，晋国的争霸大业遂遇到非常严重的挫折。而这一切，归根结底，都是由晋献公晚年昏庸无道导致的。换言之，正是由于晋献公未能在生前妥善处理君位接班人的问题，原本在其统治时期就可以成就的名垂青史的皇皇霸业遂付诸东流。

这一局面，一直到重耳归国，成为晋文公后才得以改变，可是这已经是公元前636年了，这一耽误，就是数十年。

"靡不有初，鲜克有终"，晋献公的作为，再一次证明了这的确是一种具有普遍意义的历史现象。

"春秋首霸"齐桓公

"春秋五霸",真正名副其实的,只有三位:齐桓公、晋文公和楚庄王。三人中间,楚庄王是"蛮夷"的头子,出身本来便有问题。所谓"南夷与北狄交,中国不绝若线"(《春秋公羊传·僖公四年》)。楚庄王统率"南夷"北进中原,问鼎之轻重,害得中国命系一线,危在旦夕,自然是大伙儿的"公敌"。所以,他际会风云,一鸣惊人,爬上霸主的宝座,对那些诸夏本位论者来说,绝不是一件值得高兴的事情,纯粹是屈辱的标志,只是迫于形势,大家才不得不强打起精神,腻腻歪歪、言不由衷地接受下来。由此可见,楚庄王尽管神气活现、踌躇满志,但在大家的心目当中,他根本算不得五霸中的正宗角色,典型的"紫色蛙声,余分闰位,圣王之驱除云尔"(《汉书·王莽传》)。

晋文公当然不同,他是华夏自己圈子里的人,他要出人头地,大伙儿不会有心理上的障碍。事实上,晋文公也的确够争气,上台没多久,便施展拳脚,几个回合下来,便让那曾经趾高气扬、目空一切的楚国趴在地上,动弹不得,使诸多中原诸侯终于熬到了扬眉吐气、重新露脸的时候。就霸业之盛、声誉之大而论,晋文公无疑属于春秋历史上的顶尖人物。可惜的是,他做事过于张狂,口口声声尊重周天子,其实视天子如玩偶,呼来唤去,肆无忌惮,这如何不叫人对他的行为心存顾忌。加上他心机太重、韬略太多，用兵讲求诡诈，谋事注重算计，更给人留下老奸巨猾的印象。无怪乎孔子对他颇有微词，"晋文公谲而不正"（《论语·宪问》）。既然是"谲而不正"，那么，晋文公在五霸中的地位，自然也得打几分折扣。

宋襄、秦穆不够资格，晋文、楚庄又不无瑕疵，那么"五霸"之中，也就只余下那位齐桓公了。于是，人们便把齐桓公抬出来充当"五霸"的典范，孔夫子称道他"正而不谲"，孟子的态度同样鲜明，说"五霸，桓公为盛"。他们这么说，可不是兴之所至的信口开河，而是当时社会舆论的客观反映。齐桓公身后受到人们的普遍赞誉乃是不争的事实，他生前的许多做法也为后人所效法模仿。公元前641年，鲁、蔡、陈、楚、郑多国诸侯风尘仆仆、鞍马劳顿赶到齐国搞会盟，中心议题便是所谓"修好于诸侯，以无忘齐桓之德"（《左传·僖公十九年》），这等于是举办了一场为齐桓公歌功颂德的专题国际论坛。公元前538年，楚灵王召集十三国在申地（今河南南阳北）开大会，在礼仪的选择上，楚灵王也毫不犹豫地表示要向齐桓公看齐，"吾用齐桓"（《左传·昭公四年》），透露出他企图步齐桓之后尘，号令诸侯的勃勃雄心。这些史实，说明齐桓公才是春秋五霸中真正意义上的霸主，他身上所体现的才是纯粹至高、正大光明的领袖风度，孔子说他"正而不谲"，真是说到了点子上。

齐桓公的"正"，说白了也简单寻常，就是他的处事方式，从根本上合乎中国传统文化的精髓："中庸"节制。凡事把握分寸，恰到好处，无过无不及，用最佳方式实现自己的既定战略目标。这种境界，看上去平凡，其实最高明，非功力深厚者所不能至也！用今天的话说，齐桓公的厉害，在于他的太极推手功夫，核心不过是两个字——稳重。稳重，再稳重，如果细加体味，我们不能不承认，这才是政治上的大智慧，战略上的大手笔。

齐桓公的成功，取决于他的稳重，由于稳重，他才善于权衡利弊，及时变招，一旦遇上问题或挫折，知道从中认真吸取教训，尽快刹车，条条道路通罗马，此路不顺换他路，而不至于一条黑道走到底，直至闹到不可收拾的地步。这不是容易做到的事情，历史上有多少大人物，明明知道计划和方法有问题，但或因碍于面子，或因赌口意气，或因心存侥幸，总是在那里死顶硬撑，结果事情越来越糟糕，直弄到山穷水尽，无法挽回。齐桓公与他们不同，他懂得该撒手时就撒手的道理，所以他成功了。

他刚登基时，也是血气方刚，雄心勃勃，老是想做一番惊天动地的伟业，早早确立齐国的霸权，于是汲汲于"欲诛大国之不道者"。管仲谏阻他，告诉他时机并不成熟，"不可，甲兵未足"（《管子·中匡》）。可他全然当作耳边风，一意孤行按着自己的性情去做，满心以为中原霸主的宝座可以唾手而得。

然而，他的热情之火，很快便让长勺之战那一大盆冷水给浇灭了。他引以为豪的强大齐军，居然让曹刿率领的鲁国兵马杀得丢盔弃甲，狼狈逃窜，真是败得无话可说，败得窝囊透顶。不过这次出乎意料的惨败，也有一个好处，就是使得齐桓公发热的头脑得以冷静下来，急功近利的浮躁心态得以平复下来。既然单纯战争手段连鲁国这种兵力很一般的国家都摆不平，那么，想靠它去对付比鲁国强大十倍的楚国、比鲁军能打仗的戎狄，这不纯粹是自讨没趣吗！看来不能单纯依赖战争来实现自己的称霸目标，而应该更多地运用政治、外交手段，伐谋、伐交、伐兵三管齐下，才是正道。齐桓公是这么想的，也是这么做的，他马上调整了自己的争霸战略方针，改急取冒进为稳重待机，变单凭武力为文武并举。而正是这种稳重的做法，才保证了他日后少走弯路，一步步走向事业的巅峰。

齐桓公的稳重，也表现在他善于正确判断形势，根据实际情况做必要的妥协，进两步退一步，见好便收，在可能的范围内满足自己的战略诉求。战略是否成功，不在于它战略利益的内涵有多大，战略目标的设定有多高，而关键看它实现的可能性有多少。如果脱离实际条件，再好的战略方案也只能是望梅止渴，画饼充饥。所以，善于妥协，本身就是战略运筹中一门高明的艺术，是寻求战略利益的一个重要手段。在这方面驾轻就熟，得心应手，无疑是一位政治家高度成熟的突出标志。

齐桓公就是这样一位成熟的政治人物，公元前656年举行的召陵之盟，充分体现了他通过妥协的方式，实现了虽说有限但却实在的战略利益的稳重政治风格。当时，楚国兵锋咄咄北上，成为中原诸侯的巨大威胁，所谓"南夷与北狄交，中国不绝若线"。在这种情况下，当缩头乌龟是不成的，保护不了中原中小诸侯，任凭"南夷"四处横行，你齐国岂能称为"霸主"？然而，如果心血来潮，孤注一掷，真的同楚国真刀真枪干上一仗，弄得两败俱伤，恐怕也不是正确的选择。最好的办法，是出面组织起一支多国部队，兵临楚国边境，给楚国施加巨大的政治、军事、外交压力，迫使对手做出一定的让步。如此，既压制了楚国的嚣张气焰，安定了中原动荡的局面，又不会使自己陷入战争的深渊，付出过于沉重的代价。这叫作"全胜不斗，大兵无创"，"不战而屈人之兵"，是战略运用上的"善之善者也"。

于是，齐桓公与楚国方面便在召陵（今河南漯河）地区上演了一出妥协大戏，楚国承认了不向周天子进贡"包茅"的过错，表示愿意承担服从"王室"的义务，算是多少做了让步，给了齐桓公所需要的脸面；而齐桓公达到警告楚国、阻遏其北进迅猛势头的有限战略目的后，也就适可而止，见好就收。这种战略上不走极端、巧妙妥协的做法，可能会让习惯于唱"攘夷"高调的人觉得不够过瘾，可它恰恰是当时齐桓公唯一可行的正确抉择。

齐桓公的稳重，更表现为他善于把握时机，算账算得十分精明，他从不做赔本的买卖，总是用最小的投入，去换回最可观的利益，不费多少工夫而赢得充分的好处，不损多少成本而博取漂亮的名声。成本要低，回报要大，这是从事政治、军事斗争时必须遵循的基本原则，也是衡量评估任何战略决策高下得失的主要指标。"杀敌一千，自伤八百"，绝不是聪明人所干的事情，在战略运用上，与其焦头烂额，不如曲突徙薪。战略利益是要争取，但要争得巧妙，争得自然，争得冠冕堂皇，否则，便是犯傻，便是笨拙，落下话柄，留有后患。

齐桓公的高明，就是求稳、求全，善于借力，走间接路线，做到名利双收。他让后人津津乐道的几件大事，如迁邢、存卫、救助周室等，都是投入甚少而收益甚大的合算买卖。譬如，他迁邢、存卫，并不是在邢国与卫国刚遭到戎狄的攻击时，便立刻出兵援救，而是当局势明朗之后才展开行动，所以当齐兵姗姗来迟，抵达邢、卫时，邢、卫早已被戎狄所攻破，这样齐军就不必去同戎狄军队做正面交锋了，而只需要做点场面上的文章：收容一下邢、卫两国的难民，然后再予以安置抚恤便成了。如此一来，齐军并未遭到损失，却赢得了抗击戎狄、拯救危难的美誉，齐桓公本人也几乎成了人们的大救星，歌颂之声此起彼落，高大形象耸入云霄。"邢迁如归，卫国忘亡"（《左传·闵公二年》），普天下感恩戴德，全社会讴歌颂扬，这时的齐桓公岂止是"霸主"，简直是"圣人"了！这不能不教人佩服他的老谋深算，收放自如。春秋其他几位霸主同他一比，还不是小巫见大巫，统统黯然失色！

正因为齐桓公处事稳重，深合中国文化中的"中庸"之道，所以，尽管他在霸业上的成就似乎不及晋文公、楚庄王，然而在后世所得到的褒扬却远远胜过其他霸主。人们一提起他，总是想到他曾"一匡天下"，好像离了他，春秋这段历史就成了漆黑一团，全是子弑父、臣弑君的一笔烂账。幸亏有了这位"九合诸侯，一匡天下，不以兵车"的人物，才给人以三分宽慰、三分希望。一个人物能以这种姿态活在历史上，应该说他没有在世上白混几十年。

贵族优雅精神的绝唱：宋襄公之死

在漫长的历史长河中，有两类人经常扮演悲剧的角色，具有象征性意义。

一类是时代的开启者，即那些见微知著，站在滚滚历史潮流的最前列，比一般人先认准方向，先跨出一步的前驱者，就像鲁迅先生所比喻的那样，别人才刚刚端起枪进行瞄准，他却已经扣动扳机，把子弹先射了出去。他们的下场往往很悲惨，总是成为历史祭坛上的牺牲品。中国古代的吴起、商鞅、王安石，近代的谭嗣同、徐锡麟、秋瑾，现当代的顾准、遇罗克、张志新、林昭等，就是这类人的代表。

另一类则是时代的终结者，即那些身子已进了新的社会，可脑袋仍旧留在旧的世纪，始终奉行和守卫传统的思想意识、行为准则，尽一切力量抵御着时尚的冲击、新潮的洗礼的迂阔者。他们的结局同样不那么美妙，一生崎岖坎坷或身首异处姑且不说，更倒霉的是还往往成为后世众多聪明人（或自以为聪明的人）的笑柄，受嘲讽、遭奚落，千百年过去依然灰头土脸，翻不过身来，就像越剧《泪洒相思地》所唱的那样，"一失足成千古恨，再要回头百年长"。有扈氏、宋襄公、王莽算得上是这类人的典型。

春秋时期宋国君主宋襄公实在很不幸，他虽然有幸跻身于"春秋五霸"的行列，可是，留在大家印象里的，仅仅是他人生中的一大败笔：不知天高地厚，居然拿鸡蛋砸石头，在泓水之战中同楚国雄师打了一仗，结果大败，惨不忍睹。换句话说，宋襄公在历史上之所以能占一席之地，多少混出点名气，没有其他的原因，就是因为他曾扮演过一回丑角，闹出过一通笑话。

且说公元前643年，赫赫有名的"春秋五霸"之首齐桓公寿终正寝、驾鹤西游了。他这一死可了不得，刹那间里里外外都没了辙、乱了套：齐国内部当即爆发五子夺嫡的火并，你一刀我一剑，戈矛出真理，弓箭定是非，杀得昏天黑地，不亦乐乎！称霸中原几十年的泱泱大国经过这么一折腾，形象变坏，国力转衰，皇皇霸业也随之成为明日黄花。

更要命的是，齐桓公之死严重震荡了天下局势，彻底颠覆了当时的"国际"战略格局，使得中原诸侯陷入群龙无首的无序状态，成为一盘散沙。西方的秦国和北方的晋国虽然也兵强马壮，实力可观，但由于正致力于整合内部和在黄河上游拓展势力，暂时还不能腾出手来，打逐鹿中原、问鼎天下的主意。这样一来，召陵之盟后一直让齐桓公按捺着脑袋的南方强国——楚国，便重萌野心，蠢蠢欲动，企图乘机挥师北进，入主中原，将霸权抢夺到自己的手里，来一个"问苍茫大地"，究竟"谁主沉浮"！

在中原列国的眼中，位于南方地区的楚国乃是一不开化的"蛮夷之邦"，如今他要大举北进，发号施令，自然是天大的灾难，即所谓"南夷与北狄交，中国不绝若线"！对此他们忐忑不安，愤愤不平，可又束手无策，徒唤奈何！在这样的背景之下，一贯自我标榜"礼义仁信"、自我感觉十分良好的宋襄公便准备粉墨登场了。他的企图说白了也简单，就是想凭借宋为公国、爵位最尊的地位，以及曾经践行齐桓公临终嘱咐，统率诸侯之师平定齐国内乱的余威，潇洒亮相，招摇登场，出面领导中原诸侯抵抗楚国势力北上，坐一坐齐桓公留下的那把霸主交椅，并进而伺机恢复殷商的故业。

人生的忧患与困惑，多是由于人们违背自然之理，存在各种私心杂念。而有了私心杂念，则难免会"妄作"，由"动"而"浊"而"浑"。"满桶水不晃，半桶水乱晃。"的确，人性的普遍弱点之一是容易自满，略有成绩便忘乎所以，稍有水平便沾沾自喜，全然忘记了"山外有山，天外有天"这层道理。

美好的愿望是一回事，至于它能否实现又是另一回事。事实上，当时宋襄公要想称霸，是困难重重，希望渺茫，甚至可以说这一愿望是水中月、镜中花。首先是宋国的综合实力远远不如楚国。众所周知，实力乃是争霸的先决条件，所谓"胜兵若以镒称铢，败兵若以铢称镒"，只有"先立于不败之地"，方能够"不失敌之败也"，这一规律，古今中外一概如此。其次是宋国地处中原腹心，为四战之地，四面都是一马平川，无高山大河作天然屏障，打起仗来易攻难守，多线受敌，兵要地理环境十分不利。其三是宋襄公本人能力一般，"有心杀贼，无力回天"。宋襄公虽有仁厚的名声，如早年愿让储位给庶兄，信守并践履齐桓公之托奉立齐孝公即位等等，但毕竟能力薄弱。更何况在争霸的过程中他还屡屡犯下政治、外交上的低级错误，譬如无故诛杀鄫国国君、轻率攻打曹国等等，导致中原诸侯与宋国离心离德，渐行渐远。

所以，宋襄公蛇吞大象、不自量力的做法，属于典型的

"无实事求是之心，有哗众取宠之意"，只能让自己陷入非常被动的困境。当年，楚国对齐桓公是力不从心，无可奈何，但这时候对付宋襄公却是游刃有余，稳操胜券。所以，它处心积虑要教训宋襄公，让他搞清楚自己究竟是吃几两干饭的，且一边歇着去；并借此杀鸡儆猴，给其他中原诸侯一个下马威，结果导致了泓水之战的爆发。

宋襄公一心一意想圆自己的霸主美梦，然而毕竟国力有限，捉襟见肘。他拿不出别的像样的高招，只能依样画葫芦，简单模仿当年齐桓公的做法，擎举起"仁义"这个法宝，拉扯开"礼信"这杆大旗。为此，他多次登台作秀，召集诸侯举行盟会，借以制造声势，抬高自己的身价。遗憾的是，他玩弄的这套把戏，实在表演得相当拙劣，让人不敢恭维。不仅遭到诸多小国的冷遇，无人喝彩，无人捧场，更受到楚国君臣的算计，左支右绌，进退维谷。这叫人想起一句俗语："命中只合八升，累死不满一斗。"周襄王十三年（前639）秋天，在宋地盂邑（今河南睢县西北）举行的盟会上，宋襄公对楚国的战略动向蒙昧无知，又一口拒绝公子目夷（宋襄公之庶兄）提出的多带战车、以防不测的合理建议，兴冲冲地轻车简从前往出席，结果在盟会上话不投机，中了算计，被不讲"信义"的楚成王手下的武装侍从生擒活捉。

楚军押着沦为阶下囚的宋襄公乘势攻打宋国都城睢阳（今河南商丘一带），幸亏有公子目夷等人率领宋国军民殊死抵抗，才挫败了楚军速战速决的战略企图。楚成王觉得留着宋襄公这个窝囊货也没有太大的价值，反而要管吃管喝给自己增添负担，于是就让鲁僖公做和事佬，出面居中调停，做个顺水人情，在同年冬天举行的亳地盟会上，将饱受屈辱的宋襄公释放回国。

宋襄公遭此一番奇耻大辱，真是七窍冒烟，气不打一处来。他既痛恨楚成王不守信义，出尔反尔；更愤慨其他诸侯国见风使舵，背宋附楚，因此连做梦都想着怎样寻找机会报仇雪恨。他自知论兵力宋国不是楚国的对手，所以暂时不敢主动去摸这个烫手的山芋，而是把一肚子闷气发泄在带头和楚国套近乎的郑国头上，决定兴师讨伐郑国，以显示自己的威风，挽回自己曾做楚军囚俘丢失的面子。中国人自古最爱面子，对许多人来说，虚的面子比实的里子更为重要，宋襄公当然也不例外。

宋国大司马公孙固和宋襄公的异母兄长公子目夷都是头脑比较清醒的人。他们都懂得"打狗要看主人"的道理，认为在当时微妙、复杂的情况下，贸然出兵攻打郑国会引起"国际"纠纷，导致楚国出兵干涉，使得宋国走向真正的失败深渊。所以二人异口同声劝阻宋襄公，千万不可逞一时之快而一味蛮干。可是自视甚高、刚愎自用的宋襄公正处于亢奋迷糊的状态，哪里听得进这一番金玉良言，反而振振有词为自己的所作所为做诡辩、找歪理：假如老天爷尚不嫌弃我的话，殷商的故业是可以得到复兴的。

宋襄公上纲上线，把问题提到了原则性高度，若再反对便有了"阶级异己"的嫌疑，只会自讨没趣，所以公孙固等人闭上嘴巴，保持缄默。

"盲人骑瞎马，夜半临深池"，宋襄公"咬定青山不放松"，一意孤行朝前走，联合卫、滕、许三小国之君，领着兵马去攻打郑国。郑文公闻报宋国兵马大举掩杀过来，心里倒也并不怎么惧怕，反正有强大的楚国做自己的靠山，为自己撑腰，宋襄公又能奈他何！于是他派遣使节昼夜兼程赴楚国求讨救兵，果然请动了楚成王的大驾。"车辚辚，马萧萧"，楚国雄师浩浩荡荡向北开进，直扑宋国边境，援救落难中的郑国。宋襄公得到这个消息，一下子就愣住了，张开的嘴巴半天也没有合拢，缓过气来，他方才意识到自己捅了马蜂窝，事态严重，大事不妙，被迫无奈，只好急急忙忙从郑国前线撤回自己的部队。

周襄王十四年（前638）十月底，宋军主力返抵宋国本土。可是这时楚军却不依不饶，仍然在陈国境内向宋国挺进。面对楚军咄咄逼人的嚣张气焰，这一回宋襄公准备豁出去了，誓要将楚军拒于国门以外，以维护国家最后的尊严。为此，他屯驻主力于泓水（涡河的支流，经今河南商丘、柘城间东南流）以北，"以逸待劳，以近待远，以静待躁"，等待楚军送上门来。

十一月初一日，得势不饶人、有劲不讲理的楚军开进到泓水南岸，稍事休整，就开始涉水渡河。这时宋军早已布列好了阵势，长戟在手，弓箭上弦，随时可以主动出击，"致人而不致于人"。鉴于楚宋两军众寡悬殊，但宋军已占先机之利的实际情况，宋国大司马公孙固建议宋襄公放下君子的架子，做一回小人，把握战机，趁楚军渡河一半时予以打击，使其"前后不相及，众寡不相恃，贵贱不相救，上下不相收，卒离而不集，兵合而不齐"，但是却被宋襄公断然拒绝了：哪里有这样的道理呀？当敌人正在过河时打过去，岂非乘人之危，还算得上是讲仁义的军队吗？结果楚国军队从容地全部渡过泓水。

渡河后，楚军便开始布列阵势，摩拳擦掌。这时公孙固又奉劝宋襄公改弦更张，乘楚军列阵未毕、行列未定之际发起攻击，以挽狂澜于既倒。这一下宋襄公可不耐烦了，连声责备公孙固：你这个人真是太不讲道义了，真是太不君子了！人家队伍还没有排好，怎么可以打哪！

一直等到楚军布阵完毕，一切准备就绪之后，宋襄公这才一本正经地敲击战鼓，与楚军同时发起进攻。可是，这时候一切都已经晚了，楚国的兵马张牙舞爪，凶神恶煞，就像大水冲塌堤坝似的直涌过来，宋国讲"仁义"、道"礼信"的军队怎么也抵挡不住，望风披靡，节节败退。一阵激烈的厮杀下来，弱小的宋军丢盔弃甲、大败亏输，"宋师败绩，公伤股，门官歼焉"，宋襄公本人的大腿也受了重伤，其精锐禁卫军（门官）一个也未逃脱，悉数成了楚军的刀下之鬼。在公子目夷等人的拼死掩护之下，宋襄公才捡回一条小命，狼狈不堪地逃窜回都城。宋襄公一手挑起的泓水之战就这样在滑稽的场景中画上了句号。

泓水之战后，宋国的众多大臣目睹丧师辱国的惨象，不免心理失衡，牢骚满腹，纷纷埋怨宋襄公顾忌面子、爱惜羽毛，仁义至上、礼信为先，导致宋国损兵折将，一蹶不振。可是宋襄公本人却很不服气，还在那里振振有词，替自己的仁道精神、贵族雅量进行辩解，开脱责任："用兵打仗嘛，根本要义是追求仁义、申明礼信，所以，君子不伤害已经受了伤的敌人，不抓捕那些头发花白的老年人，不凭借险要地势取胜，不主动攻打还没有摆列好阵势的敌人。"

总而言之，一切都要讲究"仁义礼信"，一切都要做到文质彬彬，可见他本人对贵族精神的崇尚和执着。到了第二年的夏天，宋襄公终因大腿伤势过重，带着满脑子的"仁义礼信"和用兵教条去见他的先公先王了。他争当诸侯霸主的勃勃雄心、干云豪气，有如昙花一现，就此烟消云散、杳无影踪了。

泓水之战的规模虽然不是很大，但是在中国古代战争发展史上却具有划时代的意义。宋襄公虽然算不上一个炙手可热的风流人物，然而在新旧社会交替中却具有象征性的意义。这一战争标志着商周以来以"成列而鼓"为基本特色的"礼义之兵"行将退出历史舞台，新型的以"诡诈奇谲"为主导的作战方式正在全面崛起；也标志着宋襄公这类崇尚贵族精神的君子日子越来越不好过，而像孙武这类擅长欺诈伎俩的"小人"正日见红火，左右逢源。于是乎，宋襄公作为战争舞台上的失败者，被后世讥笑了数千年，甚至被当代一位伟人斥为"蠢猪式的仁义"。而提倡"兵者诡道"，主张"兵以诈立，以利动，以分合为变"的孙武，则因其五战入郢，大破楚军的业绩，加上撰著兵学圣典《孙子兵法》的功勋而被尊奉为"百世兵家之师"，扬名千秋。

不过，如果抛开功利得失的因素，从更深层次考察，我们可以发现，"倒霉蛋"宋襄公并不是完全一无是处，甚至还不乏闪光点，令人理解与敬重。

老子云："有无相生，难易相成，长短相形，高下相倾，音声相和，前后相随。"矛盾的对立统一是事物存在与发展的本质属性，存在或消亡、困难或容易、修长或粗短、高尚或低下、超前或落后等等，都是通过相互对立、相互比较而得以体现，得以存在的，彼此之间孰优孰劣并无绝对的标准，即常言所谓的"尺有所短,寸有所长"。评价事物离不开一定的时空条件,从这个逻辑来看待宋襄公在泓水之战中的所作所为,可知他这么做,其实并非他本人心血来潮,视战争如儿戏,而是他努力保持正人君子尊严、恪守战争基本规则约束的选择。

所谓游戏有规则,道德有底线,在当时,这个规则就是"军礼",这个底线就是"仁义"。"以礼为固,以仁为胜",就是体现"军礼"文化基本要求的《司马法》所强调的。战争活动的基本宗旨是"征伐以讨其不然";用兵打仗应该"正而不谲",即在作战方式上"贵偏战而贱诈战","偏,一面也,结日定地,各居一面,鸣鼓而战,不相诈"。大家在战场上都应该当温文尔雅的君子,做到堂堂正正,光明磊落,不玩偷鸡摸狗、坑蒙拐骗等上不得台面的伎俩,"逐奔不远,纵绥不及","成列而鼓"。战争的程度和范围应该受到必要的限制,"不加丧,不因凶",绝不允许无节制地使用暴力。战争的善后要以"服而舍人"为目标,"又能舍服,是以明其勇也","既诛有罪,王及诸侯修正其国,举贤立明,正复厥职",让对方有继续操盘的空间。这种"军礼"传统,曾延续了数百年,这就是《汉书·艺文志·兵书略》所称的:"下及汤武受命,以师克乱而济百姓,动之以仁义,行之以礼让,《司马法》是其遗事也。"

但是,"三十年河东,三十年河西",世上没有一成不变的事物,"军礼"传统的命运亦复如此。随着整个社会的发展,"军礼"开始面临严峻的挑战,"合于利而动,不合于利而止"(《孙子兵法·火攻篇》),光荣的礼乐精神在许多人眼里变得有些不合时宜,而优雅的贵族风度更被不少急功近利的人看作累赘,去之唯恐不及。宋襄公所处的时代,正是这种新旧格局递嬗的关键阶段，在"礼义之兵"渐走下坡路之际，"诡诈之兵"却呼之欲出，成为主流："自春秋至于战国，出奇设伏，变诈之兵并作。"（《汉书·艺文志·兵书略》）

宋襄公的悲剧是他在这新旧遽变的大势面前，反应过于迟钝，脑筋太不开窍造成的。换言之，他受"礼乐"文明熏陶太久，"中毒"太深，当别人纷纷识时务赶弄新潮的时候，他还在恪守心中的道义，维护贵族的尊严，他最讨厌、轻视的就是美其名曰"与时俱进"式的势利，"识时务者为俊杰"式的庸俗。因此，他在战略上仍然坚持"军礼"传统，怀抱"君子不重伤，不擒二毛""不以阻隘""不鼓不成列"等兵法原则不放，祭起"仁义"这个法宝，打出"礼信"这杆大旗，表现出泱泱君子之风。

在大家不以小人为耻，竞相效仿小人，努力转变为小人的社会氛围之下，贵族精神就被弃之若敝屣了。作为君子，这时总是孤独的，而且也总是失败的。因此，《淮南子·氾论训》以调侃的笔调道出了对坚守精神家园、维护贵族风范做法的基本态度，这也许可以看作当时主流的社会态度："古之伐国，不杀黄口，不获二毛，于古为义，于今为笑。古之所以为荣者，今之所以为辱也！"

宋襄公的行为是悲壮的，但他的结局只能是悲惨的，这就是形势比人强，胳膊扭不过大腿。不过令人钦佩的是，他本人对自己的所作所为并没有丝毫的后悔，而是始终对自己的君子之风、贵族之德怀有自豪之情。在他看来，打败仗是小事，若是为了争一时之胜而用卑鄙阴损的手段，玩起"瞒天过海""借刀杀人""浑水摸鱼""趁火打劫""上屋抽梯"一类的伎俩，那才是彻头彻尾的失败，才是真正面子与里子都输了个精光。所以，不行仁，最可悲；不守礼，毋宁死。为了这个理想，他走向了死亡，同时死去的，还有优雅的贵族精神、高尚的君子风尚。

宋襄公泓水之败以及随后的死亡，在中国历史上具有象征性意义，而且深层次影响着中国人的思维特征与行为方式。"成者王侯，败者寇"，成了人们衡量人生价值的基本尺度。只要能够达到目的，就可以无所顾忌地不择手段，于是乎，道德往往失去底线，游戏常常没了规则。脸皮越来越厚，心肠越来越黑，手段越来越毒……对这些不但不感到任何羞耻，反而沾沾自喜，引以为荣。烧杀抢掠，"争城以战，杀人盈城；争地以战，杀人盈野"，遂成了常态；坑蒙拐骗，无所不用其极，遂变作成功的标志，君子之风日去，小人之气日长。

从这个意义上说，宋襄公之死不仅仅是他个人的悲剧，也是中国历史上一切想做君子而不得志的人的共同不幸！

左支右绌：晋襄公的苦闷

公元前 628 年，雄才大略、曾打赢城濮之战、主办践土之会、造就"取威定霸"皇皇大业的一代英雄晋文公寿终正寝，其子公子欢继位，成为新一任的晋国国君，是为晋襄公。

晋文公曾经在外流亡十九年之久，两鬓斑白方才登基，其去世时年事想必已高，因此，继位时的晋襄公亦当在盛年，不能简单地说他属于"生于深宫之中，长于妇人之手"一类君主，然而，"大树底下不长草"，与乃父晋文公相比，晋襄公自然显得平庸普通。

这也是一代雄主之后接班人的共同特征，如扶苏较之于嬴政，汉惠帝较之于汉高祖，刘禅较之于刘备，唐高宗较之于唐太宗，建文帝较之于明太祖，都黯然失色，气质偏于内敛，性格偏于懦弱，能力偏于平庸，事业偏于平淡。从好处说，他们能够做到"萧规曹随"，平稳过渡，波澜不惊，内外安堵，妥善守成；但就不足而言，也是非常明显的，即谨小慎微，保守僵化，开拓乏力，进取有限，受人操控，左支右绌，如果其在战略决策上再犯迷糊，乖谬出错，后果就更严重了，必定会给社稷利益造成无法挽回的损失、给国家命运带来不可估量的危险。

很不幸，晋襄公身上恰恰集中了"守成之主"的种种弱点，而这些"软肋"又给日后晋国战略选择的失误乃至整个晋国政局的混乱埋下了伏笔。

晋襄公的弱点，首先是性格比较懦弱，这导致他在大臣面前缺乏足够的霸气，不能树立一国之君的绝对权威。晋文公逝世后，他的那些股肱之臣，如先轸、栾枝、赵衰、胥臣等，大部分犹健在于世，晋襄公不敢弃之不用，只好照单全收，让他们继续担任新朝的高官重卿。他们资历老，战功大，地位尊，势力广，都是晋国政坛上举足轻重的人物。

在他们眼里，晋襄公的分量自然远远不如当年的晋文公，他们觉得晋国之所以能够一跃而成为天下霸主，乃是自己当年辅佐晋文公亲历沙场、浴血奋战的结果，而晋襄公只不过是坐享其成而已。所以，他们倚老卖老，居功自傲，只希望晋襄公垂拱而治。对晋襄公的命令，合于自己心意的，他们就听从；否则就阳奉阴违，甚至经常要晋襄公按照他们的意思来办事，且态度十分生硬，手法非常粗糙，我行我素，肆无忌惮。

殽之战，是先轸的强硬推动，逼得晋襄公只好同意开战。战前会议上，先轸一开始就定了主战的基调："秦违蹇叔，而以贪勤民，天奉我也。奉不可失，敌不可纵，纵敌患生，违天不祥。必伐秦师！"一个"必"字，让先轸狂妄自大、蛮横强悍、刚愎自用、予取予求的形象牢牢留在了历史上。另一位重臣栾枝持不同意见，他主张放过秦军，认为晋文公曾经受过秦穆公的恩惠，如今袭击对晋国并不构成直接威胁的秦军，将无法面对刚刚去世的晋文公。然而，先轸毫无商量的余地，振振有词说什么"秦不哀吾丧，而伐吾同姓（秦军袭郑未遂，在退兵过程中顺道伐灭了滑国，而滑与晋为同姓）"，乃是无礼放肆的行为，必须痛加惩罚，并强调"一日纵敌，数世之患"，用政治正确来堵住持不同意见者之口，且视晋襄公为无物。(《左传·僖公三十三年》)晋襄公无可奈何，只能乖乖地顺从先轸的意志，同意在崤函一带伏击秦军。而他之所以听从先轸的要求而不采纳栾枝的意见，很显然，是因为先轸的资历和官职都要高于栾枝，"西瓜偎大边"，不得不如此。

还是这位先轸，在殽之战大破秦军，杀得秦军全军覆没，"匹马只轮不返"，俘获秦军孟明视、西乞术、白乙丙三帅，踌躇满志，趾高气扬。可是，节外生枝，晋文公的遗孀文嬴夫人（也是晋襄公的嫡母）在中间一掺和，晋襄公居然将被俘的三帅释放了。先轸在上朝时听说这个消息，勃然大怒，不顾起码的君臣之礼，在晋襄公跟前大发雷霆："武夫力而拘诸原，妇人暂而免诸国。堕军实而长寇仇，亡无日矣！"(《左传·僖公三十三年》)先轸他越骂越生气，居然"不顾而唾"，愤然对着晋襄公吐痰。而晋襄公却只能忍着，不敢有任何责怪。

由此可见，那些重臣真的没拿晋襄公当回事，这个国君当得实在有些窝囊。好在先轸本人血液里尚有贵族精神，事后也觉得自己过分，在接下来的箕之战中以自杀性的冲锋陷没敌阵，了结了自己的生命。不过，这并不能抹去晋襄公在重臣面前软弱和无能的烙印。

晋襄公的平庸，也表现为他缺乏坚毅的性格，耳朵根子特别软，遇事心中没有定见，随声附和，人云亦云，碰到矛盾绕道走，稍遇困难即打退堂鼓。于是，他非常容易为其他人所控制，施政理事，也经常是朝令夕改，出尔反尔。这样一来，他的权威自然很难树立起来，注定为他人所轻忽。

《孙子兵法》有云："道者，令民与上同意也。"作为决策者，要治国安邦，一定要让自己处于政治上的中心地位，在政治上起主导的作用，让下属、臣子乃至民众，认同、支持、拥护、配合自己的决策，言必信，行必果，令行禁止，雷厉风行，而不宜随波逐流、应声附和，去迎合、奉承下属的想法。否则，就是放弃自己的责任，行姑息之政。

要知道，不同的阶级、不同的阶层、不同的个体，其利益诉求各不相同，你期望满足所有人的意愿，最后你会发现结果是顾此失彼，所有人都会对你不满。

可是晋襄公疲沓软弱的个性，让他完全放弃了君主生杀予夺的权柄，思无熟虑，策无一贯，经常轻率地做出一些出尔反尔、自相矛盾的决定，让臣下和民众看得眼花缭乱，匪夷所思。比如，他听了母亲文嬴的一番劝说，就决定送上顺水人情，释放孟明视等秦军三帅，听了先轸的一顿斥责后，又马上改变主意，收回成命，派人去追赶缉拿……尽管没能如愿抓回。

再如，公元前622年，流年不利，晋国政坛不少重量级人物，如中军将先且居，中军佐赵衰、上军将栾枝、上军佐胥臣等先后死去，噩耗纷至沓来，晋国元气大伤，国政几至停摆。

次年，情况稍稍稳定，晋襄公就开始进行政坛的重组工作。他有自己的盘算，即压缩军队，将五军精简为传统的三军，同时多起用家族历史辉煌，但当时已被边缘化的老臣集团，而稍稍压抑那些锋芒毕露、咄咄逼人的新贵势力，据此，他搞了一份口袋名单，打算让士穀任中军将，梁益耳任中军佐，箕郑父任上军将，先都任上军佐。

可这么一来，那些原来已占据晋国政治舞台中心的新贵们不干了，他们的代表人物狐射姑（狐偃之子）、赵盾（赵衰之子）、先克（先且居之子、先轸之孙）、栾盾（栾枝之子）、胥甲（胥臣之子）就闹腾起来。先克跳将出来代表新贵势力发言，大声疾呼："狐、赵之功不可忘！"

面对新贵势力的反弹，晋襄公没辙了，其缺乏主见、不够坚毅的性格弱点马上暴露无遗。他很快从既定的立场上缩了回去，改变了原先的方案，形成一个妥协方案：让狐射姑、赵盾、先克等三位新贵入六卿之列，同时再将老臣集团的箕郑父、先蔑、荀林父也任为六卿，新旧各三，以达到暂时的平衡。这种妥协，使得新、旧两派都不满意，老臣集团失去最重要的中军帅之职，恼怒是可以想见的，而新贵集团中栾盾、胥甲未能入六卿之列，同样心情郁闷，愤愤不平。晋襄公是老鼠钻了风箱——两头受气。

更糟糕的是，事情到此并未消停。得势的新贵势力内部，也是矛盾重重。就在同一年，晋襄公在"夷"地举行大蒐礼，检阅部队，训练士卒，恢复三军旧制。可在三军将佐任命上，晋襄公再一次朝三暮四，乱搞一气。他本来是根据诸卿宗族地位高低与对晋国贡献大小，而任命狐偃之子狐射姑为中军帅、赵衰之子赵盾为中军佐，这应该说是一个相对较为稳妥，能平衡诸位卿大夫关系的决定，可是，当担任太傅要职的阳处父（他曾为赵衰的属下）一加反对，晋襄公就又马上改变了主意，将赵盾、狐射姑两人的位置给调换了，改由赵盾出任中军帅，并同时执掌国政，而狐射姑则莫名其妙被降为了中军佐。

很显然，这种没有定力、缺乏主见、朝令夕改的个性特征、行事风格是身为决策者的大忌。在别人眼里，这意味着决策者优柔寡断，缺乏担当，平庸低能，软弱无力。的确，政治需要妥协，但妥协的前提是不能放弃原则；处事需要变通，但变通的条件是不能率性随便；做人需要厚道，但厚道的界限是不能堕入窝囊。在许多情况下，身为一国之君，更应该乾纲独断，师心自用，有的决定即使不怎么合适，也要咬紧牙关挺住，一意孤行搞下去，要改，也要过段时间，切不可当场推翻，自我否定，以至让人笑话，被人看轻。

晋襄公似乎不谙"君人南面之术"的精髓，动辄否定前议，另起炉灶，时间一久，大家就很自然地将他看成没有主见、败事有余的庸主。总之，晋襄公的宽厚、随和也许无人否认，但这种常人的美德，落在一国之君的身上，却往往会成为他伸展拳脚的累赘，弊大于利，后患无穷。

作为一国之君，晋襄公身系晋国的安危，其性格特征与一切作为，都直接关系着晋国历史命运的盛衰荣辱。

不可否定，他的包容与宽厚，有其积极的一面，即基本上或暂时稳定了晋国的政局，避免了晋文公死后晋国内部出现颠覆性的动荡，使晋国的霸业在较长时间里得以延续，维系不坠。这一点，与当年郑庄公小霸、齐桓公首霸都及身而止的情况是明显不同的，对此，晋襄公应该说是不无贡献的。

具体地说，他在登基的第二年，就淋漓尽致打了三仗，殽之战杀得秦军一败涂地，片甲不留；箕之战，给强悍的狄人以迎头痛击；泜水之役，给蠢蠢欲动的楚人以严厉的警告，重挫了对手的气焰。接下来的戚之战、彭衙之战等作战行动，也进一步打击了挑战的对手，巩固了晋国的霸主地位。《左传·文公四年》记载该年（前626）的夏天，"曹伯如晋，会正"。杜预注"会正"曰:"会受贡赋之政也。《传》言襄公能继文之业,而诸侯服从。"在晋襄公手里,晋国仍是首屈一指的中原霸主,后人由是而将晋文公与晋襄公视为晋国历史上的一个整体,称道其所治之世为"文襄之世",是晋国霸业辉煌的象征,不是毫无道理的,也是可以充分理解的。

但是,更需要指出的是:晋襄公的性格及其作为,维系和推进了晋国的霸业,只是表面现象,是治标而不是治本,从深层次来考察,其所造成的破坏,所带来的危害,才是本质性的,关键性的。

任何事物都是利弊相杂,利中有害,害中寓利,无单纯之利,亦无单纯之害,《老子》言"祸兮,福之所倚;福兮,祸之所伏",讲的正是这个道理。高明的决策者,理应做到见利思害,见害思利。驾驭利害的最大智慧,是分清是眼前之利,抑或长远之利;是枝节之利,抑或核心之利;是表层之利,抑或本质之利;是局部之利,抑或全局之利。抓大放小,治本为上,立足于求长远之利、核心之利、本质之利、全局之利,而努力避免汲汲纠缠于追逐眼前之利、枝节之利、表层之利、局部之利。

用这个原则来衡量晋襄公的所作所为,我们就能发现他的战略失误、举措不当给晋国的长远发展所造成的危害是极其深重、无法挽回的。其中最严重的有两件事情。

首先是殽之战。

晋国与秦国是长期的战略合作伙伴,秦晋之好,既是其互为婚姻的写照,也是双方战略结盟的象征,成为盟国之间相互信任、相互支持、共襄大业的代名词。当然,由于国家核心利益的不同乃至冲突，早在晋文公统治后期，两国的关系就已开始变得微妙，甚至产生裂痕。公元前630年，秦、晋合围郑国都城的关键时刻，秦穆公听从郑国说客烛之武的一番言词，与郑国私下议和，然后解除了对郑国都城的包围，率军扬长而去，将晋文公晾在一边，遂使伐郑之役虎头蛇尾、功亏一篑。晋文公当然恼火，但他从战略全局着眼，并不愿晋、秦关系就此破裂，因此，他强压下心头的怒火，断然拒绝了手下将领欲寻秦国晦气的请求，维系了秦晋之好的大局。

然而，晋襄公的见识就太差劲了，他与乃父根本不在一个档次上。在重臣先轸的极力鼓动、强势主导之下，他居然轻启战端，在殽地设伏，聚歼秦军，秦军"匹马只轮不返"。其实，这一仗本来是可以不打的，秦军的错误，只是没有向晋国借道而已，并没有直接与晋国为敌，灭掉的只是一个小小的滑国，晋国一方如从双方战略同盟关系的大局考虑，大可睁一眼闭一眼，事后再向秦国提交一份外交抗议就是了。可晋襄公偏偏信从先轸的蛊惑，居然大打出手，逞一时之气。这很显然是极其轻率的行为，是取小利而忘大义的蠢举。

战争的结果，自然是一点悬念也没有，晋军高歌凯旋，秦师大败亏输。可这么一来，晋国的总体争霸战略方针就受到了严重的干扰，其争霸战略努力就遇上了致命的挫折。因为对晋国而言，楚国才是它称霸中原的最大障碍，才是它实施战略打击的主要对象。所以，从晋国争霸战略全局看，殽之战的发生及其后果，乃是失大于得。这一仗虽然挫败了秦国东进争霸的企图，使秦国的军事实力遭受巨大的损失，但是却完全破坏了秦、晋两国之间的传统友谊，致使秦国转而同楚国结盟，长期同晋国为敌，而且对晋国一直不依不饶，先后挑起一系列报仇雪恨式的战事，如彭衙之战、王官之役等等。

如此一来，晋国被迫陷入两线作战、侧方受敌的不利态势、被动地位，在战略上丧失了主动权，无法集中全部的力量与主要的敌人楚国进行周旋与战略决战。相反，其劲敌楚国则得以乘机拓展疆域，增强实力，甚至发展到"问鼎中原"的地步，春秋时期整个战略格局因此发生了巨大的改观。

从这个意义上讲，与秦国一样，晋国也是殽之战的大输家，而最大的赢家，毫无疑问，乃是楚国。之所以会有这样的挫败，归根结底，应该是晋襄公缺乏定见、附和先轸的逻辑结果，对此，晋襄公应当承担起自己该负的那份责任。

其次，是重用赵盾。

如前所述，晋襄公重组三军时，是以狐射姑为中军帅的，赵盾只担任中军佐，即副司令。可是，老资格重臣阳处父的一番说辞，"赵盾贤于贾季"，让耳根子软的晋襄公轻率地收回成命，改变决定，将赵盾与狐射姑的职务，轻易地掉了个个儿。赵盾他本来就继承了其父亲赵衰的执政大夫一职，如今又拥有了军中的最大实权，集军政大权于一身，成了朝中与军中无可争议的一把手，权势显赫，不可一世。这应该是晋襄公人事决策上的最大败笔。

明智的君主，总是很注意不让所有权力集中在某一个大臣的手中，避免大臣尾大不掉，威胁到君主的绝对统治地位，而致力于分散权力，让大臣们互相制约与掣肘，君主则高高在上，有效操控，进行平衡。原先，狐射姑主军，赵盾领政，是个很好的平衡权力之策，可惜晋襄公就这么随意放弃了。

从史书记载来看，赵盾本人是颇有才干的。"于是乎始为国政，制事典，正法罪，辟狱刑，董逋逃，由质要，治旧污，本秩礼，续常职，出滞淹"（《左传·文公六年》），这些措施对于晋国社会发展，维系其中原霸主地位具有一定的积极意义。

但是，赵盾又是一个志不在小的野心家。他大权独揽，明显带来了两个严重的弊端。一是激化了贵族之间的矛盾。在晋国"郤、先、狐、赵、栾、胥"等强宗大族中，赵氏实非最显赫者。长期以来，赵氏的地位在郤、先、狐诸氏之下。如今赵氏在政治上暴发，把持了晋国的军政大权，这自然要引起其他大族的不满，酿成政局的动荡。这中间尤其以被剥夺了中军帅之职的狐氏集团的对抗情绪最为激烈。晋襄公一死，这个矛盾就全面爆发，双方兵戎相见，杀得昏天黑地。这场厮杀屠戮以狐氏集团覆灭，狐射姑流亡狄国，赵盾笑到最后而告终。可这么一来，就更没有其他力量能制衡赵盾的权势了。

二是让晋君的地位日益虚位化。赵盾有能力，也有野心，这是对晋国国君的最大威胁。晋襄公在世，赵盾还有所收敛，不敢过于放肆。可等晋襄公一死，赵盾的权臣嘴脸遂暴露无遗：我行我素，专横跋扈，视继立的晋灵公如无物。如扈之盟，赵盾主持齐、宋、卫、陈、郑、许、曹、鲁八国之君的会盟，开春秋时期大夫主盟之先河；又如晋、秦河曲之战，赵穿违犯军律而未受到惩处，都表明赵盾权势炙手可热。这就导致君臣矛盾日益激化，最终以一场血腥的宫廷政变、晋灵公被弑而收场。从此，以赵氏为代表的强卿大族势力遂不可抑制，成为晋国政治的实际操控者。晋成公即位，在晋国建立公族制度，"乃宦卿之嫡子而为之田，以为公族"（《左传·宣公二年》）。赵氏顺理成章成为公族大夫。异姓大夫代为公族，标志着晋公室趋于衰弱没落，已是不可逆转的大势。

从这个意义上说，任用赵盾，为日后以赵氏为主导的"三家分晋"事件埋下了祸根，而其"始作俑者"，恰恰正是晋襄公本人。"天作孽，犹可恕；自作孽，不可活"，这才是对晋襄公一生为维系晋国霸业所做努力的最大反讽，也是他政治人生中的百般无奈与最大悲剧！

秦穆公"种瓜得豆"

"春秋五霸",名头响亮,可究竟是哪五位霸主?历来言人人殊,说法各异。其中比较通行的名单有两份:一是指齐桓公、宋襄公、晋文公、秦穆公、楚庄王;另一说是指齐桓公、晋文公、楚庄王、吴王夫差、越王勾践。而在这两说之中,似乎又以第一种说法为更多的人所认可。

虽说都是霸主,但是,这五人的分量,也就是说,其霸业成就及影响却不可同日而语。齐桓公、晋文公、楚庄王可以算是一个档次,他们号称霸主,当属名副其实。而宋襄公被列为五霸之一却颇有些不伦不类。他的高雅贵族风度,固然让人肃然起敬,可他的那份儿霸业,则难免叫人啼笑皆非。世俗是势利的,只以成败论英雄,泓水一仗,他大败亏输,出尽洋相,以至于成为千百载来芸芸众生挖苦嘲讽的对象。如果靠这种表演居然能跻身于五霸的行列,那么多少有些滑稽、有些荒诞,宋襄公若九泉有知,恐怕也会受宠若惊。

至于秦穆公,则是一个异类,换句话说,他属于不尴不尬的角色。说他不济吧,可他在当时的国际大舞台上活跃得很,又是"勤王",又是"盟会",知名度、出镜率一点也不逊色于其他人,更何况他也曾"益国十二,开地千里,遂霸西戎"(《史记·秦本纪》),为秦国在春秋战国期间的雄起,做了非常扎实的铺垫,多少混了个"霸主"的模样。可如果真的把他列为霸主，却似乎又不是那么一回事，毕竟他没有像齐桓、晋文、楚庄那样，一本正经地当过中原的霸主，他的事业局促于西北一隅，从来不曾达到过光辉的顶点，相反总是笼罩在晋国霸业的巨大阴影之下，只能在当时上演的争霸大战中，敲敲边鼓，跑跑龙套。总而言之，秦穆公在当时更像是搅局的角色，把他列为"春秋五霸"之一，还是比较勉强。

秦穆公之所以没能成太大的气候，固然有种种客观因素的制约，他"出道"的时候，齐、晋、楚已蔚成大国，中原这块大蛋糕基本已被它们抢先分割完毕。秦国长期僻处西北一隅，中原诸侯"夷狄遇之"，先天不足，后天失调，想要入局并充当龙头老大，困难之大，可想而知。然而，这并不等于说，秦穆公一点机会也没有。如果战略高明，战术对头，"运筹于帷幄之中，决胜于千里之外"，秦穆公还是可以有一番大的作为的。问题的症结看来还是出在秦穆公自己的身上，是他战略眼光短浅、战略举措失当，直接导致了其雄心勃勃的争霸企图成了"水中之月，镜中之花"。

秦穆公在位前后三十九年，平心而论，他为秦国的崛起与发展，还是做了不少工作的。他四处延揽人才，打破常规，任用百里奚、蹇叔、由余、邳豹等一群贤能；扎扎实实发展经济，大刀阔斧扩充军备，今日东征，明天西讨，使得秦国的势力迅速扩张到渭水流域的大部分地区。总之，秦国在他的领导下，虽然不能跻身大国之列，但终究能算地区强国了。

"人心不足蛇吞象。"秦国拥有了比较雄厚的资本，秦穆公自然企冀"百尺竿头，更进一步"，去成就更大的功业。这功业就是带领秦国走出狭窄的关中地区，东进中原，称霸诸侯。

尽管秦穆公也知道这绝非一件容易的事，但他却不甘心就此偏居西隅，被群雄边缘化。他相信事在人为，决心尽最大的努力，来使自己的夙愿变成现实。

可惜的是，"人算不如天算"，秦穆公的战略措施跟他的战略目标完全是南辕北辙。照着秦穆公自己的如意算盘，秦国东进的战略步骤应该是：先想方设法同晋国搞好关系，对晋国的政局施加影响，通过缔结婚姻、提供援助等手段，逐渐控制晋国。一旦在这方面得手之后，再大兵出崤函，从容图霸业，指点江山，号令天下。

于是乎，他便趁着晋国内部发生骊姬之乱、政局动荡的机会，加大力度干预晋国内部的事务，操纵晋国国君的废立。先是派军队保驾护航，把晋惠公扶持上台，尔后又默许晋怀公继位，可是这两位受保护者都不尽如人意，位子刚刚坐稳，羽翼稍稍丰满，便神气活现起来，将秦穆公晾在一边，晋惠公更是忘恩负义，撕破脸皮与秦穆公作对，出动军队在韩原与秦国干了一架，两国之间关系破裂，使秦穆公原先的计划统统泡汤。

与其将错就错，不如改弦更张，于是秦穆公决心中途换马，重新物色代理人。具体的做法，便是提供军事援助，进行武装干涉，帮助长期流亡在外的公子重耳返回晋国，从晋怀公的手中抢过政权，成为晋国民众的新主子，是为日后大名赫赫的晋文公；同时，秦穆公"好人做到底，送佛送到西"，又把自己的女儿文嬴下嫁给晋文公，延续所谓的"秦晋之好"，希望借助政治联姻，笼络住晋文公，让他成为秦国争霸中原事业的一枚过河卒子。秦穆公的想法很单纯，也很天真：你晋文公既然受了我的大恩大惠，加上大家又有这么一层翁婿关系，难道还能知恩不图报？常言道"投我以木桃，报之以琼瑶"，你晋文公多多少少得买我点面子，替我办点实事吧！

遗憾的是，秦穆公过于乐观了，简直是白日做梦，异想天开。他忘了一个最基本的道理，国家与国家之间，既没有永远的朋友，也没有永远的敌人，有的只是永远不变的利益。他自以为对晋文公有恩惠，人家就得报答他，对不起，只要牵涉到利益，世上恩将仇报、以怨报德的事情可多了去了；他自以为自己是晋文公的岳父大人，人家会顾及面子，对不起，为了利益，父子反目、手足相残尚且司空见惯，更何况是没有血缘的翁婿关系！眼下秦国想要染指中原，争夺霸权，势必要越渡黄河，锐意东进，而晋国要独霸中原，号令诸侯，也势必要紧紧关上秦国东出的门户，将秦国的活动范围死死地框定在西方一隅。两国的利害冲突是根本性的，是绝对无法调和的。用今天的话说，便是存在所谓的"结构性的深层次矛盾"。在这个时候，什么恩德，什么姻亲，一概无效，全都抛到九霄云外去了。而且秦弱而晋强，秦小而晋大，一旦双方真的撕破脸皮，闹将折腾起来，处下风的肯定是秦国。秦穆公啊秦穆公，你聪明一世，懵懂一时，也太天真，太一厢情愿了，居然会设这样的死局，会出这样的昏招，真让人怀疑你的智商存在问题。

事实也正是这样，晋文公爬上宝座后，一门心思追求"取威定霸"，丝毫没有让秦穆公昔日的恩情束缚住自己的手脚。当然，他也没有撕破脸面，主动和秦穆公公开叫板，在不触及晋国根本利益的前提下，有时还不忘拉上秦穆公一把，让他跟着自己露露脸儿，抖抖威风。但在晋文公心中，双方的定位是明确无误的，即我晋国是当仁不让的主角，你秦国只能当插科打诨的配角,彼此之间是老大与伙计的关系,绝对不容颠倒。

这时候,秦穆公才发现,自己以前的筹码都压错了,所花费的心血都一风吹了。他三助晋君的努力,结果只是加速了晋文公成为诸侯霸主的进程;他多次参与盟会,多次参与军事行动(包括城濮之战中派兵增援晋国,一起教训楚国),也往往是名惠而实不至,全是傻乎乎地替晋国的霸业添砖加瓦!

假如秦穆公的战略失误只到这一步,还不算是输得精光,血本无归,至少可以同晋国维系表面上的一团和气,弄好了或许还能从晋国那里分得一杯羹。可是,事实是秦穆公接下来的做法更加令人匪夷所思,错得离谱:他居然利令智昏,孤注一掷,想用武力来达到外交、政治所没有实现的目的,日暮而途穷,倒行而逆施,决心"霸王硬上弓"了。真是软的不成便来硬的,"巧取"不成改用"豪夺"。

晋文公在世时,秦穆公深知对手的厉害,是不敢轻举妄动的,即所谓"有贼心,无贼胆"。谁知天遂人愿,机缘凑巧,阎王爷让晋文公死在了秦穆公的前头。这一下,秦穆公便浑身上下来了精神,觉得可以玩一把世纪战略"大豪赌"了。于是,他蛮横武断地拒绝了大臣蹇叔的劝诫,决定趁着晋文公大丧之际,大起三军,越过晋国境土,去袭击郑国,企图占领地处天下之中的战略要地,以作为自己称霸中原的前进基地。他一厢情愿地认为,晋襄公(在名义上算是他的外孙)刚刚登基,正忙于稳定内部,无暇顾及秦国方面的军事行动。所以,他在没有向晋国借道的情况下(去借,人家也不肯借给你,何必白费口舌),派遣孟明视等三位大将,统率三百辆战车偷袭郑国,圆自己的霸主之梦去了。

劳师袭远，兵家大忌；弃信背盟，庸人短视。结果自然可想而知，不但郑国没有打下来，反而"偷鸡不着蚀把米"，在崤山一带让晋国的伏兵杀得大败，三百辆战车全部"报销"，"匹马只轮不返"，孟明视、西乞术、白乙丙三位统帅一个不漏，全数做了晋军的俘虏。而秦晋两国之间保持多年的传统友谊（尽管仅仅是表面上的），也随着崤函山谷中的刀戟声、喊杀声而烟消云散了。这真可谓是"天作孽，犹可恕；自作孽，不可活"。

更为糟糕的是，秦穆公似乎有心理障碍，脾气古怪而又偏激固执，见了黄河仍不死心，撞了南墙仍不回头。在他看来，姥爷被外孙这么"修理"，实在太窝囊，太没面子了，非得翻过盘来不可。于是，为报崤山惨败之仇，他一而再，再而三地动用军队去找晋国的晦气，结果是越输越惨，在彭衙之战中又让晋军杀得一败涂地，惨不忍睹，使秦军成了名副其实的"拜赐之师"，距离成为中原霸主的目标越来越远，简直遥不可及了。尽管他后来转而同楚国结盟，企图通过南北夹击，将晋国从中原霸主的宝座上拉下来，来一个"新桃换旧符"，但是除了让楚国"渔翁得利"之外，对自己实现光荣的霸主梦想，可是半点儿帮助也没有，干的还是替别人"火中取栗"的傻事。到头来，秦穆公依旧是个跑龙套的角儿，一点长进都见不着，战略眼光之差劲，实在是让人难以恭维。

有"雄才"而无"大略"，秦穆公毕竟算不得真正意义上的霸主，让他混迹于"春秋五霸"之列，似乎也太抬举他了。

"人中翘楚"楚庄王

在赫赫有名的"春秋五霸"之中，有的实至名归，有的徒有虚名，但是若论功业之巨、霸权之盛，楚庄王当属首屈一指。他在位二十三年，大刀阔斧平息内乱，锐意进取拓土开疆，伐郑服宋号令天下，大破晋师执掌霸权，陈兵周疆问鼎轻重，俨然是货真价实的旷世霸主。其实，早在即位之初，他与大臣伍举打哑谜时，就发出了令所有对手都心惊肉颤的誓言："不鸣则已，一鸣惊人；不飞则已，一飞冲天。"历史的进程证明，这不是他心血来潮时的梦呓，而是雄才大略驱动下的心声。春秋历史上，齐桓公的称霸时间比他要长，可是霸业的规模却远不相逮；晋文公的霸业规模也许不亚于他，然而其称霸的时间却要短暂得多。至于秦穆公、宋襄公之流，似乎更上不得台面了。从这个意义上讲，楚庄王才是春秋期间大大小小霸主中的第一人。

楚庄王能成为春秋霸主第一人，最重要的条件是他具备雄才大略，而"雄才大略"正是衡量历史人物成败得失的主要标准。在诸多春秋霸主中，齐桓公是有大略而无雄才，秦穆公是有雄才而无大略；晋文公倒是两者兼有了，只可惜天不假年，城濮之战杀声甫定，践土之会钟鼓才歇，他便追随晋献公、晋惠公去黄泉路上饮孟婆汤了，来不及充分释放能量，尽情施展天才。唯独楚庄王摆脱了所有羁绊，在历史舞台上做出了淋漓尽致的表演。

楚庄王的雄才大略，首先表现为战略目标的选择始终如一，战略手段的运用文武并举。战略目标选择得当，是霸业成功的前提条件，在诸侯列国争霸无已、多种势力此消彼长的背景下，作为战略决策者，最主要的任务，是清醒分析形势，透过扑朔迷离、错综复杂的现象，把握住问题的实质，区别主要对手与次要对手，决定根本的进攻方向，确立最终的战略目标。这方面，楚庄王的选择可谓高度明智、十分清醒：他上台后，始终把重振楚国雄风、角逐中原霸权作为其毕生奋斗的终极目标，同时清醒地意识到，要达成这一目标，最大障碍来自晋国，必须尽全国之力，一举击败晋国才能真正号令天下。正是基于这样的认识，楚庄王才有针对性地开展全方位的政治、军事、外交、文化活动，使自己的一切努力都围绕着最终战胜晋国这个目标，从而更加合理地配置各种战略资源，一步一个脚印走近既定的战略目的。

在战略目标确定之后，战略手段的运用就成了亟须解决的问题，是单纯用军事暴力手段推进事业，还是文武并用，通过政治、军事、外交、经济等综合手段去实现自己的战略规划，必须做出明智的抉择。楚庄王的高明，正在于他既注重武力的主导作用，但又不单纯迷信武力，而是特别重视用政治、外交等手段配合策应军事行动，"伐谋""伐交"与"伐兵""攻城"多管齐下。如在平定国内若敖氏叛乱过程中，注意以政治攻心的方法，瓦解叛军的意志，分化敌人的营垒。又如在邲地会战前夕，用外交手段分化、拆散晋国的同盟，将郑、蔡、陈、曹、卫、鲁等中小诸侯国拉拢在楚国的周围，使晋国处于孤立无援状态，从而为楚军一战而胜创造了条件。

楚庄王的雄才大略，其次表现为战略准备工作的充分扎实，战略谋划酝酿的细致全面。要实现战略目标，必须做好最充分的准备。"合抱之木，生于毫末；九层之台，起于累土；千里之行，始于足下"（《老子》），楚庄王当然深谙这层道理。为了最终击败宿敌晋国，他脚踏实地、有条不紊地进行各方面的准备。一是选拔与任用各类人才，将孙叔敖、沈令尹、伍举等贤能置放到重要岗位，发挥应有的作用。二是致力于教育军民、统一思想，为即将到来的晋楚决战凝聚士气、鼓舞斗志："无日不讨国人而训之于民生之不易，祸至之无日，戒惧之不可以怠；在军，无日不讨军实而申儆之于胜之不可保。"三是健全各种制度，改良政治，发展经济，为战略决战提供物资与政治上的保证："荆尸而举，商农工贾不败其业"，"芳敖为宰，择楚国之令典……百官象物而动，军政不戒而备，能用典矣。其君之举也，内姓选于亲，外姓选于旧，举不失德，赏不失劳，老有加惠，旅有施舍，君子小人，物有服章，贵有常尊，贱有等威，礼不逆矣。"（《左传·宣公十二年》）在做好战争准备的基础上，楚庄王格外注意使战略谋划的酝酿尽可能细密成熟，避免在具体决策上犯轻敌冒进、顾此失彼的过错。具体做法是广泛听取谋臣的意见，择善而从。如邲之战前夕，孙叔敖反对与晋国全面交锋，楚庄王本人对是否立即与晋决战也心存疑虑。此时，近侍伍参对双方军情的分析使得楚庄王豁然开朗，遂纳其言而与晋军在邲地展开决战，并最终取得决定性的胜利。

楚庄王的雄才大略，其三表现为战略步骤的实施循序渐进，战略时机的把握恰到火候。有正确的战略目标与充分的战略准备，只意味着战略成功的可能性，并不等于战略成功的必然性。要圆满实现既定的战略目标，战略步骤是否合理、战略时机是否恰当实是不可忽略的环节。楚庄王在这方面的作为，也进入了炉火纯青的境界。在战略步骤的实施上，他坚持循序渐进、步步为营的稳妥方针，具体地说，就是先内后外，先周边后中原，先易后难，先弱后强，率先平定内部，安顿后方；接着廓清周边，灭亡群夷小国，拓展楚国战略纵深；再打击郑、宋等国；最后一切就绪之后，才同晋国进行决定性的会战。在战略时机的把握上，楚庄王善于利用晋国全面树敌、陷入多线作战的被动局面，抓住晋国"虽鞭之长，不及马腹"的无奈处境，步步进逼，将对手压迫到死角，使晋国君臣"不竞于楚"的忧虑与恐惧最终转变为现实。

楚庄王的雄才大略，其四表现为战略善后的做法有利有节，战略头脑的清醒无可挑剔。楚庄王最让人肃然起敬的，还不是他的显赫功业，而是他面对皇皇霸业时所表现出来的谦和心态和节制立场。作为成就一代大业的君主，最容易滋生的毛病是忘乎所以、骄傲自大。在逆境中奋进固然颇不容易，而在顺境中发展更加困难，历史上夫差、唐玄宗、后唐庄宗李存勖等人的沉浮就是典型的例子。因此，《诗经·大雅·荡》所说的"靡不有初，鲜克有终"便成了永具警示意义的宝训。而楚庄王却成功地跳出了这种宿命的怪圈。他在实现自己战略目标的过程中，始终坚持有利有节的原则，力求战争善后做到平和顺当，尽可能消除各种矛盾与隐患，化解来自敌方的反抗，使自己的军事胜利建立在坚固的基础之上，争取政治上的最大主动。这一理念，在楚庄王的具体军事行动中有着不止一次的体现。如当郑国表示屈服的时候，他主动撤围，同意对方的请和要求；当宋国顽固抵抗最终不支、愿意媾和时，能非常大度地宽恕宋国的所作所为，放其一马；当陈国灭亡后，能根据"兴灭国，继绝世"的礼乐文明精神，同意其恢复国家、再造社稷。凡此种种，不一而足。尤其叫人佩服的是，邲之战楚国大获全胜，许多楚国将领主张将晋军尸身叠垒为"京观"，向晋国炫耀楚军的神勇，并报城濮之战惨败之仇，"臣闻克敌，必示子孙，以无忘武功"。然而，楚庄王坚决制止了这种耀武扬威、穷兵黩武的举动，并就战争提出了一番发人深省的见解："夫文，止戈为武……夫武，禁暴、戢兵、保大、定功、安民、和众、丰财者也。"强调战争不是目的，只是一种为实现和平而迫不得已动用的手段。这一见识的确是超越一般古人而独领历史风骚的。

由此可见，楚庄王不仅是一位大战略家，更是一位不世出的政治家。

晋悼公复霸

在春秋晋国历史上，晋悼公与他的复霸事业，值得大书一笔。

公元前574年，取得鄢陵之战大捷之后，晋厉公忘乎所以，汲汲于强化君权，结果造成公室与诸多强卿大宗之间矛盾激化，双方兵戎相见，整个晋国政局陷入一片血泊之中。次年，晋厉公本人被栾氏、中行氏所弑，这场残酷血腥的内部动乱暂时画上了休止符。

栾书、中行偃等人弑杀晋厉公之后，派人前往洛邑，迎接居住于王畿的晋襄公曾孙公子周返国继承君位。公子周时年十四岁，但聪慧早熟，有胆有识，果敢深沉，他知道自己以公室支庶孽子的身份继承大统，形影相吊，势单力薄，处境险恶叵测，根本无法驾驭那些骄横跋扈的强宗大族，稍有不慎，便会和晋厉公一样，落得个身首异处的悲惨下场。

为此，他一开始就注意调整各种关系，树立自己的权威，在返晋途经清原（今山西稷山东南）时，他对前来迎驾的晋国卿大夫们说："今大夫不忘文、襄之意而惠立桓叔之后，赖宗庙大夫之灵，得奉晋祀，岂敢不战战乎！大夫其亦佐寡人"（《史记·晋世家》），对诸大夫拥立自己为君一事表示感谢。接着话锋一转，申明自己能荣登大位，乃是"天意"所归，"神灵"所佑，要求诸大夫无条件听从自己的命令："孤始愿不及此，虽及此,岂非天乎?抑人之求君,使出命也。立而不从,将安用君?二三子用我今日,否亦今日。共而从君,神之所福也。"(《左传·成公十八年》)

这一番软硬兼施、刚柔相济的话,给了那些平素骄横惯了的卿大夫一记闷棍,他们受到很大的震动,不得不异口同声地表态:"群臣之愿也,敢不唯命是听。"君臣双方遂缔结盟誓。不日,公子周在卿大夫的簇拥下,进入晋都绛城,朝于武宫(晋武公之庙),正式继位为君,是为晋悼公。

在晋国国内强宗大族桀骜不驯,晋、楚争霸依旧处于战略胶着状态,相持不下的背景下,晋悼公仓促即位。这就决定了晋悼公的复霸努力必然是全方位的,即包括整顿内政、发展实力、联合与国、打击楚国等各个方面。

第一,限制、平衡、利用卿族势力,改善内政,稳定政局。

晋悼公即位伊始,立即诛杀了夷羊五、长鱼矫等扰乱晋国政局的七名嬖臣,这一方面是借此显示自己作为国君拥有生杀予夺的至高无上权威,另一方面,也因夷羊五等人系当年晋厉公提拔重用的近臣,如今除去,正好表明悼公与晋厉公划清界限,依靠和支持卿族的态度和稳定政局的愿望,以稳住栾、中行等大族,赢得他们的拥戴。

当然,晋悼公也深以晋国公室萎靡不振、卿权太重,以致影响晋争霸战略全局的局势为忧虑。因此,他在力所能及的条件下对卿权加以必要的限制。

其主要手段有二:一是适当削弱卿族手上的军政大权,改革军队内部的统御体制,不让诸卿直接统率军队,改由军尉具体负责军队的训练、教育诸事宜。这就是所谓的"卿无共御，立军尉以摄之"。

二是利用诸卿之间的矛盾，巧妙加以平衡和操纵。和当年晋厉公咄咄逼人、大刀阔斧压制强卿大宗的做法明显不同，晋悼公一般不剑拔弩张地和卿族针锋相对，他即位后不追究栾书、中行偃等人弑杀晋厉公之事，就是明证。在绝大多数情况下，他尽量使卿族之间的势力维持微妙的平衡状态，使其互相牵制，彼此消耗，以免卿权威胁君权。

为此，他精心地调整了文武卿相的人选，尤其重视恢复某些遭冷落的卿族的地位，形成可与权势炙手可热的卿族相抗衡的力量。如任命魏氏的魏相和魏颉，赵氏的赵武，范氏的士鲂等人为卿，魏绛为中军司马，士渥浊为太傅，韩无忌为公族大夫。这样，就分散了栾氏、中行氏手中的权力。晋悼公在位期间，晋国的政局相对较为稳定，做到了"四军无阙，八卿和睦"（《左传·襄公八年》），当与这种使卿族势力"均势平衡"的策略有一定的关系。

在稳定政局的基础上，晋悼公改良政治，发展经济，缓和社会矛盾，争取民心归附，为重振晋国的大国雄风进行了坚持不懈的努力。其具体措施，《国语》《左传》等史书多有记载。主要有："施舍，已责，逮鳏寡，振废滞，匡乏困，救灾患，禁淫慝，薄赋敛，宥罪戾，节器用，时用民"（《左传·成公十八年》），"定百事，立百官，育门子，选贤良，兴旧族，出滞赏，毕故刑，赦囚系，宥闲罪，荐积德，逮鳏寡，振废淹，养老幼，恤孤疾"（《国语·晋语七》）。

这些措施在实行数年之后，收到了明显的效果。史载晋国

"举不失职，官不易方，爵不逾德，师不陵正，旅不逼师，民无谤言，所以复霸也"（《左传·成公十八年》）。从这个意义上讲，历代史家称晋悼公为晋文公之后春秋时期最有作为的晋国君主，是有道理的。

第二，加强对宋、郑等国的争夺与控制。

在政局趋于稳定、国力迅速提升的基础上，晋悼公开始加强对外争夺霸权活动的力度，并以此作为其复霸事业的中心。晋悼公对外争霸的主要方向，仍同其前任一样，是展开对郑、宋等中原腹心国家的争夺与控制。其中就宋国来说，主要是加强对它的控制；而就郑国而言，重点是强化对它的争夺。晋悼公的绝大部分战略措施与军事行动，都是围绕着这一基本目标制定和实施的。

晋悼公即位那一年，楚国乘晋国忙于整顿内政、无暇外顾之际，兴风作浪，联合郑国进犯宋国，攻占了宋国的要邑彭城（今江苏徐州），在晋国战略防线上打入了一个楔子，以此直接威胁宋国，并进而牵制晋国的行动。宋国是晋国联络齐、鲁、吴、邾、曹、卫等国的通道，其得失对晋国的霸业影响至关重大。因此，晋对宋的局势十分关心，念兹在兹。公元前573年秋天，宋派兵进围彭城。同年冬天，楚派遣大军援救彭城并攻伐宋国。宋国的执政大臣华元赴晋国告急求助。晋国中军主帅韩厥认为"成霸安强，自宋始矣"。晋悼公于是亲征救宋，迫使楚军撤退。次年，晋悼公又牵头统领鲁、卫、晋多国联军攻克彭城。通过这次军事行动，晋国达到了保护和控制宋国的战略目的，为下一步进图郑国铺平了道路。

鄢陵之战后，楚国仍拥有相当可观的实力，由于郑国依旧死心塌地抱楚国的大腿，因而楚国还是能够控制住许、陈、蔡、江、六诸国。所以，晋悼公要复霸，抑制甚至进而将楚国势力驱逐出中原地区，在不同楚国作战略决战的前提下，只能把争夺郑国的归属列为主要的战略目标。

基于这样的考虑，晋悼公即位伊始，就与楚国展开了争夺郑国归属的长期斗争。公元前572年，晋国乘着平定宋国动乱的余威，由中军主将韩厥统率齐、鲁、晋、曹、邾多国联军进攻郑国，击败郑军，并乘胜进攻楚国、陈国的一些要地，楚军畏晋之强，不战而退，晋悼公小试牛刀，打出了自己的威风。次年六月，坚决与晋国为敌的郑成公寿终正寝，晋悼公趁此良机，会同宋、卫之师攻伐郑国。当时郑国内部分裂为亲楚、亲晋两派，但当政的是亲楚派公子骃，他依然坚持附楚，抗拒晋、宋、卫联军。同年冬天，晋国会同齐、鲁、宋、卫、曹、邾、滕、薛多国联军占领虎牢，筑虎牢城以制郑。楚国此时刚好有公子申与子重、子辛争权内乱事件发生，自顾不暇，无力援救郑国。形格势禁，郑国至此不得不背楚从晋。

晋悼公筑虎牢城以制郑这一着棋，是非常高明的。虎牢在温县之南，地势险峻，战略地位十分重要，晋军控制它之后，可以以逸待劳，对郑国的侧背构成严重的威胁，一旦攻打郑国，即可朝发而夕至。在这种情势下，郑国不得不对晋国俯首称臣，而晋国则可以进一步图谋陈、蔡，使整个中原的形势发生有利于自己的变化。所以，当公元前570年晋悼公与齐、鲁、卫、郑、宋、莒、邾诸国会于鸡泽（今河南永年西南）时，楚的铁杆小伙计陈国也主动前来参加，投靠输诚。这表明晋国争霸中原的形势一片大好，晋国保宋图郑的战略目标已初步实现，晋悼公复霸事业的关键一步已经迈出。

第三，采取"和戎"策略，有效地解除后顾之忧。

晋国的北部散杂居住着不少戎狄部族，他们的力量虽然不是十分强大，但却扮演着搅局的角色，经常骚扰晋国的边地，给晋国的侧后造成一定的威胁，可谓"成事不足，败事有余"。晋国为了摆脱多面受敌、两线作战的窘境，集中力量与楚国争霸，长期以来一直对北方戎狄部族实施军事打击和政治招抚相结合的策略，并收到了较为显著的成效。这一基本国策也为晋悼公所继承，魏绛"和戎"之策的提出和成功，就是这方面的重大进展。

公元前569年，北方戎狄的无终（在今山西太原一带）等部族，见到晋国国势蒸蒸日上，日益强盛，而自己的难兄难弟，如白狄、赤狄等部几乎全为晋国所剿灭，它不想落得同样悲惨的下场，于是就派遣使臣孟乐携带虎豹皮等厚礼来到晋国，表示愿意率领诸戎对晋国纳贡求和。

对诸戎的诚意，晋悼公一开始心存疑虑，"戎狄无亲而贪，不如伐之"。大夫魏绛则认为这样简单粗暴的处理并不妥当，他强调指出："诸侯新服，陈新来和，将观于我。我德，则睦；否，则携贰。劳师于戎，而楚伐陈，必弗能救，是弃陈也，诸华必叛。戎，禽兽也。获戎失华，无乃不可乎！"（《左传·襄公四年》）魏绛从对楚争霸的战略全局出发，主张北和诸戎。

他进而具体分析了采取安抚办法与戎狄交好的五大好处："和戎有五利焉：戎狄荐居，贵货易土，土可贾焉，一也。边鄙不耸，民狎其野，穑人成功，二也。戎狄事晋，四邻振动，诸侯威怀，三也。以德绥戎，师徒不勤，甲兵不顿，四也。鉴于后羿，而用德度，远至迩安，五也。"（《左传·襄公四年》）由此可见，"和戎"的举措，既可以促成戎狄事奉晋国，解除晋国的后顾之忧，使得晋国免于腹背受敌；同时，又可以使诸侯们畏威怀德，巩固联盟关系，以对付主要的敌人楚国，具有积极的战略意义。

晋悼公襟怀坦荡，从善如流，完全采纳了魏绛的建言献策，并委派魏绛作为晋国的全权代表，和无终等戎狄部族缔结盟约，"盟诸戎，修民事，田以时"（《左传·襄公四年》）。这一战略方针的落实，扩大了晋国的疆域，稳固了晋国的战略大后方，使晋国得以腾出全部力量浩荡南下，与楚争夺中原地区的霸权。这乃是晋悼公复霸事业的又一个具有标志性意义的进展。

晋悼公通过整顿内政、对外军事行动以及北和诸戎等政治、军事、外交等措施，奠定了晋国复霸的坚实基础。在这种背景下，他开始倾全国之力同楚国争夺中原霸权，主要动作就是发动"三驾之役"，疲楚误楚，争取到郑国的长期归附。为此，他采取了三方面的具体措施：

第一，在国内赈济贫困，调动各方面的参战积极性，厉行节约，充分发掘战争的潜力。第二，多次举行诸侯盟会，制造声势，先声夺人，对楚国施加巨大的政治、外交、军事压力。第三，也是最为重要的一点，是"三分四军"以疲楚，即把晋国的上、中、下军，新军及诸侯的军队分组，形成三个战役集团，轮流出征，轮番作战，以调动和疲惫楚军，牢牢控制战争的主动权，"致人而不致于人"。

一切就绪之后，晋悼公遂自公元前563年起，用近两年的时间，正式发动三分四军、轮番击楚的"三驾之役"。

在整个"三驾之役"中，晋军灵活机动，进退自如，始终掌握着军事行动的主动权，而楚军则陷入彻底被动，穷于应付，疲于奔命，左支右绌，劳而无功。楚国国力为之损耗，战略上计无所出，尽处下风。处在晋、楚争霸夹缝中的郑国，不得不做出完全投靠晋国的抉择。

公元前562年冬季，郑国正式全面倒向晋国，晋悼公遂与郑、鲁、卫、齐、宋等诸侯会盟于郑地萧鱼（今河南原阳东），正式订立盟约。以晋悼公为盟主的萧鱼大会，成为城濮之战后、践土之盟以来，以晋国为盟主的又一次盛大的盟会。郑国从此附晋二十余年而不再复叛，中原大局再度稳定，至此，晋悼公的"三驾之役"达到预期的战略目标。

"三驾之役"的胜利和萧鱼大会的举行，标志着楚国已无力北上与晋国抗衡，即所谓三驾而楚"不能与晋争"（《左传·襄公九年》）；标志着晋国既定的保宋、服郑等一系列战略目标的全盘实现；标志着晋悼公一生复霸大业达到鼎盛。

晋悼公之所以能够实现夙愿，原因在于战略步骤的设计和实施适宜恰当，即先内后外，先计后战，循序渐进，日积月累；还在于战略措施高明，即主攻方向明确，手段运用巧妙，进退尺度妥当，实施方式可行。从这个意义上讲，晋悼公不愧为春秋时期晋国历史上不世出的英主明君，在整个中国历史进程中自有其一席之地。

遗憾的是，正当晋悼公霸业如火如荼之际，公元前558年，年仅三十岁的晋悼公遽然去世。他的英年早逝，无论是对晋国内政的演变，还是对整个中原战略局势的发展，都产生了相当重大而深远的影响。具体地说，随着晋悼公的去世，晋国内部君臣之间脆弱而暂时的平衡渐被打破，强卿大族之间的倾轧争夺日趋激烈，迫使晋国无力专注于对外控制诸侯、维持霸权，并导致齐、晋两国之间爆发武装冲突，楚国势力在一定程度上复苏，从而使历代晋国君臣经过艰苦卓绝努力所缔造的皇皇霸业走向动摇和瓦解。

人算不如天算，晋悼公一生认真出演的，都是正剧；可是，当他的人生大幕落下时，人们惊讶地发现，这竟然是一幕让人唏嘘不已的悲剧。这就是宿命！这就是历史！

"心比天高，命比纸薄"：梁惠王的无奈

《孟子》七篇，第一篇便是《梁惠王》，这位梁惠王，就是战国前期赫赫有名的魏惠王。当然，他之所以有名气，不是因为他在政治上有何种建树值得名垂青史，也非由于他在文化上有什么创新需要大书一笔，乃在于他在位期间打了桂陵之战、马陵之战等一连串大败仗，硬生生将其祖魏文侯、其父魏武侯辛辛苦苦创下的那份霸业给葬送了，称得上是一位典型的败家子、彻底的失败者。

公元前453年，韩、魏、赵三家分晋，战国揭幕。在当时的七雄之中，魏文侯第一个实行改革，礼贤卜子夏、田子方、段干木等名流贤达，重用吴起、李悝、西门豹等才俊之士，行"地力之教"来发展农业，施"平籴之法"来稳定物价，创"武卒之制"来提升军力，励精图治，富国强兵，成为三晋中的老大。他曾联合韩、赵诸国，先后西伐秦，占秦河西之地；南击楚，夺楚睢濊之间；东攻齐，入齐长城；北征中山，一度奄有其地。使得魏国在当时诸雄中率先崛起，称霸中原。继起的魏武侯循规蹈矩，不越雷池一步，保证了魏国的霸业得以平稳维持。应该说，父祖辈给梁惠王留下了一份十分可观、人人羡慕的家业，他完全可以"大树底下好乘凉"，当守成之主，享现成之福，谋社稷之安。

然而，梁惠王似乎是天生不安分、喜欢瞎折腾的"现世

宝"，他好大喜功的心态以及随之而来的战略决策失误，终使他走上了身败名裂的不归路。从战国兵备地理考察，魏国北邻赵，西接秦，南连楚，东毗齐、宋，其地四通八达，多面受敌，无险要可供守御，处于四战之地的战略内线地位，这决定了魏国的中原霸权有着天生的内在脆弱性。所以，梁惠王上台后最应该做的，是凭借已有的实力、地位，选择适当的主攻方向，避免四面出击，到处树敌。就当时的实际情况看，他的正确选择无疑应该为东守而西攻，即牢牢据有河西之地，乘秦国退守洛水的有利形势向西发展，夺占泾、渭流域，控制崤、函险要，争取战略上的主动。遗憾的是，梁惠王本人是彻头彻尾的战略短视者，他所追求的是表面的风光，贪图的是虚幻的荣耀。在他看来，秦国"僻在雍州，不与中国诸侯之会盟，夷狄遇之"（《史记·秦本纪》），完全不配当自己的对手，胜之不武，服之无名，激发不起自己追求大名的兴趣。相反，控制三晋，压服齐、楚，才是皇皇伟业，才能让他颜面有光。在这种自高自大心理的驱使之下，他轻率地做出了战略东移，西守而东攻的决策。为此，他把都城从今天山西境内的安邑搬迁到四通八达、无险可守的大梁（今河南开封），自以为居天下之中，便能成为天下的领袖。

意识深处的霸主心态越是强烈，表现在行动上的乖张轻妄也就越是极端。梁惠王在军事外交政策上变本加厉地推行"单边主义"，动辄对其他诸侯国施以武力，用戈戟而不是用樽俎来发言。这样一来，长期形成的魏、韩、赵三晋联合阵线逐渐破裂了，魏与齐、楚等大国的关系日趋恶化了，与秦国的矛盾也丝毫未因迁都大梁而有所缓解。一句话，梁惠王终于因自己的好大喜功、锋芒毕露、四面出击而陷入了战略上的极大被动，种下了使魏国霸业迅速中衰的祸根。

尤为可悲的是，梁惠王始终不曾意识到自己处境的危殆，反而沾沾自喜，继续营造"慕虚声而损实利"的"形象工程"。而他的对手恰好利用这一点，将计就计，推波助澜，诱使他在失败的道路上死不悔改地走下去。头脑简单却自视甚高的梁惠王果然中计，进了人家预设的圈套。

这方面的典型事例是梁惠王接受商鞅的献策，释秦攻齐，自称为王。商鞅入秦主政后，敏锐地看到秦、魏互为死敌的本质属性，认为魏是秦的"腹心之疾"，"非魏并秦，秦即并魏"（《史记·商君列传》），于是处心积虑"借刀杀人"，以图削弱乃至摧毁魏国。为此，他出使魏国，实施祸水东引、坐收渔利之策。商鞅对梁惠王贪图虚名的个性特征早已了然，所以一到魏国，他便当面给梁惠王戴高帽、灌迷汤，反正空口白牙，并不需要什么成本，更不必为此承担什么法律责任："大王之功大矣，令行于天下矣！"爱面子的梁惠王当然听得满心舒坦，整个人都飘飘然起来。商鞅见招数奏效，进而居心叵测地建议梁惠王"先行王服，然后图齐楚"，即鼓动梁惠王公开称王，然后联合秦国，用兵齐楚。（《战国策·齐策五》）

"王"是当时的最高称号，地位在一般诸侯之上，梁惠王对这个名号早已朝思暮想、垂涎已久，只是担心他国的反对才踌躇犹豫，不敢仓促行事，现在既然得到秦国的"鼎力支持"，那也就不必再半抱琵琶，讲什么客气了，"恭敬不如从命"，于是乎，梁惠王兴致勃勃地按照周天子的礼制准备舆服仪仗，修筑宫殿，在周显王二十五年（前344）正式加冕称王。同时以霸主的身份召集诸侯会盟，把气氛弄得热热的，把场面撑得大大的：宋、卫、邹、鲁诸国国君应邀与会，秦国也派使节到会捧场。

这时候的梁惠王真的是挣足了面子，摆够了身段。殊不知"出头的椽子先烂"，梁惠王这种利令智昏的举动，恰恰使自己成为众矢之的，陷于孤立的困境，到头来为一时面子上的光鲜付出了惨重的代价："于是齐、楚怒，诸侯奔齐，齐人伐魏，杀其太子，覆其十万之军。"（《战国策·齐策五》）以桂陵、马陵之战为标志，魏国的霸权宣告终结，梁惠王的面子亦随之丢了个干净。

《老子》云："知人者智，自知者明，胜人者有力，自胜者强。"梁惠王的可悲，正在于他既不知人，更不自知，既无法胜人，又不能自胜，好高骛远，忘乎所以，对国际形势茫然无知，对自己位置未能摆正，不干实事，尽说虚的，热衷作秀，喜欢露脸，稍有资本便要炫耀，一旦得势便要摆谱。更让人可叹的是，他至死也不曾悟出自己"倒霉"的原因，一味抱怨命运，责怪天道，从来没有正视过自己的不足，典型的"有哗众取宠之意，无实事求是之心"，这在他和孟子的谈话中反映得很清楚："晋国，天下莫强焉，叟之所知也。及寡人之身，东败于齐，长子死焉；西丧地于秦七百里；南辱于楚。寡人耻之。"（《孟子·梁惠王上》）从这些话里你可听得到一丝一毫自我批评的气息？可看得到一星半点改弦更张的端倪？一个人不虚心、不自重到了这种地步，的的确确是无可救药了！

旷代明君汉文帝

一

大史学家司马迁著《史记》，其中对西汉前期的几位皇帝，也包括有皇帝之实的吕后的看法，非常耐人寻味。

在他的笔下，高祖刘邦混杂着豪爽与粗鄙、英雄与无赖的形象可谓跃然纸上，评语中仅仅就"忠、敬、文"的"三王之道"发了一大通议论，认为汉代兴起，"承敝易变"合乎"得天统"的历史规律，对刘邦本人并未有片言只语的评说，这本身就是一种态度，极其隐晦地表达了他有所保留的立场。

对吕后、孝惠帝，司马迁充分肯定了其推行"休养生息"国策的历史功绩，"刑罚罕用，罪人是希；民务稼穑，衣食滋殖"，造就"天下晏然"的大好局面。（《史记·吕太后本纪》）细加体味，他主要着眼于评价他们在改善"民生"问题上的作为，仅仅局限于物质文明的层面。

对孝景帝，司马迁似乎颇有保留，曲折地表达了对晁错汲汲于"削藩"导致"吴楚七国之乱"的遗憾之意，认为这是"天下本无事，庸人自扰之"的做法："汉兴，孝文施大德，天下怀安。至孝景，不复忧异姓，而晁错刻削诸侯，遂使七国俱起，合纵而西向，以诸侯太盛，而错为之不以渐也。及主父偃言之，而诸侯以弱，卒以安。"（《史记·孝景本纪》）可我们知道，站在晁错背后的是汉景帝，"削藩"过剧激化矛盾、引起动乱的最大责任，实际上该由汉景帝来承担，这才是司马迁的言外之意。一句"安危之机，岂不以谋哉"，深意存焉。

至于汉武帝，司马迁的看法就更加微妙了。汉武帝的"折腾"、好大喜功，司马迁似乎是颇不以为然的，对汲黯"陛下内多欲而外施仁义"（《史记·汲郑列传》）的评论，司马迁应该说是相当认同的。

唯有汉文帝，令司马迁毫无保留地仰慕和推崇："汉兴，至孝文四十有余载，德至盛也。廪廪乡改正服封禅矣，谦让未成于今。呜呼，岂不仁哉！"（《史记·孝文本纪》）在司马迁的眼里，汉文帝才是旷古未有之仁君明主，真正做到了"施大德"而使"天下怀安"这一点，值得千秋万代永远怀念和歌颂。

二

公元前180年，主宰西汉王朝大政多年的吕后寿终正寝。她的去世，立即诱发了一场血腥的政局动乱。重臣周勃、陈平联合朱虚侯刘章等部分刘氏宗亲贵族发动政变，杀死吕禄、吕产为首的吕氏亲贵，并连带着结果了由吕氏集团所拥立的少帝以及与吕氏集团有瓜葛的梁王、淮阳王、常山王等人的性命，一举控制了朝廷的权柄，西汉的历史至此揭开了新的一页。

政局大动荡余波之所及，难免"几家欢喜几家愁"。诸吕覆灭后，政治重新洗牌，远离矛盾中心、在偏僻苦寒之地做了近二十年代王的刘恒，无心插柳柳成荫，成了最大的赢家。权臣们在皇族中寻找新皇帝的人选，最后将庶出的刘恒拥立为

"天子"，是为汉文帝（前179—前157在位）。

汉文帝天性"仁孝宽厚"，他在位二十余年期间，节俭敦朴，严于律己，知人善任，从善如流，省用民力，平狱缓刑，致力于恢复生产，改善民生，清明吏治，敦厚风俗，终于造就了天下"大治"，为西汉王朝走向全面繁荣奠定了坚实的基础，而汉文帝本人也因其高尚的品德与卓越的功业而成为历史上明君的典范，为后人推崇备至，歌颂有加："太宗穆穆，允恭玄默，化民以躬，帅下以德。"（《汉书·叙传》）

汉文帝作为旷代明君，其治国安邦最大的特色是善于辨析利弊，审时度势，把握分寸，知所进退，恰到好处，收放自如。一句话，即充满睿智！这种政治上的卓绝睿智，使得他无论是确定施政的宗旨，还是选择施政的重点，抑或运用施政的手段，都能够做到举重若轻，左右逢源，进退裕如，掌握主动。

如果说，军事战略是指导战争全局的方略，那么，更高的国家战略，就是指导治国全局的方略。这包含以下几层意思：首先，它是起决定性、指导性作用的；其次，它是面对全局的，具有整体性与根本性意义；其三，它是有可操作性的，而不是一种虚应与摆设。

三

汉文帝的政治睿智，首先体现为他对国家治理根本原则的清醒认识与明确坚持。无为而治，休养生息，是西汉立国伊始即确立的基本国策，汉文帝即位后，对此毫不犹豫地加以因循与坚持，并给予更为全面的发展。具体地说，"玄默"无为，既是汉文帝及其继承者汉景帝统治时期的国家最高政治纲领，也是汉文帝为政的基本风格。《汉书·刑法志》记载，汉文帝即位后"躬修玄默"，《汉书·贾谊传》也说汉文帝"玄默躬行以移风俗"。这均道出了汉文帝将"守静"无为作为治国安邦的出发点这个根本特征。这意味着，汉文帝自始至终将黄老之学所倡导的"清静能为天下正"的思想原则奉为国家治理的总纲领，顺应天意民心，"与时迁移，应物变化"，"人君以玄默为神"，不折腾，不妄为，藏富于民，任事由吏，解除抑制生产力自由发展的种种束缚，提供淋漓尽致释放全社会创造力的广阔平台，从而为西汉王朝经济发展、国防强大、文化繁荣、社会安定创造了根本前提，顺利地实现了"天下殷富，财力有余，士马强盛"的战略目标。

汉文帝的政治睿智，其次反映为他处理具体棘手政治难题时所施展的高明政治艺术。汉文帝以外藩入主九五之尊，在中央朝廷本无根基，而周勃、灌婴、陈平诸大臣，皆汉高祖手下重臣，资历老，功勋大，地位尊，人脉广，如何妥善处理君臣关系，积极而稳妥地掌控最高权力，树立自己的崇高权威，是他所面临的一个挑战。

应该说，汉文帝的应对非常自然，并大获成功。他在即位之前，对是否进入京师继承大统一事，曾与代王幕下众心腹亲随反复商议，审慎评估，而没有仓促行事，做到了谋定而后动。即位当日，他即任命亲信宋昌为卫将军，统领京师的卫戍部队南北二军，控制京师中枢的大局；同时任命另一位亲信张武为郎中令，主持皇宫的安全保卫事宜，以确保自己的安全。这里所展现的，就是汉文帝政治上的大智慧。

对那些早年即跟随刘邦南征北战，又因诛灭诸吕集团功勋卓著的元老级大臣,汉文帝先是论功行赏,加官晋爵,如将太尉周勃晋升为右丞相,灌婴则由大将军升任为太尉,从而取得他们的欢心与支持。同时又悄悄地逐步削减他们手中的实权,任用和提拔一些亲信心腹到关键的岗位上,还引入贾谊、张释之等一批新人担任太中大夫、廷尉等要职,逐渐实现主要官员队伍的新老交替,到时机基本成熟时,在政治上将周勃等人加以边缘化。公元前177年,下诏废除太尉一职,并且让担任丞相的周勃"就国",即免去周勃的丞相职务,将其遣送到其封地绛地(今山西曲沃西)"颐养天年",彻底清除了周勃、灌婴等功臣元勋的政治影响力。

众所周知,汉初诸侯王尾大不掉,对中央集权构成威胁,乃是西汉王朝立国以来即存在的老大难问题。汉文帝对此是有清醒的认识的,也试图对诸侯王的离心趋势进行控制并努力加以解决。在具体措施上,汉文帝秉持"善后要稳"的原则,不急于求成,不仓促冒失,而是稳扎稳打,步步为营,做得高明自然,炉火纯青。他一方面尽可能放低自己的身段,礼敬诸侯王,使其麻痹大意,放松警惕,千方百计稳住他们,如吴王刘濞对他不敬,"诈病不朝",汉文帝隐忍不发,反而"赐几杖",以示优容。另一方面,则采纳贾谊"众建诸侯以少其力"的建议,从齐国中又分出城阳、济北两个诸侯国,以削弱齐国的势力;文帝前元十六年(前164),册封原淮南王的三个儿子为王,将一个较大的淮南王国分割成三个较小的王国,这显然是有利于巩固中央集权的高明举措。

事缓则圆,不同于后来汉景帝采纳晁错之策急于"削藩"的冒进,汉文帝的做法有利于政局由分权到集权的平稳过渡,是政治大智慧的体现，如果能假以时日，就不至于发生"吴楚七国之乱"式的动荡。

明末王夫之对汉文帝的政治艺术推崇备至，认为这是"以时间换空间"的高招："文帝崩年四十有六，阅三年而吴王濞反。濞之令曰：'寡人年六十有二。'则其长于文帝也十有三年。当文帝崩，濞年五十有九，亦几老矣。诈病不觐，反形已著，贾谊、晁错日画策而忧之。文帝岂不知濞之不可销弭哉！赐以几杖而启衅无端，更十年而濞即不死，亦以衰矣。赵、楚、四齐，庸劣无大志，濞不先举，弗能自动。故文帝筹之已熟，而持之已定。文帝幸不即崩，坐待七国之瓦解，而折棰以收之……若文帝者，可与知时矣。"（《读通鉴论》卷二）

对内政治运作能做到把握分寸，恰到好处，对外战略实施上，汉文帝同样做到了审时度势，收放自如。汉匈矛盾与冲突是西汉王朝长期面临的外部挑战。汉文帝能清醒地评估双方的战略优劣态势，正确地认识到反击匈奴的战略时机尚未成熟，因此，他在位期间，一如既往地继承自汉高祖刘邦以来的基本国策，毫不动摇地推行"和亲"以安胡越的措施，重申"结兄弟之义，以全天下元元之民，和亲以定"（《汉书·文帝纪》）的原则，坚持不主动启衅的防御战略。但同时积极加强军事力量，并多次部署大军对匈奴的进犯予以坚决的回击，使匈奴的入塞侵扰行动屡遭挫败，巩固了西汉王朝的国防，维系了中原农耕文明的繁荣与发展。

另外，像为南越王赵佗修缮其先人坟墓，委任专司管理与祭祀，并派遣陆贾再次出使南越国，说服赵佗去帝号，称臣归顺，遣使入朝，兵不血刃，实现了使南越国重入大汉版图的战略目标，造就了新的"大一统"格局，同样是汉文帝战略运作进入炉火纯青境界的显著标志。

四

汉文帝政治上的睿智，其三反映为他真正深谙"为君之道"，懂得老子所说的"高以下为基，贵以贱为本"的不易之理，明白儒家祖师爷孔夫子所讲的治国之道的精髓："百姓足，君孰与不足？百姓不足，君孰与足？"处处以律己节俭为先，以改善民生为务。

他一方面是"归农著本"，提倡关注本业，发展经济，做大做强国家的经济基础，"始开籍田，躬耕以劝百姓"（《汉书·食货志》）；另一方面是"让利于民"，尽量减轻农民的负担，满足民众基本生存需求。汉文帝时代实行与民休息、轻徭薄赋的政策是众所周知的史实，其力度之大、范围之广、影响之巨，超过了一般人的想象。公元前178年、公元前168年，汉文帝曾两次将租率由十五税一蠲减为三十税一。三十税一，遂成为汉代的定制。公元前167年还一度宣布全部免去田租，这在中国历史上可能是空前绝后的举措。也是在汉文帝时代，算赋，即人头税，也由每年一百二十钱锐减为四十钱。另外，徭役的征发也有明显的减轻，一般民众每三年才服役一次。

所有这些举措，都让普通民众直接受惠，属于典型的"藏富于民""为富安天下"之举。这些举措的实施使正常的经济活动能够顺利开展，社会财富迅速积累，低廉的粮价就从一个侧面反映了汉文帝统治时期国家经济机器运转的正常与良好，据桓谭《新论》追叙，当时的谷价便宜到每石数十钱（《太平御览》卷三十五引），而《史记·律书》更记载，每石粟的价格居然有贱"至十余钱"的状况。

与厚待民众相对应的，是汉文帝自己在生活享受上的节制自律，从某种意义上讲，他称得上是中国历史上最为节俭的皇帝。《道德经》有云："吾有三宝，一曰慈，二曰俭，三曰不敢为天下先。"作为遵行"黄老之道"的汉文帝，对民众做到了厚待关爱，是谓"慈"；在大政处理上，不折腾、不急于求成，稳妥沉着，以静制动，是谓"不敢为天下先"；在个人生活上，敦朴节俭，是谓"俭"。老子所推许的"三宝"，汉文帝都做到了，作为位居"九五之尊"的皇帝，这是难能可贵的。

史籍中有不少关于汉文帝节俭故事的记载。这些故事表明，汉文帝的"薄奉节俭"，不是虚有其表的作秀，而是不折不扣的身体力行。在位二十三年，宫室苑囿狗马服御等，无所增益。想建个"露台"，一看预算下来需要开销"百金"，立即中止计划："尝欲作露台，召匠计之，直百金。上曰：'百金中民十家之产。吾奉先帝宫室，常恐羞之，何以台为。'"（《史记·孝文本纪》）有人进献千里马，辞谢不受，并进而下诏，遍告天下自己不受献的立场："朕不受献也。其令四方毋求来献。"（《汉书·贾捐之传》）

汉文帝不仅约束自己，同样，他也基本上管好了身边的人，所宠幸的慎夫人"衣不曳地、帐不文绣"，就是后人津津乐道的例子："上常衣绨衣，所幸慎夫人，令衣不得曳地，帏帐不得文绣，以示敦朴，为天下先。"他不仅生前约俭，甚至预先安排后事时也一再强调丧事节办，厉行"薄葬"，严防浪费，避免扰民："治霸陵皆以瓦器，不得以金银铜锡为饰，不治坟，欲为省,毋烦民。"(《史记·孝文本纪》)当然,他任意赏赐铜山给近佞宠臣邓通等人的记载,说明汉文帝的"节俭"与"御下"也并非尽善尽美,但这毕竟是瑕不掩瑜。

孔子说:"其身正,不令而从;其身不正,虽令不从。"汉文帝的政治大智慧,就是懂得"君子之德风,小人之德草,草上之风必偃"的统治要诀,以身作则,率先垂范,从而引领了时代的风气,移风易俗,带动整个社会的风尚趋于简朴敦厚:"当此之时,逸游之乐绝,奇丽之赂塞,郑卫之倡微矣。"(《汉书·贾捐之传》)

汉文帝政治上的睿智,其四还体现为他胸襟宽阔,拥有博大的包容心,能够虚心纳谏,集思广益,听取臣下的合理意见与建议,闻过则改。

居于统治最顶端的皇帝,拥有生杀予夺的绝对权力,所谓"惟辟作福,惟辟作威"。在这种情况下,最容易发生的问题,是文过饰非,独断专行,信谗拒谏,为所欲为,顺我者昌,逆我者亡。汉文帝之所以为后人所肯定和颂扬,就在于在他的身上几乎看不到通常帝王容易犯的这些毛病,恰恰相反,他的宽容、他的包涵,他的大度,在历史上留下了不少佳话,脍炙人口,彪炳史册。

汉文帝即位的第二年,就下诏让臣下进谏:"天下治乱,在予一人,唯二三执政犹吾股肱也……令至,其悉思朕之过失,及知见之所不及,丐以启告朕,及举贤良方正能直言极谏者,以匡朕之不逮。"(《汉书·文帝纪》)在他的鼓励下,当时贾山、贾谊、晁错、张释之等人,纷纷上书条陈意见,有的甚至犯颜直谏,汉文帝大都能虚心采纳,并明确表示,上书者话说得激烈尖锐，也绝对不算是"狂悖"，"今则不然，言者不狂，而择者不明，国之大患，固在于此"（《汉书·晁错传》）。汉文帝在政治上的确始终保持着极其清醒的头脑，他明白，许多事坏就坏在做皇帝的以明主自居，自以为天纵英明，把臣下的正确意见视为狂言，听不进劝告。有这样的气度与襟怀，汉文帝才能够做到开诚布公，从善如流。

如果说下诏征求意见还多少有一些虚应故事、故作姿态的成分，那么在实际生活中，他的大度、他的豁达，他的包容，就实实在在让人仰慕不已了。他到周亚夫统领的细柳营劳军慰问，车驾居然让门岗拦了下来，随从通报是天子驾到，却被告知："军中只闻将军之令，不闻天子之诏。"好不容易进了军营，车驾又被"限速"，令他很没面子。等到见了周亚夫，周亚夫又以甲胄在身为由，来一个不跪不拜，还美其名曰："请以军礼见。"话固然不错，《司马法》也倡导"军容不入国，国容不入军"，但真的顶真起来，肯定会让皇帝感到没面子，不舒服。可汉文帝不但不以为忤，反而充分肯定和表扬了周亚夫的做法，称道周亚夫为"真将军"。这种胸襟，又有何人能及？

而汉文帝对张释之的任用与尊重，则更体现了他的心胸广阔。张释之由普通官吏而火箭式拔擢到"廷尉"的高官岗位，可谓是沐浴了汉文帝的"浩荡皇恩"，换言之，汉文帝对张释之的知遇之恩天高地厚，无与伦比。但是，凡是涉及法制的重大根本性问题，张释之总是能坚持原则，从不受汉文帝个人喜怒好恶的影响。他对渭桥惊扰汉文帝车驾案、高帝庙玉环盗窃案的处置，一开始都让汉文帝感到难以接受，甚至受到汉文帝的斥责。细加考察，张释之对两案的处置是公允的，曲在汉文帝，他有些意气用事了。

然而，令人欣慰的是，张释之并没有因此而放弃自己的正确做法，而是坚定地申明"法者，天子所与天下公共也"（《史记·张释之冯唐列传》），明确地表示"不以天子喜怒易其平"。而汉文帝也同样能够克制自己的冲动，在冷静下来后认同并接受了张释之的处理方案，这才保证了张释之的坚持努力收到应有的效果。很显然，"能用释之，文帝之功"，汉文帝虽然有个性，但在大方向上，却始终保持理性。约束自我，尊重法纪，毫无疑问是其拥有政治睿智的又一个重要体现。

其他像废除肉刑、除诽谤之罪、废祕祝之官等举措，也都是值得充分肯定的"德政"和理性行政的事例，同样见证了汉文帝虚怀若谷，能听取臣下乃至草民建议的政治睿智。

《晋书·段灼传》载："昔汉文帝据已成之业，六合同风，天下一家。"王夫之称道："汉兴，至文帝而天下大定。"（《读通鉴论》卷二）唐代高适《古歌行》诗云："君不见，汉家三叶从代至，高皇旧臣多富贵，天子垂衣方晏如，庙堂拱手无余议。苍生偃卧休征战，露台百金以为费。田舍老翁不出门，洛阳少年莫论事。"由此可见，对汉文帝的皇皇功业，后人是钦仰不已、推崇备至的。需要强调指出的是，在这辉煌图画的深处，闪耀的正是汉文帝那非凡的睿哲之光，而在今天，我们穿越历史的时空，体会和借鉴汉文帝的政治大智慧，其实要比简单地梳理与描述汉文帝的事迹，来得更加富有意义。

"知雄守雌"：光武帝刘秀

如果说，汉武帝、朱元璋的性格、作风像火，大刀阔斧，气吞山河，轰轰烈烈，刚强奋进；那么，东汉王朝开创者光武帝刘秀的风格就像水，水看上去温顺、谦下、宽容、柔弱，可本质上又坚韧执着，无坚不摧，所谓"天下莫柔弱于水，而攻坚强者莫之能胜"（《老子》七十八章）。这是真正有力量的表现。的确，很多时候绵里藏针比锋芒毕露更加厉害，更加有效。

刘秀的高明以及伴随而至的成功，是他善于借鉴和汲取道家"柔弱胜刚强""知雄守雌"智慧与方法的结果。老子尝云："将欲歙之，必固张之；将欲弱之，必固强之；将欲废之，必固兴之；将欲夺之，必固与之"，这是典型而上乘的"君人南面之术"，刘秀对其精髓的理解和把握可谓入木三分、炉火纯青。综观刘秀取天下、治天下，开创"光武中兴"之局的基本手段和特点，不外乎两点："泛爱容众"，善于争取人心，借助众力；"以柔道理天下"，在统治方式上善于以屈求伸，以退为进，调和关系，化解矛盾。

这种治国理念与行事风格，在刘秀的待人接物方面有集中体现，就是过人的雅量和最大的宽容。这首先表现为对士人的尊重厚遇。自从孔夫子提倡士人"不可以不弘毅，任重而道远"以来，古代的士人即以文化传统的承荷者自负，喜欢以社会良知体现者的身份清议政治，臧否人物，指点江山，激扬文字，汲汲于治学问道的同时，实现自己的人生价值。但这在家天下的封建社会中，是很容易招致统治者的猜忌和厌憎的。如果碰上比较开明的统治者，他可能不会去理会士人的聒噪；一旦遇到暴虐的君主，则大事不妙，极有可能蹲大狱、掉脑袋。汉末的党锢之祸、南宋的"伪学"风波、明末的东林党之禁，以及历朝历代的文字狱等，皆是例证。

由此可见，如何妥善处理与士人的关系，笼络和争取他们为己所用，使得他们能够放下身段、半推半就挪移到前台给自己帮忙，是考验统治者有无雅量或雅量大小的重要标准之一。

刘秀不愧为读书人出身的皇帝，对士人的微妙心态和深层次意愿洞若观火、体察入微。他不仅开设太学，搜集图书，延聘博士课徒授业，舍得花费大钱投资不能立即显现经济效益的文化教育事业；而且自己也身体力行，投戈讲艺，息马论道。他十分重视士人，敬贤尊才，达到了"求之若不及，相望于岩中"的地步。他刚刚坐上龙庭，就把当时年已七十有余的通儒硕学卓茂请到朝廷，亲自接见，嘘寒问暖，任为太傅，封褒德侯，赐食邑二千户。不久卓茂老死，刘秀又素服车驾，亲自为卓茂送葬。

刘秀如此礼遇优待这样一位老读书人，目的很清楚，就是希望向普天下传达自己重视士人的信息，为百废待兴的建设事业奠定基础。事实证明，刘秀的这个优雅姿态产生了重大影响，当时不少著名的宿学大儒，如宣秉、杜林、张湛、王良、范升、陈元、郑兴、卫宏等，纷纷齐集到刘秀的旗帜之下，成为东汉文化复兴中的重要角色。

当然，并非每一位士人都热衷于出仕博取功名，历朝历代都有一些士人自命清高，乐意隐逸山林，这在东汉初年也不例外。对于这一类不愿为五斗米折腰，对朝廷有意保持一定距离，甚至持不合作态度的士人，明太祖朱元璋的做法是砍掉他们的脑袋，理由是有才华而不肯为朝廷所用，等同于抗拒王命，与犯上作乱无异。

刘秀可不同，他很能理解这种"义不与帝王为友"的士人的志趣，宽待容忍他们，来者不拒，去者不究。太学生出身的周党，学问渊博，名重一时，刘秀称帝后即慕名征辟他出仕为官，可周党就是死活不干。朝廷大臣中有人见周党如此不识抬举，大为不满，建议刘秀以"大不敬"之罪惩治他。刘秀坚决不同意，下诏说："从古以来，即使明王圣主出世，也会有不宾之士……人各有志，何必强求？"非但没有治周党的罪，还赏赐他绢帛四十匹，让他带着家眷回老家隐居。对不肯为官的老同学严光，刘秀同样不加为难，听凭他离开洛阳回富春江畔垂钓，潇洒自在，了却余生。刘秀的作为，完全进入了"江海所以能为百谷王，以其善下之，故能为百谷王"（《老子》）的境界。

如果说，对读书人的宽容大度还不算太困难的事情，那么对功臣宿将的信任和优待则是真正的为君之道所面临的考验。读书人的牢骚、怪话或故作清高、拒不合作，虽然让人不舒坦，但毕竟不对自己的皇位构成直接的威胁，所谓"秀才造反，十年不成"。然而，功臣宿将就不同了，他们手握重兵，威望素著，倘若真的萌生异志，反将起来，那可不是闹着玩的，很可能会江山改姓，社稷易主，人头落地，祸不旋踵。

所以说，抚慰读书人，至多不过是个面子问题，而优容功臣宿将，这才是一个实实在在的权术问题。

刘秀在这方面同样做得天衣无缝，独步天下。对待功臣，刘秀总的原则是恩宠优渥，多方笼络，视之为腹心，而不人为地假设敌人，制造异己，同时限制其实际参与朝政、指挥军队的权力，免得君臣互不相安，诱生嫌隙，这就是所谓的"保全功臣，不任以吏事"。具体而言，刘秀一是能够做到推心置腹，以诚待人。他心胸豁达，对自己有充足的信心，所以对于那些功臣宿将，敢于坦诚相待，用人不疑。大将冯异威震关中，多有流言，为了避嫌，他主动要求调离关中，刘秀作书予以宽解："将军之于国家，义为君臣，恩犹父子，何嫌何疑，而有惧意？"（《后汉书·冯异传》）彻底打消了冯异的顾虑，使之更好地为自己效忠尽力。

二是重赏轻罚，笼络人心。刘秀对众功臣优渥有加，恩宠备至。他知道，没有部属的全力翊戴，自己就不会有位居九五、主宰天下的机会。知恩图报方为君子，忘恩负义乃是小人，刘秀自然是君子而非小人。既然"国之利器"不可与人，兵权不能授予他们，朝政不便交付他们，那么也就只好在经济上提供最大的好处，生活上给予优厚的照顾。为此，刘秀给了功臣超乎常规的赏赐，功臣封侯者，食邑有多达六县、四县者。功臣宿将既蒙信任，又得实惠，自然感激涕零，矢志效忠。这样，刘秀以财宝收回权力，功臣以勋劳挣得享受，君臣相安，共保富贵。当然，从中获取最大利益的还是刘秀，他找到了处理功臣这一棘手问题的两全其美的办法：优容功臣，但"不任以吏职"，"退功臣而进文吏"。前者是对功臣的保护，后者则是对功臣的限制,这两者相互结合,互为弥补,既加强了中央集权、君主专制,又使得功臣宿将满意安心,"保其福禄,终无诛谴者",从而开创了妥善安置开国功臣的先例,提供了正确解决皇权与将权矛盾的途径。锱铢必较,是没有出息,难成大事的表现;高瞻远瞩,收放自如,才是治国安邦的大智慧、大手笔。刘秀在处理功臣问题时的确表现出了大智慧和大手笔。

"明道若昧,进道若退;夷道若纇,上德若谷。"(《老子》)正因为刘秀吃透了道家哲学的精髓,所以在治国安邦上能够做到挥洒自如、举重若轻。李靖称道他"独能推赤心,用柔治,保全功臣,贤于高祖远矣"(《李卫公问对》卷下),王夫之评价他"自三代而下,唯光武允冠百王矣"(《读通鉴论》卷六)。对照刘秀的行为方式及其效果,可谓当之无愧、洵无虚辞。

政治博弈：魏孝文帝迁都

"漫天要价，就地还钱"，这是生意经，同样也是政治术。矫枉过正，这个词似乎带有贬义，可是在政治生活中，有时却偏偏需要这么做，矫枉必须过正，进尺方可得寸。鲁迅先生说得好：你若要在一间屋子里开扇窗户，常常会惹来群起反对，事情怎么也干不下去。这时，你干脆玩一把大的，破釜沉舟，孤注一掷，装出一副"光脚的不怕穿鞋的"样子，宣布要掀掉整个屋顶，大家就沉不住气了，作为一种妥协，他们便会同意你在屋子的墙壁上开窗。的确，进两步，退一步，是"卑之无甚高论"的道理，然而却实实在在是打破阻碍、办成事情的智慧。懂得了这一点，便懂得了古代中国传统政治运作的一半。所谓政治边际游戏的奥秘，正在于此。

北魏太和十七年（493），魏孝文帝迁都洛阳，就是一次很典型的"漫天要价，就地还钱"的政治博弈。孝文帝很聪明，以进为退，收放自如，终于干成了自己想干的事情，把以"汉化"为中心的改革事业推进到新的阶段。

北魏孝文帝改革其实可以分为两个阶段，490年孝文帝拓跋宏亲政前，改革主要是在冯太后主持下展开的，重大的措施包括：禁止鲜卑族内部通婚；推行班禄制；实行均田制；建立三长制和新租调制。这些改革措施为第二阶段孝文帝的汉化改革奠定了基础。

490年孝文帝亲政，改革随之进入了新的阶段。迁都洛阳乃是其全面汉化改革的起点，也是汉化改革成败与否的关键所在。

孝文帝亲政伊始，就把迁都洛阳提上了议事日程。在孝文帝看来，洛阳地处天下之中，经济基础坚实，交通条件便利，文化积淀深厚，一直是汉族政治、经济、文化、军事的中心，曾是东周、东汉和魏晋的都城。迁都洛阳，既便于加强同中原汉族门阀士族的联系与合作，又可以乘机摆脱鲜卑守旧贵族势力的束缚掣肘，有利于推行汉化改革措施。但是要把都城从平城（今山西大同）迁往洛阳，其声势之大；将面临的守旧贵族的反对，普通鲜卑民众的抵触，其阻力之重，是可以想见的。年轻的孝文帝要克服重重障碍，按常规的方式是不成的，必须剑走偏锋，另辟蹊径，别出高招，即所谓"世必有非常之人，然后有非常之事；有非常之事，然后有非常之功"（《汉书·司马相如传》）。

于是乎，孝文帝决定假借"南征"之名，达到迁都的目的。

为此，孝文帝召集文武大臣，声称要大举进攻南方的萧齐王朝，群臣内心都不情愿，但慑于年轻皇帝的龙威，不得已咽下喉咙口的抗议，默不作声，朝堂上一片沉寂，"此时无声胜有声"。一向主张改革，深受孝文帝信任的任城王拓跋澄也信以为真，他公开站出来表明反对意见，力陈仓促起兵南伐萧齐的弊端，甚至当场同孝文帝脸红脖子粗地争辩起来。孝文帝血气方刚，当即勃然震怒，说："社稷是我皇帝的社稷，你任城王难道想惑乱人心，破坏安定团结的大好局面吗！"拓跋澄骨头也硬得很，毫不示弱，认定死理不让半步，说："社稷确实是陛下您的，但是我作为社稷大臣，有责任维护社稷的安危！"孝文帝不想与他在朝堂上僵持，于是给自己打圆场，找台阶，表示"各言其志，亦复何伤"，随即宣布散朝。

孝文帝回宫后，立即传召拓跋澄，向他和盘托出了"南征"的真相，并把迁都的必要性讲了一番，希望得到拓跋澄的理解与支持。任城王原本就是坚定的改革派，孝文帝曾经表示过"非任城无以识变化之体。朕方创改朝制，当与任城共万世之功耳"(《魏书·任城王云传附澄传》)，此时他了解了孝文帝的真实意图，马上举双手赞成。于是两人开始深入探讨迁都的具体操作事宜。孝文帝向他坦率地表达了对迁都的具体担心："北人恋本，忽闻将移，不能不惊扰也。"可"姜是老的辣"，拓跋澄却认为孝文帝的忧虑是多余的，在他看来，"民可与乐成，而不可与虑始"，因此激励孝文帝说："此既非常之事，当非常人所知，唯须决之圣怀，此辈亦何能为也！"(《魏书·任城王云传附澄传》)孝文帝闻言倍感鼓舞，不胜振奋，心里有了底，办事便来了劲，遂大张旗鼓准备"南征"，为迁都洛阳实施障眼之法。

北魏太和十七年（493）八月，孝文帝亲率大军三十万，号称百万，南下"伐齐"。当时适逢秋雨连绵之际，风雨交加，道路泥泞，历经近一个月，数十万北魏将士才抵达洛阳城下。他们神色倦怠，疲惫不堪，恨不得一屁股坐下不再起来，随行的诸多大臣同样精疲力竭，萎靡不振，叫苦不迭。可是，孝文帝却一身戎装，精神抖擞，执鞭催马，命令将士立即开拔，一派不灭南齐誓不回归的架势。

文武百官见此情形，纷纷跪倒在孝文帝的战马跟前，叩头不止，恳切请求皇上体恤下情，停止"南征"。孝文帝不为所动，故意声色俱厉地呵斥道："开弓没有回头箭"，朕正准备经营大事，统一天下，可你们这些人却推三阻四，有意迁延。须知道国有国法，军有军纪，你们要再执迷不悟，说东道西，当心受到严刑的制裁！要知道朕的刀斧可不是吃素的！说罢，又策马跃出人群，摆出一副勇往直前的样子。这时，安定王拓跋休等人哭泣着上前劝谏，苦苦哀求。

孝文帝见时机已到，便将自己的迁都意见作为停止"南征"的条件明白亮出，表示如果大家都不想南征，那么索性将国都从平城迁徙到这里，反正千里迢迢这么辛苦跑了一趟，绝不能空手而返、一事无成，总得有些收获，否则不就成了瞎折腾了吗？又该如何向后人交代！"今者兴动不小，动而无成，何以示后？苟欲班师，无以垂之千载！"不等大臣王公们有所反应，孝文帝又说道："议之所决，不得旋踵，欲迁者左，不欲者右。"（《魏书·李冲传》）快刀斩乱麻，用不着前后思量，左右考虑，大家都干脆一点，不必浪费时间！

在场的大臣多不乐意迁都，但是更不愿意"南征"，反复权衡，只好挪步站到左边，表示同意迁都。不再"南征"的决定做出之后，群臣感激涕零，山呼"万岁"，迁都洛阳之事，就在孝文帝拓跋宏自编自导自演下顺利地解决了。

接着，孝文帝派遣大臣李冲等营建洛阳城，又委派拓跋澄飞马驰回平城，向留守在那里的大臣与贵族传达迁都的决定。留守百官闻此消息都出乎意外，十分震惊。他们留恋故土，不愿南迁，拓跋澄苦口婆心对他们做说服工作，加上生米已经煮成熟饭，在木已成舟的情况下，也只能早日认清现实，设法适应形势。

次年二月，孝文帝又颁发诏书，向全国郑重通告迁都事宜。同时，他回到故都平城，亲自劝说鲜卑贵族搬迁到新都洛阳定居。时隔不久，北魏朝廷正式迁都洛阳，先后共有一百万人从平城迁徙到了洛阳，孝文帝迁都洛阳的计划至此完全实现。此后，孝文帝开始开展全面的汉化改革，改鲜卑语，"一从正音"，即说汉语；改鲜卑姓氏为汉姓；确定族姓门第；鼓励鲜卑贵族及皇室与汉族士族大家互通婚姻；倡导儒学，推行教化，以儒学为国家的统治思想，从而为鲜卑文化趋同于汉族中原文明，实现胡汉民族融合开辟了广阔的道路。

很显然，在迁都洛阳事件中，魏孝文帝拓跋宏一身扮演了卖家与买家的双重角色，"漫天要价"是他，"就地还钱"也是他。他不愧是深谙孙子"以迂为直"之法的政治高手，先是开出那些王公贵族、大臣僚属们最不愿意接受的天价——"南征"，然后再实报一个大家勉强能够接受的价格——"迁都"，迫使其臣属在两"害"相权取其轻的态势之下，不得已而接受"迁都"的最终结果。

其实，天价完全是虚的，是个幌子，可是没有这个"虚"的幌子，便没有实价完成交易的可能。兵法有云：虚实相间，奇正相生，政治运作何尝不是如此？那种脑瓜一根筋，不会玩虚实相间、奇正相生把戏的，是不能成就大事的。孝文帝是鲜卑人，可浸润中原汉族文化一久，自然也学到了中原汉族人的思维模式与行为方式，头脑多了几根筋，肠子添了几道弯弯绕，古人讲"近朱者赤，近墨者黑"，真是颠扑不破的真理。

李零教授在其《花间一壶酒》中称道：中原的优势是文明。孝文帝让中原文化熏陶成了"文明"人，难怪玩起政治权术是如此的得天独厚，这般的驾轻就熟！

其实，这种"漫天要价，就地还钱"式的政治操作，在古代屡见不鲜。随便举个例子：皇帝要杀一个大臣，往往会让其他大臣先草拟一个具体处置的方案，众大臣闻风而动，落井下石，层层加码，誓要将那个倒霉蛋处以凌迟之刑（即所谓的"千刀万剐"）或五马分尸，以此来表现自己无限忠于皇上，无情打击敌人的坚定政治立场，用同伴的鲜血来染红自己的顶戴。接下来，皇帝又出场了，他朱笔一勾，将凌迟千刀或五马分尸改为赐予一壶鸩酒或一根白练，以显示自己的悲天悯人、宽宏大量。而那位被杀的大臣不但不能抱屈喊冤，反而应该感激涕零，好好叩谢"皇恩浩荡"。让手下鹰犬胡乱开出"天价"，再由自己出面做好人，扎扎实实还个"实价"（尽管死的结局并没有改变），既办成了事情，把人给杀了，又博得厚道仁慈的美名，这的确是桩非常合算的买卖。

由此可见，古代中国的统治者似乎并不缺乏政治智慧，只是这种政治智慧回味起来，常常令今天的人们浑身上下起鸡皮疙瘩！他们不是政治智慧欠缺，而恰恰是政治智慧过剩。老子有言："故以智治国，国之贼；不以智治国，国之福。"这真是至理名言，值得大家深长思之！

"杯酒释兵权"——赵匡胤的胆略与权谋

公元 960 年春节,北风尚凛冽,寒意还料峭,但后周王朝都城东京汴梁城里依然笼罩着过节的喜庆气氛。"爆竹声中一岁除,春风送暖入屠苏,千门万户曈曈日,总把新桃换旧符",普通民众开启了新一年的和平生活,而朝廷也正按惯例举行着朝觐大礼……

可就在这时,北方边境战略要地镇、定两州突然传来紧急战报,说是强敌契丹辽朝和割据太原的北汉政权携手合作,联兵南下,准备大举入侵中原,形势万分危急。朝堂上,诸多大臣闻警后惊恐不安,慌作一团;身为宰相的范质、王溥等人对情报未加核实,匆忙商议后,决定委派当时殿前司执掌兵权的大将赵匡胤立即统率禁军主力北上御敌。

所谓的辽兵与北汉军联合入侵,在有关辽代历史的著作中并无任何记载,可见它不过是某些人故意制造和传播的谣言,目的是为了实现其不可告人的阴谋。而制造这一弥天大谎的中心人物,便是时任后周王朝殿前都点检要职的赵匡胤。

赵匡胤为什么要炮制"辽兵入侵"的谣言,其真实意图究竟是什么?这还需要顺藤摸瓜,从赵匡胤的出身经历以及当时后周朝廷有关内情一一说起。

赵匡胤出身于将门,在喋血黄沙、动乱不已的五代十国时期,"安定国家,在长枪大戟,安用毛锥"?拥有军队的武将,是唯一能够主宰自己的命运、在政治舞台上崭露头角的"大腕"。所以,赵匡胤从少年时代起,便把自己的志向定位于当兵吃粮,凭借军功步步高升,享受荣华富贵,最后光宗耀祖。相传,他曾写有一首咏月的诗篇,中有一联颇见气象:"未离海底千山黑,才到中天万国明。"一向是阴柔忧郁、感伤惆怅的象征的月亮,在他的笔下一改常态,被赋予了雄浑刚健、气吞山河的精神魂魄,真可谓别开生面、振聋发聩!常言道:诗言志,歌咏言,赵匡胤属意于做高悬中天、给万国带来光明的皎洁圆月,其志固不在小也!史载,他二十三岁投军从戎,投靠于北汉枢密使郭威的麾下。郭威篡汉建周后,遍赏自己的追随者,赵匡胤也因开国有功,当上了后周禁卫军的中级军官。不久,他又以高超的社会交际活动技巧,与郭威的养子周世宗攀上了关系,走进了权力的核心圈子。

高平一战中,后周大将樊爱能等人畏敌怯战,指挥无能,导致后周军在北汉军猛攻之下节节败退、濒临崩溃。在这紧要关头,赵匡胤挺身而出,指挥所属部队与北汉军殊死拼杀,反败为胜,重创敌军,终于力挽狂澜,使得周世宗以及整个后周社稷转危为安。战后,周世宗怒斩临阵畏葸逃跑的大将樊爱能诸人,整肃军纪,同时论功行赏,委任赵匡胤为殿前都虞候,这可是一个官位颇高、权力很大的职务,赵匡胤以此跻身于高级将领的行列。在短短的三年时间里,他便由普通的士兵成为大权在握的大将,"好风凭借力,送我上青云",他真可谓是时来运转、一步登天了。

当然,对赵匡胤来说好日子还在后头呢!在随后的岁月里,他跟随周世宗柴荣南征北战,立下赫赫战功,官爵一天比一天尊贵，威望一天比一天提升，在二十九岁那年，赵匡胤便当上了同安节度使兼殿前都指挥使的要职，成为后周禁军的主要将领之一。

人到了一定位置，其野心（说得好听一些是"雄心"）自然会随之膨胀起来，所谓"人心不足蛇吞象"，对赵匡胤而言，也不例外。他当上地位显赫、兵权在握的大将之后，即着手经营自己的地盘，精心培植自己的势力。一方面他通过"拜把子"的方式拉拢人才、培养亲信，在自己的周围形成了以"义社十兄弟"为核心的军中死党，将石守信、王审琦等重要将领笼络到自己麾下。另一方面又通过各种阴谋手段，将主要的竞争对手张永德、李重进排挤出中央领导核心（当时张永德任殿前都点检、李重进任侍卫司马步军都指挥使，二人资历、官位与权力都在赵匡胤之上）。经过这一番努力，赵匡胤终于爬上殿前都点检的位置，成为后周王朝中央禁军的最高统帅。这时，后周朝廷的兵权基本上都已落入了赵匡胤的手中，后周禁军将领大部分都是赵匡胤的亲信或朋友，唯一能与之抗衡的，是当时担任侍卫司副都指挥使的韩通将军，但此人勇有余而谋不足，人缘也很差，成不了大气候。

当然，赵匡胤在攫取兵权的过程中也是几经波折、险象环生的，不过好在他能随机应变，最终才得以转危为安、化险为夷。应该说，赵匡胤能够化解周世宗的猜忌，躲过周世宗的毒手，没有成为"兔死狗烹"式的刀下冤鬼，完全是依靠自己的善于伪装。俗谚有云："若要人不知，除非己莫为。"赵匡胤占据禁军主将的高位，背着周世宗经营自己的山头，并非做得天衣无缝，是有蛛丝马迹可寻的。当年谏官郑起看到赵匡胤久掌禁兵，颇有人望，心中不胜忧虑，为此曾给宰相范质写过信，提出严肃的警告。可惜的是，范质尸位素餐，糊涂蛋一个，对此没有理会。另一位大臣杨徽之也曾向周世宗进言，指出赵匡胤深孚人望，"不宜典禁兵"。遗憾的是周世宗目无余子，过于自信，为赵匡胤善于掩饰的假象所迷惑，认为泥鳅翻不起大浪来，把老虎当作猫，放松了警惕，谁知阴沟里翻了船，令他后悔不迭。

以下这个故事颇能够说明问题。

据说周世宗信任术士，顽固而荒唐地认为，做皇帝的人必定长得方面大耳、器宇轩昂，尖嘴猴腮之辈是不配做人君的。因此，自从他即位之后，唯恐自己的皇位被那些方面大耳且又心怀不轨的人夺去，便指使一帮心腹亲信，背地里罗织罪名，暗施机关，将那些长得方面大耳的大臣宿将几乎杀了个一干二净。

赵匡胤本人长得相貌堂堂、方面大耳，又是手握重兵的大将，所以自然地也被周世宗盯上了，成为其刻意提防的对象之一。有一天，周世宗召赵匡胤一起喝酒。杯盏交错，酒过三巡，彼此均面色潮红，醉眼蒙眬，这时周世宗乜斜着双眼看着赵匡胤，干笑两声，莫测高深地说："爱卿方面大耳，一派帝王气象，也许他日会飞黄腾达，位居九五之尊呢！"

赵匡胤一听，有如头上炸雷，顿时满身冷汗，酒意全消。为了掩饰自己惊恐的心情，他仰起脖子猛灌几口烈酒，然后故作镇定地讲："臣下我不仅长得方面大耳，而且还身壮如牛。不过，微臣的躯体乃至性命，都完全属于陛下。假如皇上您喜欢，微臣甘愿奉献一切。莫说是脸耳，就是心肝也很肥厚呢！

皇上需要,尽管操刀来取,微臣绝不皱一下眉头!"

周世宗只不过是为了试探一下赵匡胤,见赵匡胤如此回答,多少感到有点儿尴尬:"爱卿言重了,朕不过是开个玩笑,何必当真呢!"赵匡胤却以守为攻,装出一副悲痛欲绝的模样:"皇上适才所言,让微臣有如万箭穿心。臣长得方面大耳,乃是父母所赐;皇上身登大宝,却是天命所归。臣不能违父母之命而改变长相,就如同皇上不能违逆天命而拒绝皇位,陛下看微臣该如何是好呢!"周世宗闻言不禁开怀大笑:"朕已说过朕不过是酒后戏言而已,爱卿千万别往心里去啊!"

一场杀身之祸就这样暂时化解了。但事后赵匡胤越想越觉得可怕,担心有一天自己会被周世宗找个借口杀掉。所以,从此之后他处处小心谨慎,不敢有丝毫松懈大意。他深知为将者最容易因功高震主而招致不测,所以尽量掩饰自己,不论立下多大的军功,都绝不骄傲轻狂,反而待人处事更加谦恭。在对南唐诸国的作战中,他总是冲锋在前,领赏在后,还将战功皆推与部下,不敢据为己有。这样既避免了树大招风之嫌,又巧妙地收买了属下的人心。对南唐的战事结束后,周世宗曾当着满朝文武的面对赵匡胤说:"朕亲征南唐,历数诸将,功劳没有比爱卿更高的。朕当予以重赏,以劝勉诸将。"赵匡胤听到此言,赶忙伏地叩首答道:"这次王师出征,所以全胜凯旋,全仰仗陛下指挥英明,声威远震,以及众将士用命杀敌。微臣所为实在乏善可陈,绝不敢贪功邀赏。"周世宗看到赵匡胤如此谦逊退让,龙颜为之大悦,早先对赵匡胤的种种疑心终于烟消云散了。

"勉从虎穴暂栖身,说破英雄惊煞人。巧借闻雷来掩饰,临机应变信如神。"当年刘备借口闻惊雷掉落筷箸而化解曹操对自己的疑虑（事见《三国演义》"青梅煮酒论英雄"情节），此时，赵匡胤同样用自己的智慧和狡诈赢得了周世宗的信任，巧妙地躲过了周世宗的猜忌。

周世宗这一疏忽上当可了不得，为后周王朝覆灭于赵匡胤之手埋下了定时炸弹。就这样，在这场君臣以性命相搏的斗智斗勇中，赵匡胤变被动为主动，为赢得日后的成功奠定了基础。

按照五代十国朝代更替的一般规律，"天子宁有种邪？兵强马壮者为之尔"，赵匡胤一路走来可不容易，这时候他羽翼已成，自然不会甘心寂寞，老老实实做一辈子的功臣宿将，而肯定要"百尺竿头，更进一步"，朝着"九天阊阖开宫殿，万国衣冠拜冕旒"的目标努力了。

当然，如果不是周世宗突然离世，赵匡胤是不敢轻易地把谋夺皇位的图谋付诸实施的，因为他对周世宗确实是心存畏惧且敬佩有加的。然而一个偶发事件往往会成为改变历史发展的契机（这就是茨威格《人类群星闪耀时》一书中所提到的历史偶然性与必然性之间的关系）。周世宗英年早逝，穿开裆裤、流鼻涕的柴宗训继位，是为后周恭帝。他年幼无知，自然只好由他人摆布。孤儿寡母，奈何举目无亲；主少国疑，政局暗潮汹涌，这就给赵匡胤篡位登基提供了千载难逢的机会。赵匡胤终于要下手了。

为了确保自己的图谋取得成功，赵匡胤及其死党特意精心炮制了"辽军与北汉兵联合内侵"的谣言。因为赵匡胤及其亲信死党心里清楚，汴京开封作为后周的都城，其实力不可小觑,加上尚有侍卫司的庞大兵力,如果在京城仓促举事,万一遇到韩通统率的侍卫司部队的抵抗,就有可能功亏一篑。相比之下,在京城之外发动兵变,然后突然杀一个回马枪,成功的希望必然会大大增加。经过反复权衡利弊、评估风险,赵匡胤决定找一个借口统兵离开京城,伺机夺取最高权力。

在大军出发之前,赵匡胤又指使同党四出,散布"将以出军之日,策点检为天子"的消息,为自己从孤儿寡母手中抢夺政权制造舆论。一时间,将要改朝换代的消息在京城到处蔓延,普通百姓不辨真假,顿时人心浮动,纷纷搬家迁居、逃难,乱成一团。而当时最具备实力制止事变发生的韩通,却刚愎自用,对赵匡胤的动态漠不关心,致使后周朝廷丧失了最后一次获救的机会。

两天后,赵匡胤调集兵马开出汴京开封城,威风凛凛、浩浩荡荡直奔北方而去。当天傍晚,大军行至开封东北二十里地外的陈桥驿,就地安营扎寨。晚上,随同赵匡胤出征的赵光义、赵普等亲信、谋士抓紧时机,暗中串联活动,怂恿兵变。他们毕竟是能人,因此活动颇见能量,工作很有效率,整座军营很快热闹起来,将士们三个一群,五个一堆,交头接耳,议论纷纷,扬言道:"当今皇上年幼无知,吾辈弃亲别家,抛头颅,洒热血,冲锋陷阵为国破敌,可又有谁知道我们的功劳,还不是等于白干?倒不如先拥立点检为天子,然后再北伐也不迟。"赵匡胤假惺惺出来劝阻,将校们本来就是听了赵光义等人的安排才跳将出来闹事的,既然是事先串通好的,此时自然不会服从。赵匡胤出来劝阻不过是做表面文章而已,目的是为了让自己同这桩惊天大阴谋撇清关系,见"劝阻"无效,正中其下怀,于是他干脆回中军帐喝酒吃肉,直到烂醉如泥,呼呼睡去。

好戏就像是经过彩排似的,一幕接一幕按计划顺利开演。次日,天刚蒙蒙亮,守卫中军帐的将士们即发出了"嗷嗷"的呼叫,这叫声如同信号,整座军营顿时群起响应,声震原野。紧接着,一部分将士全副武装直奔赵匡胤的寝帐。守卫在门外的赵光义赶忙推醒尚蒙着被子睡大觉的赵匡胤。

赵匡胤酒意刚去,打着呵欠,从从容容下床步出帐门,只见将士们个个手执兵器,列队于庭前,口中齐声高叫:"诸军无主,人心不安,恳请点检为天子!"赵匡胤还来不及回答,便被将士们拥至厅堂,这时马上有人将一件早已准备好的绣龙黄袍披在他的身上。然后众将士齐刷刷地跪倒在地,叩头施礼,山呼"万岁"。

赵匡胤要把戏演足,假意表示拒绝。但众将士哪里肯听从,非让他当这个天子不行,又推又拉地扶他上马,准备护驾南行。赵匡胤率师离京,就是为了黄袍加身,如今目的已经达到,本来就子虚乌有的辽汉联军入侵的消息,自然就消失得无影无踪了。恭敬不如从命,赵匡胤遂顺水推舟,就坡下驴,"附和众意",勒转马头,向汴京开封城进发。

早已等候在那里的石守信、王审琦等赵氏亲信将领,见赵匡胤率师返回,立即大开城门,欢迎兵变部队蜂拥入城。赵匡胤入城之后,当即派遣心腹大将斩杀企图负隅顽抗的宿敌韩通,同时维持京城秩序,安定地方。

宰相范质眼见变起突然,江山易主,不禁悲从中来,紧紧地抓住另一位宰相王溥之手,痛悔不已、涕泪滂沱地说:"匆匆派兵，导致此变。我们有负先皇临终托孤的重任，葬送了周家天下，真是罪该万死啊！"

正当范质、王溥等人长吁短叹、束手无策之时，将士们蜂拥而至，押送他们来到赵匡胤临时驻跸的都点检公署。赵匡胤见了他们，忸怩作态，假惺惺地挤出了几滴鳄鱼的眼泪："我世受世宗皇帝的厚恩，今为六军将士所逼，到了这步田地，惭负天地，将若之何？"范质等人还来不及答话，有一个名叫罗彦瑰的军校就持剑上前，厉声喝道："我辈无主，今日必得天子！"赵匡胤叱其退下，罗彦瑰知道这不过是在演戏，故也不予理会。范质等人见事已至此，大眼瞪小眼，不知如何应对。终究是自己性命要紧，不得不俯首称臣，倒身下拜，口呼"万岁"。"墙倒众人推"，周世宗临终之前委任的顾命大臣，就这样改换了门庭。剩下身居深宫的孤儿寡母，这时候唯一能做的事情，就是拱手向赵匡胤让出江山社稷。

赵匡胤兵不血刃，轻而易举地从孤儿寡母的手中夺得了皇位。夜长梦多，事不宜迟，赵氏集团开始忙碌地筹备禅代大典。当天下午，汴京开封城中旌旗招展，锣鼓喧天。崇元殿上，百官齐聚，站定班次，隆重的禅代仪式正式开始了。翰林学士承旨陶谷，拿出早已准备好的禅位诏书，以周恭帝的名义向天下宣布："天生蒸民，树之司牧。二帝推公而禅位，三王乘时以革命，其极一也。予末小子，遭家不造，人心已去，国命有归。咨尔归德军节度使、殿前都点检赵（原空二字），禀上圣之姿，有神武之略，佐我高祖，格于皇天；逮事世宗，功存纳麓，东征西怨，厥绩懋焉。天地鬼神，享于有德，讴谣狱讼，附于至仁，应天顺民，法尧禅舜，如释重负，予其作宾，

呜呼钦哉，祗畏天命！"(《旧五代史·周书·恭帝纪》)

好一个"祗畏天命"，戏剧至此终于进入最高潮：禅让诏书念完后，宣徽使便引领赵匡胤跪到龙墀，北面拜受。然后，后周宰相扶掖赵匡胤升殿，正式换上龙袍，接受群臣众将的拜贺。至此，赵匡胤通过"合法"的程序正式坐上龙庭，成为皇帝。定国号为宋，建元建隆。是年，赵匡胤年仅三十四岁。

就这样，赵匡胤通过陈桥驿兵变，逼使周恭帝禅位，建立起北宋王朝，成为一代杰出君主——宋太祖。兵权等于皇位，这一规律在陈桥驿兵变事件中再一次得到了充分的验证。

当然，以兵权攫取皇权，赵匡胤不是第一人，也不是最后一个。远的且不说，近的就有郭威的榜样。后周开国皇帝郭威在后汉朝廷为大将时，曾同一班情投意合的中下级军官结为生死兄弟，号称"十军主"。他们曾刺臂宣誓："凡我十人，龙蛇混合，异日富贵无相忘，苟渝此言，神降之罚。"(《宋史·李琼传》)

到了950年11月28日，"河北诸州驰报，契丹深入"，时任后汉枢密使的郭威奉命统率大军北征。当部队开进到澶州时，郭威在"十军主"的鼎力辅佐下，公开发动兵变，然后打道回京，一举颠覆后汉政权，自立为帝。

无论是动机、方式，还是过程、结果，赵匡胤一手操纵的"陈桥驿兵变"，完全是郭威当年行动的翻版，"依样画葫芦"，只不过是时间、地点有所不同罢了。

俗话讲，"且看剃头者，人亦剃其头"，赵匡胤的做法，等于间接替后汉报了仇雠，而他的出现对于后周朝廷来说，真可谓是"天理循环，报应不爽"！

"陈桥驿兵变"事件表明：对于手握重兵的功臣宿将来说，不是遭君主猜忌，最后落得身首异处的下场，便是借助手中的军队，创造和利用各种机会，夺取皇位，成为新的君临四海的天子。要想让他们耐得住寂寞，不滋生觊觎非望之心，纯属皇帝一厢情愿。在他们的意识深处，做皇帝君临天下，"惟辟作福，惟辟作威"，独执生杀予夺大权的诱惑，实在太厉害了，是怎么也抵挡不了的。其中一些人就愿意冒灭族的危险，设法为这种诱人的前景殊死一搏。他们的心理，已由那位东晋大军阀（也是大野心家）桓温一语道破："既不能流芳后世，不足复遗臭万载耶！"政治斗争的游戏规则就是，若有十倍的利益，便不惜侥幸一试；若有百倍的好处，便可以丧心病狂地把老本全豁进去。于是乎，抱着"成者王侯，败者贼寇"的亡命心理，历朝历代都有一些权欲熏心的功臣宿将不安于位，要跳将出来导演以武力抢班夺权的活剧。赵匡胤不过是其中具有典型性的人物而已。

"陈桥驿兵变"所透露的历史信息是十分丰富的，其蕴涵的人生哲理更是非常深刻的。首先，封建专制集权体制下，君臣之间矛盾对立，是形如水火、不可调和的，是始终无法解开的一个死结。不是你死，就是我亡，这一内在关系，决定了为君者总是千方百计要把"兔死狗烹"、诛戮功臣提上他的议事日程之首位，而为臣者则总是想方设法把黄袍加身的意图付诸实施。问题的关键是哪一方面能把握时机，争得先手，成为斗争中的胜利者。"时来天地共努力"，赵匡胤捕捉住了先机，所以笑到了最后；而王敦、桓玄之流未能坚持到最终，所以赍志而殁，"运去英雄不自由"，成为后人所诟病的对象。

其次，人的欲望是永远没有止境的，"得陇望蜀"是人们普遍的心态。赵匡胤尽管已当上了殿前都点检的高官，可谓是位极人臣、呼风唤雨，可是他仍然不满足，还要朝皇帝的宝座伸出贪婪之手。真是当了大官想做皇帝，做了皇上还想成仙。为了利益、为了欲望什么都可以不顾，亲情、友情、恩情随时能一笔勾销，良心、爱心、是非心随时能彻底抛开。老子说"祸莫大于多欲"，《礼记》也强调"欲不可从"，这恰好证明清心寡欲十分稀罕。

其三，对于最高统治者来说，部属的忠诚永远是一个问号。他们对此有十分清醒的认识：给自己造成真正威胁的，不是明眼看得见的敌人，更不是普通老百姓，而是伴随在自己身边的野心家、阴谋家，是那些貌似忠厚、办事勤恳、被自己倚为左臂右膀的亲信、心腹。他们往往在你最松懈的时候反噬你，令你猝不及防、一蹶不振。所以，变生肘腋、乱自内起，是最为可怕也是最为危险的事情。为了预防这样的悲剧发生，自己平时要多留几个心眼，对任何人都不能完全信赖，不要把注下在一处。常言道"逢人且说三分话，未可全抛一片心"，话虽粗俗，但道理却是不错的。

其四，孔夫子说："始作俑者，其无后乎！"政治上恶劣的先例是不能开的，道理很简单，只要开了先例，那么效仿者就会纷至沓来，致使政治生活变得越来越浑浊、越来越丑陋。"乱糟糟你方唱罢我登场"，陷入无止境的恶性循环之中。有后周开国皇帝郭威的黄袍加身之举，才有赵匡胤依样画葫芦的"陈桥驿兵变"；有曹丕的篡汉自立，才有司马氏的篡魏建晋。天底下没有免费的午餐，你开了先例，自然会有人"以其人之道还治其人之身"。这正如杜牧《阿房宫赋》所称的那样，是"秦人不暇自哀而后人哀之，后人哀之而不鉴之，亦使后人而复哀后人也"。

如果说，"陈桥驿兵变"反映的是赵匡胤的无畏胆略和敢作敢为，那么，接下来的"杯酒释兵权"体现的则是赵匡胤的深谋远虑和举重若轻。赵匡胤通过陈桥驿兵变，"黄袍加身"，由节度使、禁军统领一跃而成了皇帝。"兴亡以兵"、军权等于皇权这个一般道理，赵匡胤本人是有极其深刻的切身体会的。"殷鉴不远，在夏后之世"，五代十国旋兴旋灭的历史风波，赵匡胤看得清清楚楚，他知道只有不让他人染指，而由自己完全掌握军队和军权，才能真正巩固皇权。他的这个想法，与南宋人范浚的观点其实是一致的："五代之所以取天下者，皆以兵。兵权所在，则随以兴；兵权所去，则随以亡。"（《香溪集》卷八《五代论》）

所以，赵匡胤正式登基后，一直将集中军权、巩固君主专制统治作为重点考虑的问题，换句话说，也就是如何使新建立的赵宋政权不重蹈覆辙，不成为继后周之后的第六个短命王朝。如何革除方镇专横骄恣的习性，根绝"兵强则逐帅，帅强则叛上"的弊端；如何消弭各种不安定的因素，实现赵宋王朝的长治久安，这些紧迫问题时刻萦绕在赵匡胤的心头，常常使得他食不甘味、寝不安枕。尤其是李筠、李重进这两个节度使以复辟后周王室为名目兴兵反叛事件的发生，更加让他感受到解决方镇拥兵自重问题的重要性与迫切性。

为此他向宰相赵普讨教具体对策。赵普这个以"半部《论语》治天下"而著名的智囊人物，的确目光远大、思维清晰、见识卓著，他一眼就看到了事情的症结所在："唐季以来，战斗不息，国家不安者，其故非他，节镇太重，君弱臣强而已矣。今所以治之，无他奇巧也。惟稍夺其权，制其钱谷，收其精兵，天下自安矣。"（《涑水记闻》卷一）

赵匡胤是何等聪敏之人，稍经点拨便恍然大悟，故赵普话音未落，他便连忙接过话茬，说道："你不必再讲下去了，我已经完全明白了。"从此，他开始把集中兵权作为一项首要事务提上了具体的议事日程。

不过，赵匡胤这个人与刘邦、朱元璋根本不同，他是好人，更是好皇帝，为人宽厚仁慈，重朋友，讲义气，性格平和，胸襟开阔。这样的个性特征，使得他集中兵权的措施，也带有明显的折中调和色彩。具体地说，他开始时所采取的方法是将重要军职频繁换人，借机罢免一些与自己关系比较疏远的将领，同时大量安排自己的心腹和亲信担任最重要的职位，希望通过由心腹和亲信石守信、王审琦掌控兵权的途径，来消除对皇权的威胁，间接地达到集中兵权的目的。说白了，这其实是"犹抱琵琶半遮面"式的半截子"革命"做法。

赵匡胤的股肱之臣赵普认为，这么做并不能真正解决问题。在他看来，功臣宿将如果继续执掌兵权，那么必定会对皇权构成现实的威胁，这乃是不以人们善良的主观愿望为转移的。人是环境的产物，尽管曾经是皇上的心腹和亲信，但是一旦处于执掌兵权的地位，就一定会站在新的立场行事，以维护自己的利益。友情和忠诚敌不过利益的驱使，用当今一句比较时髦的坊间语言讲，便是"屁股决定脑袋"。"当断不断，反受其乱"，要解决问题，与其扬汤止沸、隔靴搔痒，不如釜底抽薪、当机立断，尽快将石守信、王审琦等人调离禁军，剥夺兵权，改授其他荣誉性的官职。

赵匡胤是一位极重义气的君主，而且也很爱惜羽毛，不愿意授人以"凉薄寡恩，过河拆桥"的话柄。在他看来，石守信、王审琦与自己是多年的老朋友，彼此间有过命的交情，肯定不会威胁自己的统治，所以，他一再拒绝赵普的建议，并解释说："石守信、王审琦这些人一定不会背叛我的，你就不必多虑了。"但是，赵普却认准道理不放弃，继续开导赵匡胤："我的意思并不是担心他们本人会背叛陛下。我仔细地观察过，这几个人都缺乏高明统御部下的才能，恐怕无法有力地制服所率的军队，万一他们手下的士兵作乱生事，率意拥立，那时候局势失控，就由不得他们自己了。"

经过赵普这样直截了当的点拨和提醒，赵匡胤终于醒悟过来，开始意识到这个问题的严重性，于是决定把集中兵权的工作推向新的阶段，彻底解除原有禁军统帅手中的兵权，而不管他们是不是自己的亲信。

要达到剥夺功臣宿将兵权的目的，有两条途径可以选择：一条是学汉高祖刘邦，通过血腥残忍的屠戮解决；另一条是效仿光武帝刘秀，通过温和的赎买，和平地解决问题。后者对社会政治生活的震荡比较小，应该说更为理想。以赵匡胤的个性与为人，他毫不犹豫地选择了第二种方式。

961年农历七月初的一天，赵匡胤如同往常一样，召来执掌重兵的石守信、王审琦等功臣宿将饮酒叙旧。酒酣耳热之际，赵匡胤挥挥手打发走侍从人员，端起酒杯，无限深情地对既是功臣宿将又是亲密朋友的石守信等人说道："我如果没有你们各位的竭力翊戴,就不会有今天九五之尊的地位,对于你们的功德和情谊,我本人是一辈子也不会忘怀的!"

然后他口气一转,感慨万端,很巧妙地切入了正题:"可是你们不知道,做皇帝也有很大的难处呀,真不如做一个节度使快乐自在。且不瞒诸位爱卿说,自从做了皇帝,我还没有睡过一夜安稳觉呢!"

平常彼此不拘形迹、罕有隔阂的石守信等人,在听了宋太祖赵匡胤这一番莫测高深的开场白后,如坠入云雾之中,丈二和尚摸不着头脑,虽然感觉到今天的气氛不大对头,却又不明白赵匡胤话里的真实意图是什么,遂纷纷停杯询问:"陛下遇到什么难事睡不好觉呢?为臣是否可以分担一二?"

赵匡胤的嘴角闪过一丝不易察觉的笑意,咳一声清清嗓子,平静地回答说:"其实个中缘由不难知晓,在座诸位想想看,天子这个宝座,又有谁不想坐呢!"

石守信、王审琦等人听到昔日的义社兄弟、今日的大宋天子说出这番话来,顿时大惊失色,惶恐万分,浑身上下冒出冷汗,宴会的气氛立即紧张起来,空气也好像顷刻间凝固了。他们赶紧跪下叩头说:"陛下何出此言?现在天命已定,还有谁敢怀二心!"

赵匡胤冷冷地打量了他们一眼,接着说道:"可不能这样简单地看问题啊!对诸位我是完全放心的,怕就怕你们部下的将士当中,有人贪图富贵,利令智昏。一旦他们兴风作浪,把黄袍披在你们的身上,届时形格势禁,你们想不干,能办得到吗?"

石守信等人听到这里,觉得全身上下如浸泡在冰窟窿之中,浑身颤抖,感到大祸临头,世界末日到了。于是他们一边涕泣,一边叩头不止,可怜兮兮地说:"我们都是些粗人,从来没有想到这一个层面上来,还请求陛下可怜可怜我们,看在当年我们为陛下鞍前马后奔波效劳的份儿上,给我们指出一条生路吧!"

赵匡胤见状,知道时机业已成熟,条件完全具备,便趁热打铁,娓娓道出了自己经过深思熟虑的想法:"人生短暂,转瞬即逝,就像白驹过隙,倏忽而去。那些梦想大富大贵的人,不过是想多积聚一些金银财宝,既使自己吃喝玩乐,好好地享受一番,不枉在人世间辛苦一场;又要使子孙后代们过上好日子,不至于因缺乏物什而陷于贫困。所以,要想安稳太平,诸位不如把兵权移交出来,到地方上去当个大官,选择好的田地和宅第购买下来,为子孙后代立下永远不可动摇的基业,同时多多置弄一些歌伶舞女,天天饮酒作乐,愉快地安度天年。到时候,我再和诸位结为儿女亲家,君臣之间两无猜疑之嫌,上下相安,这样不也很好吗!"

石守信、王审琦等功臣勋将听赵匡胤这么一说,脑筋方才彻底地转过弯来,惊慌恐惧之态逐渐消失,感恩戴德之情油然而生,于是他们再一次叩头拜谢说:"陛下为我们考虑得如此周全,真可谓生死之情、骨肉之亲啊!敬乞陛下放心吧,我们绝不会辜负圣恩浩荡!"

第二天一早,石守信、王审琦等功臣宿将都纷纷上表称病,请求解除兵权引退。赵匡胤见操控如意,计划成功,当然十分高兴,立即颁布诏令恩准他们的"请求",收回他们统率指挥禁军的权力,同时赏赐给他们大量的金银财宝,安排他们做一些闲职散官。其中侍卫都指挥使、归德节度使石守信为天平节度使，殿前副都点检、忠武节度使高怀德为归德节度使，殿前都指挥使、义成节度使王审琦为忠正节度使，侍卫都虞候、镇安节度使张令铎为镇宁节度使。对其他地方上的统兵节度使，也基本上按照这个原则解除其兵权。至此，这些功臣宿将都被罢免了军职，只剩下一个徒有虚名的荣誉头衔——节度使。

与此同时，赵匡胤还切实履行了与功臣宿将"约为婚姻"的诺言。他将寡居在家的妹妹燕国长公主嫁给了高怀德；张令铎罢免军职出任镇宁节度使之后，赵匡胤亲自牵线搭桥，让张令铎的第三个女儿做了皇弟赵廷美的夫人。公元970年，赵匡胤长女昭庆公主下嫁王审琦之子王承衍；两年之后，第二个女儿延庆公主下嫁给石守信之子石保吉。

赵匡胤与功臣宿将结为儿女亲家，一方面是为了显示彼此互为一体、亲密无间；另一方面也隐含着皇帝愿与功臣同舟共济的美好愿望。赵匡胤这样做，很显然是出于政治因素的考虑，因为这种政治性联姻有利于打消功臣宿将的顾虑，使他们的心态在解除兵权后迅速平静下来，恢复正常，从而保证新建立的赵宋政权尽快趋于稳定。同时，在"共保富贵，遗其子孙"的思想指导之下，宋太祖赵匡胤大肆赏赐儿女亲家，他们自己也不择手段聚敛财富传给后代。如王承衍，便"以功臣子尚主贵显，拥富赀，自奉甚厚"。赵匡胤对功臣宿将的优渥厚待，于此可见一斑。

赵匡胤在赵普的精心谋划下解除功臣宿将统率禁兵权力这一事件，历史上称为"杯酒释兵权"。赵匡胤没有用历史上一些君主惯用的屠戮功臣的办法来解决问题，没有在解决君臣矛盾时搅起政治上的大动荡，也没有使自己在历史上留下残暴不仁、刻薄寡恩等不光彩的声誉，说明他的确是一位具有远见卓识、知道轻重得失的杰出政治家。

赵匡胤之所以能达到这样高明的境界，主要是因为他宅心仁厚，胸襟博大。综观历朝历代的史实，有一现象：公卿出身的皇帝，对待功臣宿将一般比较宽大，汉光武、唐太宗便是其例；反之，平民乃至无赖出身的皇帝，对待功臣则常常残酷无情，滥开杀戒，汉高祖、明太祖便是其例。赵匡胤虽然不是正宗意义上的公卿出身，但毕竟是官宦之后，不同于普通平民。这样的个人背景，再加上其仁慈宽厚的个性特点，决定了他和同自己一起出生入死、患难与共的兄弟们的友情不会轻易泯灭，不会一当上皇帝就翻脸不认人，对功臣宿将"磨刀霍霍"。

可是，五代之世的史实又提醒他不能让兵权旁落，若天子为"公辈贩弄之物"，直接后果乃是丧乱相承。七十余年之中，易代五次，统兵大将朝为藩臣，暮为天子，这对赵匡胤来说，永远是让他不敢有丝毫忽视的教训。所以，友情再深，也不得不服从于利益的需要。而功臣宿将之所以有威胁，除了过去曾经与皇帝平起平坐、礼貌欠周、恣情放纵等因素外，关键是其手中握有兵权，"无借人国柄，借人国柄，则失其权"，因此解决功臣问题的重点又在于剥夺功臣的兵权。

既不愿意埋葬友情、反目为仇，又不允许功臣拥有实权，对自己的皇位造成实质性的威胁，要解决这个两难问题，在两者之间找出一个恰当的平衡点，无疑需要极其高超的政治智慧和政治手腕。

赵匡胤在赵普的鼎力辅佐之下，找到了"杯酒释兵权"的最佳方法，采取和平的方式让功臣宿将顺从地交出兵权，这无疑是皇帝陛下和功臣宿将双赢的结果。它既有利于安定人心，巩固封建君主专制统治秩序，又有利于进一步强化军事集权，推进军事改革的深入，从而在保全功臣、维护名誉的前提下，结束唐后期以来的方镇悍将"既有其土地，又有其人民，又有其甲兵，又有其财赋"，"喜则连衡而叛上，怒则以力而相并，又其甚则起而弱王室"的混乱局面。应该说，这是赵匡胤在处理皇权与将权关系上的最大成功，也是他对中国历史发展的一个特殊贡献。

当然，我们也应该看到，宋太祖赵匡胤"杯酒释兵权"政治策略的运用成功，乃是以牺牲国家和人民的经济利益为重大代价的。它实际上是一种对功臣宿将的经济赎买政策。为了收回功臣宿将手中所掌握的政治、军事方面的权力，赵匡胤在经济上给予其最大限度的补偿，从而使各位功臣宿将在感情上愿意接受这种安排。在这一政策导向之下，从赵匡胤在位时开始，武将掠取土地、经营牟利、聚敛财货的风气就已经形成，并且逐渐盛行。例如，石守信"专务聚敛，积财巨万，尤信奉释氏，在西京建崇德寺，募民辇瓦木，驱迫甚急，而佣直不给，人多苦之"，即是这方面的典型例子。

这些功臣宿将被罢解兵权之后，一面庆幸自己没有重蹈"兔死狗烹"的覆辙，保全了身家性命，一面又难免为无权闲置而倍感空虚失落，大多变得郁郁寡欢、闷闷不乐。为了使自己的心态得到某种平衡，他们便积累财货，购置土地，畜养奴仆，游冶无度，酗酒无节，寻欢作乐，骄奢淫逸。

赵匡胤对此一般都是听之任之，不加干涉。在他看来，这些都是小节问题，只要他们在政治上不怀贰志，不危及自己的统治就可以了。皇帝不在乎功臣贪墨，只在乎功臣进取，因为前者让自己放心，后者却教自己揪心。这种政策和态度深刻地影响了宋朝数百年的社会政治生活，在整个宋王朝统治期间，除了极少数将领如岳飞等人之外，大多数将领都带头兼并土地，行贿受贿，敛财鬻货，贪赃枉法，穷奢极欲，这显然与宋太祖为了剥夺功臣宿将的兵权，而积极倡导的醉生梦死的人生观、价值观有密切关系。

不过，尽管有这样或那样的弊端或局限，宋太祖赵匡胤以"杯酒释兵权"的方式和平解决皇帝与功臣宿将在夺取江山之后权力再分配上的尖锐矛盾，避免了屠戮功臣宿将以集权悲剧的重演，既保全了功臣，又实现了军权的集中，从而确保政局之稳定，这无论如何都是政治上最高明的选择。

兵圣孙武说："是故智者之虑，必杂于利害，杂于利而务可信也，杂于害而患可解也。""杯酒释兵权"的高明，正在于赵匡胤把解决功臣问题的利提到了最高，而将其中的弊害降到了最低，这在君主专制体制下，已经是最为明智的做法了。

执镜侍女画像石（东汉）。河南南阳市出土。画面上部残缺，疑为神人下部。下跪一侍女，左手执壶，右手执镜。现藏河南南阳市汉画馆。

历史的镜鉴

"卿本佳人，奈何做贼"：逼出来的反叛

"与其扬汤止沸，不如釜底抽薪"，历史上，君主为了消除功臣宿将对皇位的威胁，往往大肆屠戮功臣，不管对方是否真的有叛逆谋反之心，反正不管三七二十一，抓起来杀了再说。这正是"玉石俱焚"、两败俱伤的釜底抽薪之法。当年宋高宗赵构授意大奸臣秦桧制造冤狱，在风波亭残杀爱国名将、民族英雄岳飞，其中固然有在抗金问题和政治路线上存在歧见的因素，但是更重要的原因，恐怕还是忌恨岳飞手握重兵，担忧他功高震主，对自己的宝座构成潜在的威胁。而从功臣宿将这一面来讲，既然颈上人头很难保全，下场之悲惨可以预料，那么如陈涉所言"等死（一样是死），死国可乎"（《史记·陈涉世家》），他们难免会有破罐子破摔的想法，干脆豁出去操起武器造反，"杀上东京，夺了鸟位"（《水浒传》中李逵语）。成功了固然走运，"百尺竿头，更进一步"；即便失败，也无非一死而已，没有更多可以失去的。

于是，许多原先并没有谋逆反叛之心的功臣到一定的时候也会铤而走险，成为朝廷的"乱臣贼子"。用一句古话来发问，便是"卿本佳人，奈何做贼"？封建君主专制条件下人人自危的恐怖氛围，对功臣宿将的主动或被动叛逆，起着"为渊驱鱼，为丛驱雀"的推动作用。当皇上做天子的百般猜忌，害得众多功臣宿将犹如惊弓之鸟，整日里处于自疑不安、朝不保夕

的状态之中，一有蛛丝马迹，风吹草动，就狗急跳墙，狠下心扯旗造反犯上，以求反败为胜，绝处逢生。

汉初大功臣、淮南王英布，就是处于自疑震怖境地不能自拔，最终被逼造反作乱的悲剧人物中的一个典型。

英布（即黥布）是楚汉之际一名骁勇的猛将，原为项羽手底下的主要将领，巨鹿之战他赤膊打头阵，新安坑卒他杀人不眨眼，后因他人游说，在刘邦与项羽角逐天下的关键时刻，摇身一变，叛楚投汉，成为整个汉军之中除韩信、彭越之外的第三号统帅人物。他开辟了汉军对楚作战的南方战场，在项羽身后猛捅刀子，骚扰攻击楚军的翼侧，给楚军制造了不少麻烦，在刘邦翦灭项羽，建立汉王朝统治的斗争中立下卓著功勋。大局甫定，刘邦论功行赏，英布加官晋爵，被册立分封为淮南王。

英布本人虽然不乏军事才能，然而，他在政治上并无多大的野心。这一点通过以下这件小事可以看得非常清楚：当年他背叛项羽赴荥阳前线谒见刘邦时，满心以为会受到刘邦的隆重欢迎（关键时刻在项羽身后捅刀子，对刘邦而言不啻是雪中送炭），可结果事与愿违，刘邦是在踞床洗脚（终究是无赖本色）时召见了他。英布顿时大失所望，很是不爽，觉得受到了莫大侮辱，后悔自己所作的背楚归汉之选择，甚至一度还萌生了自杀的念头。然而当英布来到刘邦为他安排的馆舍歇息，发现"帐御饮食从官如汉王居"，有山珍海味可以享受，有歌姬美女可以偎抱，他又立即抛弃烦恼，"大喜过望"了。

由此可见，英布的眼界仅仅囿于生活享受方面，兴趣嗜好专注吃喝嫖赌，至于政治上倒是没有什么大的抱负，至少他从来没有当皇帝的固有意念。

不过，对于汉高祖刘邦来说，英布这样的枭雄不能不加以防范，更何况斩草除根，诛灭异姓诸侯王乃是他既定的国策，所以，英布尽管没有什么政治野心，还是被逼到死角，无奈只好竖起叛帜，兴兵犯阙。

可以这么说，英布的叛乱完全是被汉高祖逼出来的：公元前196年春，异姓诸侯王中功劳最大，拥兵最多，占地最广，威望最高，但建国不久即被废为淮阴侯的韩信，被刘邦、吕后等人扣上"谋反"的罪名而殒命未央宫钟室，并被诛灭九族。英布听到这个消息以后，颇有兔死狐悲之感，心中充满疑惧不安。同年三月，第二号大功臣梁王彭越也为蛇蝎心肠的刘邦、吕雉所残杀，而且其骨肉被菹为醢（肉酱），装进陶钵遍赐诸侯王以示警告。当盛装着彭越肉酱的饭钵送达淮南王都城的时候，英布正在田野中狩猎。看到肉酱之后，英布的脸色顿时变得如同死灰，一种不祥的预感立即袭上心头。他唯恐汉朝中央派兵突袭淮南，使自己步韩信、彭越的后尘，不明不白地做屈死的冤鬼。于是，他密令部将集合士卒，加强王国边境的警戒。

正在此时，英布疑心其爱姬与大夫贲赫私通，决定逮捕贲赫加以惩治。谁知走漏了消息，贲赫提前一步逃出淮南国辖境，乘驿站车马飞奔至京都长安，向刘邦举报英布"谋反有端"。刘邦闻讯即与丞相萧何商议对策。萧何认为英布一贯比较奉公守法，表现良好，怀疑是贲赫因个人私怨而行诬陷，建议刘邦先将告密者贲赫囚禁起来，然后派人去淮南秘密侦察，等搞清真实情况后再决定处置办法。

英布本来就对贲赫的出逃告密心存疑惧，惶惶不可终日，这时又发现朝廷派员前来侦察，更陷入自疑，无法排遣，他认为自己的阴事已经为刘邦所知悉，朝廷就要对自己痛下杀手，自己离家破人亡已为期不远。既然横竖都是一死，与其束手待毙，还不如干脆撞一个鱼死网破，痛痛快快拼杀一场。仓促之间，英布下令夷灭贲赫的家族，公开打出了反叛的旗帜。到了这个时候，英布才决定以武力夺取政权，取代刘邦君临天下，"欲为帝耳"。

从表面上看，英布反叛是由于贲赫告密这一偶然事件，可是实际上，英布的反叛乃是历史的必然，贲赫告密只不过是一根导火线而已。刘邦诛戮功臣，削平异姓王既定国策逼得英布深陷自疑的巨大恐惧之中，使得他不得不以叛乱的途径（这当然是下下策，但有策总归比没有策来得好）来求得自己身家的安全。这一点，当时就被楚国故令尹薛公一针见血地道破。英布反叛的消息传出之后，滕公夏侯婴表示不解，询问薛公："上裂地而王之，疏爵而贵之，南面而立万乘之主，其反何也？"薛公从容回答说："往年杀彭越，前年杀韩信，此三人者，同功一体之人也。自疑祸及身，故反耳。"（《史记·黥布列传》）

这番话揭示了一个历史真实，即历史上许多功臣谋反作乱，主要原因在于"自疑祸及身"，不惜孤注一掷、铤而走险，以求保全自己的身家性命，所谓"留得青山在，不怕没柴烧"。

像英布这类因自疑恐惧而被逼造反的事例，在魏晋南北朝时期更是层出不穷。这或许与当时政局动荡、多方势力互相残杀不已、人人朝不保夕的险恶形势直接相关。就南朝四代来讲，刘宋、萧齐、萧梁、南陈的江山都是凭恃武力从他人手中抢夺来的，统治者生怕有朝一日人家照猫画老虎，把江山再从自己的手中给夺了去。所以，他们对手握重兵、军功卓著的大将格外猜忌，必欲除之而后快。这样一来，功臣宿将自然人人自危，被逼造反的情况特别普遍。

刘宋末年大将沈攸之的叛乱是典型的一例。

沈攸之是名将沈庆之的侄儿，他早年从军后，"万里赴戎机，关山度若飞，朔气传金柝，寒光照铁衣"，在平定"南贼"刘胡、薛安都的反叛和镇压南方地区少数民族的反抗中，骁勇善战，屡建功勋，是当时享有盛名的大将。他因军功官至镇西将军，都督荆、湘、雍、益、梁、南秦、北秦诸州军事，几乎掌握了近半个国家的军事力量。

作为位尊权重的军事统帅，沈攸之自然懂得功高震主的道理，为避免"树大招风"的无妄之灾，他处处刻意表现自己的谦让大度和对朝廷的高度忠诚：立下战功推与他人，别人反叛他去弹压，别人引诱他置之不理，一再向朝廷表白自己尽忠报国的心迹。皇帝怕沈攸之"自控阃外"，时间长了尾大不掉，局面失控，于是征召他入朝，就近控制。为避嫌疑，沈攸之二话不说，轻车简从，立即入朝为官。总之，只要能取信于皇帝，什么委屈他都能忍受，怎么能显示忠诚，他就怎么表现。

然而，事物的发展是不以人的主观意志为转移的。随着沈攸之的功劳越来越大，权势越来越重，刘宋的皇帝们对他的猜忌与整肃也日甚一日。废帝苍梧王听说"沈攸之欲反"的消息，当即下了手诏，命令直阁将军高道庆派遣刺客去暗杀沈攸之。沈攸之在狩猎时遇刺，幸亏利箭只射中了他的马障泥，他才捡回一条性命。

这样蹊跷的事情接二连三发生，使得沈攸之不胜烦恼和愤慨。眼见皇帝如此待他，把他的好心肠当作驴肝肺，沈攸之的心彻底凉了，渐渐萌生了反心。宋顺帝即位，命沈攸之留在京城作人质的儿子沈元琰拿了废帝剖割人腹的工具给沈攸之看，算是一个严厉的威胁和警告。这下沈攸之再也按捺不住了，终于把心一横，"是你先不仁，休怪我不义"，举兵反叛，忠臣变成了逆臣。

这场反叛导致了一场大动乱，使得本来就上下离心、风雨飘摇的刘宋政权雪上加霜，"屋漏更兼连夜雨，船破偏遇顶头风"。最后，反叛虽然得以平定，但刘宋王朝亦元气耗尽，不久便灭亡了。其实，这本来是一场完全可以避免的叛乱，就是因为刘宋王朝一再猜忌逼得沈攸之自疑恐惧、无路可走才发生这个变故，堪称"君逼臣反"的一个实例。

南齐大将王敬则的反叛又是一例。

王敬则是南齐明帝时的著名大将，官至征西大将军、豫州刺史、南兖州刺史。他曾为南齐朝廷东征西讨，屡立战功。他不但军事才能出众，而且对朝廷忠心耿耿，别无贰意。

可是在刻薄残暴的齐明帝萧鸾眼中，王敬则再低调、再乖顺，也是一个潜在的巨大威胁，故而处处提防，时时警惕。为了窥知王敬则的动态，齐明帝经常派人探听他的饮食起居情况，看到他年老力衰才稍稍安心，暂时不下杀手。后来明帝病重，还是决定对王敬则实行肉体消灭政策。适逢王敬则的乘龙快婿、诗人谢朓向朝廷举报他萌发"异志"，齐明帝就顺水推舟，马上对王敬则做出"具体安排"。

王敬则闻讯大为"怖惧"，不得已只好起兵反抗，旋遭残杀。他这么一反,可谓是"拔起萝卜带出泥",使得齐明帝对另一员大将,时任江州刺史的陈显达更为猜忌。陈显达闻知朝廷正在打自己的算盘,要让自己径向死路前行,于是也仿效王敬则的做法,起兵反叛。这真可谓是"卿本佳人,奈何做贼"的又一出好戏。

当然,也有少数功臣宿将能利用各种途径,跳出"自疑"之地,摆脱天子处心积虑设下的圈套。在刘宋末年任南兖州刺史,后来成为南齐开国皇帝的萧道成算是一个。

在其他功臣宿将如檀道济、沈庆之、沈攸之、吴喜、臧质等人先后遭受屠戮后,同为功臣的萧道成自然而然成为"兔死狗烹"的候补对象。当时的情况的确对他非常不利,因为民间有传言(至于这传言是否是其政敌故意制造和散布的,则是疑案),萧道成"龙颡钟声,鳞文遍体",身有异相,日后当为天子。宋明帝本来就担心萧道成在军中日久,萌生异心,觊觎非望,正打算收拾他呢,就愁找不到冠冕堂皇的借口,如今一听有这传言,便就坡下驴,立即下诏要萧道成脱离军队,来朝廷担任黄门侍郎、越骑校尉的虚职,这实际上是要对他下手的先兆。

"世事洞明皆学问,人情练达即文章",萧道成不仅仅是军事家,更是了不得的政治家,他借"挟寇自重"的高招,躲过了这一劫。到后来干脆用兵逼宫,取代刘宋自立为帝。然而,萧道成只是个别的现象,并不具有普遍性意义。

由此可见,依靠武力夺取并维持政权的天子,始终会对掌控兵权、雄踞一方的功臣宿将分外猜忌,生怕他们效仿自己也来个"马上取天下"。他们奉行的是"画虎画皮难画骨,知人知面不知心"的人际交往哲学,而且认为所有人都是讲求现实的,也即十分功利与势利,连父母与子女的关系都不例外:"且父母之于子也,产男则相贺,产女则杀之。此俱出父母之怀衽,然男子受贺,女子杀之者,虑其后便,计之长利也。"(《韩非子·六反》)有血缘骨肉之亲的父母子女之间尚且如此,那就更不必说一般人之间了。君臣关系也好,君民关系也罢,就本质而言,都是赤裸裸的利害关系、买卖关系,"臣尽死力以与君市,君垂爵禄以与臣市,君臣之际,非父子之亲也,计数之所出也"(《韩非子·难一》)。

因为人本来就是动物,人性的本质都是恶的,都是丑陋的,人人都有"自为心",也即"算计之心",人与人之间没有任何温情的成分,有的只是赤裸裸的利害关系,彼此之间都通过千方百计、处心积虑地算计他人来满足自己的私欲。心存这种认识的皇帝天子,总是把防范和诛杀功臣宿将摆在首要的位置。

而功臣宿将身处嫌疑之地,耳闻目睹前人或身边同僚"兔死狗烹"的悲剧,也深受刺激,格外敏感惊恐,常常杯弓蛇影、"自疑"不安。一有风吹草动,就怀疑有斧钺加颈的危险,难免会使出"狗急跳墙""鱼死网破"的招法,抱着与其束手待毙,不如先下手为强的侥幸心态,铤而走险,以求绝处逢生,进而峰回路转。

皇帝一方百般猜忌,功臣一方如惊弓之鸟,两下一凑合,不反也反了。中国的封建传统政治,就这样在君臣互相猜忌、互相残杀的过程中,一天天地延续了下来,"奇正相生,如循环之无端,孰能穷之"(《孙子兵法·兵势篇》)。这无疑是历史的悲哀，更是苍生的不幸。因为君臣之间互相残杀导致的社会大动荡，最终要由千千万万胼手胝足的普通民众来承受，来买单，这就是元曲中所唱出的亘古永恒的真理："兴，百姓苦；亡，百姓苦！"

关公崇拜情结

中国是一个盛产各类"圣人"的国度，常言道"三百六十行，行行出状元"，套用一下，也可以说"三百六十行，行行有圣人"。在中国历史上，曾经有过"文圣"，有过"书圣"，有过"画圣"，有过"诗圣"，有过"医圣"，有过"草圣"，有过"药圣"……也有过"武圣"。然而，令人感到奇怪的是，在相当长的一段时间里，历史上一个普普通通的战将高高占据着"武圣人"的宝座，受人顶礼膜拜、馨香祝祷，他就是三国时期蜀汉大将关羽。

历代统治者对关羽屡次加封褒扬，小说戏曲对关羽浓墨重彩粉饰，使得其亡灵"侯而王，王而帝，帝而圣，圣而大"，步步青云，庙祀无限，位齐孔圣，名播天下，成为中国历史上受人崇拜的神圣偶像之一。在广大民间，关公的声誉甚至有压过文圣人孔老夫子的势头。别的姑且不说，光是关帝庙就遍布域内，在数量上远远超过祀奉孔子的"文庙"。而其墓葬规格，也与封建帝王的待遇相埒，气象森严的"关林"，与文圣孔子的陵墓"孔林"相比，毫不逊色！

这种现象，的确让人感到诧异。因为论资历，关公自然不及那位"后世言兵及周之阴权，皆宗太公为本谋"的"兵家鼻祖"的姜太公；讲军事理论建树，关公远远比不上享有"百世谈兵之祖"美誉、著有不朽军事名著《孙子兵法》的孙武子；比将德，关公在那位"冻死不拆屋，饿死不掳掠"，矢志"精忠报国"的岳武穆面前显然大为逊色；言战功，关公也不如"连百万之众，战必胜，攻必取"的韩信、白起等人。总之一句话，历史上关羽的武功并不特别显赫，理论上也无任何建树，可他偏偏能够加冕那顶令人目眩神摇的"武圣人"桂冠（指自宋代以后），这究竟是历史的误会，抑或人们的昏聩？

要猜破这个谜题，还必须从分析当时的历史文化背景入手。只有置身于中国古代浓厚的儒家文化氛围中，才能够说清楚关公崇拜现象的来龙去脉。

众所周知，自宋代起，封建中央集权统治进入了新的发展阶段，思想文化上的专制也日趋严密。这主要表现为二程、朱熹等道学家们喋喋不休地鼓吹"存天理，灭人欲""饿死事小，失节事大"等教条，使得儒家文化进一步渗透到社会生活的各个层面，禁锢着人们的思维和行为。明清两代，在这方面更是"青出于蓝胜于蓝"。这种文化发展趋势，势必要在军事领域中得到顽强的表现。因此，遴选"武圣人"，自然不能只以战功大小、韬略高下为主要标准，合乎逻辑的做法是以封建道德的优劣作为基本评价尺度，再辅以军事上的建树。换句话说，当时盛行的儒家道德至上思潮，决定了"武圣人"不过是"文圣人"在军事领域的化身，是儒家文化传统的特殊"传人"。

从这个角度观察关公的身后际遇，就可以明白他登上"武圣人"的宝座绝非偶然。因为，他的所作所为，最大限度地合乎儒家所提倡的封建纲常伦理的基本规范。

首先，就对儒学的基本态度而言，关公他倾心孔学，尊崇儒教，据史书记载，他平生最爱读《春秋左氏传》："羽好《左氏传》，讽诵略皆上口。"(《三国志》本传裴松之注引《江表传》)于戎马倥偬之际，捧读儒家典籍（至于能读懂几分，则又另当别论），俨然一派身披戎袍的"儒将"气度。

其次，就"忠心事上"这一点讲，关羽他"匡扶汉室"，以保卫刘姓江山、维护汉室尊严为自己的天职。在他心目之中，"君君，臣臣"畛域分明，"尊尊，卑卑"界限森然。"冰炭不同炉"，"汉贼不两立"，对于董卓、曹操之流欺君罔上的行为，他恨之入骨，必欲除之而后快，而对于君权的象征——汉献帝和刘玄德，则是克忠厥职，尊事无贰。保献帝，忠刘备，是关羽一生的奋斗目标，即使为此赴汤蹈火、肝脑涂地，亦在所不辞。即使在迫不得已投降曹操的情况下，他也要预设前提，即所谓"降汉不降曹"，给自己的行为找台阶，打圆场，真正实践了儒家所汲汲提倡的"富贵不能淫，贫贱不能移，威武不能屈"的道德准则，实可谓义气干云，千载之后，犹荡气回肠，让人不胜凛然。

最后，就"勇"这个标准而论，关公也算得上是勇冠三军。他在战场上出生入死，骁勇善战，杀颜良，千里走单骑，闯五关，斩六将，水淹七军，擒庞德，降于禁，叱咤风云，所向披靡，号称"万人敌"(《三国志·蜀书·关张马黄赵传》)，为蜀汉王朝的建立立下汗马功劳。他的"勇"更表现为爱惜羽毛，珍视名节，败走麦城，沦为战俘后，他视死如归，慷慨捐躯，杀身成仁，真正体现了儒家"志士仁人，有杀身以成仁，无求生以害仁"的"大勇"精神！

总而言之，在关公的身上，充满了儒家所推崇的各种美德。借用文天祥、赵孟頫等人评价岳飞的话说，就是"忠义与日月争光""忠孝素根于心"。这种千载难逢的"《春秋》义薄云"式的儒将，自然成为孔圣人在兵林中的化身，是"武圣人"的最佳人选了。绝非光懂得厮杀，不知道道德操行为何物的韩信、白起之流所能比肩，也不是仅仅看重韬略诡道手段的孙武诸人所能颃颉的。

毫无疑问，关公成为"武圣人"，是整个社会一致心理认同的逻辑结果，是所谓"大传统"有意积极引导和所谓"小传统"无意识顺从响应的自然产物。在上层封建统治者的眼里，关羽乃是忠孝节义的楷模，其突出的封建道德情操，实有助于收揽人心，推行教化，稳定统治秩序，巩固一姓江山，因此多方加以利用，拼命予以褒扬。清代乾隆皇帝诏改关羽谥号的做法，就充分体现了这一点。乾隆下令编纂《四库全书》，其间曾多次下谕，嘱令馆臣按照"圣旨"办事。其中有一道谕旨这样写道："关帝在当时力扶炎汉，志节凛然。乃史书所谥并非嘉名（按《三国志》本传记载关羽的谥号为'壮缪'）……今当钞录《四库全书》，不可相沿陋习，所有《志》内关帝之谥，应改为忠义。"为了褒扬关羽，不仅追加封号"灵佑忠义神武大帝"，以示尊崇，而且还篡改史书，将其谥号扎扎实实落在"忠义"两字之上。毛泽东说过，"世上决没有无缘无故的爱，也没有无缘无故的恨"，封建专制统治者尊崇关公的真实用心于此也就昭然若揭了。

普通下层民众，也从关公身上看到了叱咤风云、横扫千军的神武和大义凛然、以身殉志的风范，因而对其充分肯定，敬若神明。"桃园三结义"故事所体现的对友谊忠贞不渝、为"大义"不惜献身的崇高情操，更与下层民众追求相互理解、荣辱与共情感的强烈心理相契合。因为"义气"是支撑人们在黑暗社会里顽强地生存下来的主要精神支柱,在法制无法保护人们权益与生命的情况下,唯独"义"能使人看到渺茫的希望,不至于完全丧失生下来、活下去的信心。就是个别具有叛逆思想倾向的文人、学者,他们对于关羽,也是推崇备至、不胜仰慕的。例如明代那位"不以孔子是非为是非"的激进思想家李贽(卓吾),就曾这样表白过自己对关公的敬慕:"古称三杰,吾不曰萧何、张良、韩信,而曰刘备、张飞、关公。古称三友,吾不曰直、谅与多闻,而曰桃园三结义。呜呼!唯义不朽,故天地同久……某也四方行游,敢曰以公(指关羽)为述。唯其义之,是以仪之;唯其尚之,是以像之。"(《焚书》卷四)

　　儒家文化说到底,是一种以统治阶级利益为本位,同时兼顾各阶层的需求,发挥阶级调和功能的文化机制。它之所以比法家等学说来得高明,受人欢迎,就在于它的不少学说在很多情况下能以貌似公允的姿态出现,从比较客观的角度来缓解统治者与被统治者之间的矛盾冲突,从而保持社会生活秩序的相对稳定,即寻找双方利益的最大公约数。这一点在关公崇拜现象中得到了充分的表现。显而易见,社会不同阶层,出于各种不同的动机(比如,统治者看到的是关公的"忠",而民众所珍视的是关公的"义"),在接受关公作为精神支柱的问题上取得了某种意义上的共识,于是就从根本上确定了关公在中国文化史上所处的特殊地位。这也正是关公千百年来稳坐"武圣人"宝座的根本缘由。换言之,关公由人到神的文化嬗变,是由时代造就的,也是历史的选择。当然,在这个过程中,《三国演义》及有关三国戏的潜移默化，也是不可忽视的原因。

　　随着封建制度的寿终正寝，封建社会的统治思想——儒学便不再是历史舞台上的主角，由儒家文化精神塑造，依附儒学纲常名教而存在的"武圣人"关公，也不可避免要丧失过去的特殊地位，曾经笼罩在他头顶上的神圣光环渐渐黯淡了，至此，关公完成了由神到人的复归。然而这并不意味着关公完全失去了市场，在不少人心目中，关公仍是他们崇拜的对象。这一点，我们只要到南方城市的许多商铺中观察一番便可以得到肯定的答案。在那里，关公已被许多商家供奉为财神，人们乞求关公随时显灵保佑自己生意兴隆，阖府平安。这也表明，儒家文化的传统在我们这块古老的土地上，是何等的根深蒂固，对其进行改造和扬弃，依然是我们迈向现代化过程中需要严肃对待的一个命题。

洞见：读萨孟武《〈红楼梦〉与中国旧家庭》

在我所欣赏和喜欢的学者之中，萨孟武先生无疑占有一席之位。读他的著作，可以让我明白历史学传递的固然是一种知识，但更是一种智慧。知识固然重要，但智慧更有价值。

萨孟武（1897—1984）是著名社会学家，或者说政治学家，并非严格意义上的历史学家。萨氏家族属福州八大家族之一，曾任厦门大学校长的萨本栋、著名海军将领萨镇冰，都是萨氏家族里的显赫人物。萨孟武本人早年就读于日本京都帝国大学法学部政治系，后来在国民党的中央军校工作过，当过教授，办过刊物。1935年，十位教授联名发表了著名的《中国本位的文化建设宣言》，萨孟武便是发起者之一。他后来曾担任中山大学法学院院长，1949年以后去台湾，担任台湾大学法学院院长。台湾大学校长傅斯年去世后，萨孟武一度有望接任台大校长一职，然而，最终竟是花落他家，此事让他颇为失落。

萨孟武的著作很多，如《中国社会政治史》《中国政治思想史》《西洋政治思想史》《儒家政论衍义》《中国宪政新论》《新国家论》《三民主义政治学》等，另外还有《学生时代》《中年时代》等自传体著述。萨孟武才华横溢，学贯中西，既熟谙中国历史，又留洋受过严格的西方学术训练，自能思接千载，视通万里，在多个学术领域都取得了骄人的成绩。

由于种种原因，萨孟武的社会学、政治学著作在大陆地区并不流行，大陆地区的读者更多是通过三本学术性随笔著作，即《〈红楼梦〉与中国旧家庭》（广西师范大学出版社，2005年）、《〈水浒传〉与中国社会》（岳麓书社，1998年）和《〈西游记〉与中国古代政治》（北京出版社，2013年），接触和认识他的。萨孟武自己曾开玩笑说：这三本书是姨太太的面孔，不是正夫人那种很正经的模样。但我读了这几本书之后特别受启发，他把小说里虚构的情节，与历史文献中所记载的一些史料进行对比，加以引申和发挥，对中国古代社会的婚姻制度、家族制度、社会生态、政治生态以及政治文化等，进行了非常精到的解读，往往三言两语就把中国传统政治的特征说出来了。

萨孟武自己认为，"在古典小说之中"，"写得最好的共有三部，《红楼梦》第一，《西游记》第二，《水浒传》第三"。为此，在完成对《西游记》《水浒传》的解读后，他又写出《〈红楼梦〉与中国旧家庭》一书，从研究社会文化、社会关系的角度，对这部素有"满纸荒唐言，一把辛酸泪。都云作者痴，谁解其中味"之称的《红楼梦》作全新的、独特的解读，巧妙地引领读者通过观察贾府的家庭生活，重新认识中国传统家庭的基本内涵与鲜明特色，在此基础上深刻剖示传统社会的文化与伦理格局，理解与洞悉社会风气的流转。全书娓娓道来，举重若轻、触类旁通、提要钩玄，洞隐烛微，见解精微，可谓是别开生面、言近旨远，足以启迪心智，让人豁然开朗！

如写"探春的改革"一节，就反映了他对古今中外社会改革的卓荦识见。很显然，萨孟武他十分欣赏探春的能力，认为探春深谙治理之道，即"当局者迷，旁观者清"。庶出身份与边缘地位，决定了她深知荣府的积弊，能看到收入不敷支出，实为荣府的最大危机，故其改革能抓住重点，选对方向。改革的关键举措，一是节用，二是兴利，可谓以一驭万，抓纲举目，牵一发而动全身，一下子打开局面。更了不起的是，探春心有灵犀，无师自通，其改革实践与古人刑赏两柄的政治艺术无缝对接，建立树立改革者的权威，确保自己的改革措施能够顺利推行。她处理赵姨娘兄弟赵国基的身后抚恤，应对贾环、贾兰的年度零花费用申请，无不做到公正严明，从而确立了自己的权威。这些都说明探春深谙厉行改革之道的奥妙。萨孟武先生的总结可谓十分到位："凡有意改革之人，在改革以前，或先施惠以结人心，或先用刑使人警惕。施惠须从疏而贱者始，用刑须从亲而贵者始。若问惠与刑孰先，我欲依法家之说，刑先。""齐家、治国、平天下"，对象不同，但性质相似。以小识大，"治众如治寡"，探春的改革，当能为当权者管理国家提供启示。萨孟武尽心评点探春改革的成败利弊、得失优劣，实有深意存也！

鲁迅先生有云：忠厚是无用的别名。一样的道理，正派乃是颟顸的代称。贾政这个人虽然比较古板，但心地不坏，做人做事都恪守底线，循规蹈矩，应该算是正派人物。机缘巧合，他在工部郎中任上，以考绩优异，被外放为江西粮道。粮道管理钱谷，此职如同今日之财政厅厅长，无疑是个"肥缺"。谁知道贾政一门心思想做个清官、好官，"州县馈送，一概不受"。他自己这么清高，也就算了，问题是他的手下，那些门房签押受不了了。他们跟随贾政，是有自己的小算盘的，即希冀趁机捞上一票，填饱私囊。可是现在贾政要搞廉政，他们也得跟着喝西北风，于是差役们集体怠工表示抗议。贾政出门拜客，轿夫迟迟不来，轿子出了衙门，炮只响了一声，"只有一个打鼓，一个吹号筒"，而那些"执事却是搀前落后"，稀稀拉拉，无精打采，搞得贾政灰头土脸，狼狈不堪。他一心想做清官，结果让老滑吏李十儿当头泼了冷水，弄得乱了方寸、手足无措。没奈何，他只好遇上困难绕道走，到后来干脆撒手不管了，走了另一个极端，放任属员为非作歹、肆意妄为，结果被参"失察属员，重征粮米"，还险些被革职。所幸皇恩浩荡，只是"着降三级，仍以工部员外上行走"，未至于惹更大的麻烦。

　　萨孟武先生从小说这个情节中，看到中国古代官场的肮脏和恐怖，恶习盛行，宛若一口大染缸，导致整个官场黑白颠倒、美丑不分、黄钟毁坏、瓦釜齐鸣。真是令人悲凉，为之气夺！而吏胥横行，挟制主官，迫使主官不得不听其播弄，不过是其中一个缩影而已。同时，也告诉我们，以君子之道与小人相周旋，失败的往往是君子，贾政就是一个例子。君子要治住小人，必须将自己先变为小人，可一旦变为小人，再想回归君子，又谈何容易！这难免让人们对官场之弊的整治与肃清，产生莫名的无力感！毫无疑问，这也是萨孟武先生给我们的重要启示。

　　萨孟武先生在《〈西游记〉与中国古代政治》《〈水浒传〉与中国社会》两书中同样有精辟的阐述与发挥，可供大家参考。换言之，萨孟武先生这三本书最好能放在一起读，对比参勘，必然会有更深的体会。

　　比如他说，中国传统政治说白了，就是三种政治形态的轮回。第一个阶段是兄弟政治，打虎亲兄弟，上阵父子兵，同心协力把旧王朝推翻，自己当皇帝。但兄弟中间只有一个能当皇帝，其他兄弟就会不服，总是觊觎大位，争夺最高权力，发生斗争。西周初年的三监之乱、西汉时期的吴楚七国之乱，就是兄弟政治破产的典型。兄弟政治破产，小皇帝上台后，便不再依靠自己的兄弟，转而依靠母后及其娘家人，兄弟政治转为娘舅政治，也即外戚政治。外戚政治也容易产生问题，导致危机，外戚与小皇帝的权力往往存在冲突，如王莽及东汉后期外戚专权。小皇帝成人后，总是千方百计想要改变这种局面，但由于太后和娘舅的阻隔，他和百官之间不敢交心，只能依赖身边那些朝夕相处的亲随近侍，即宦官。这些宦官在皇帝的支持下干掉娘舅，自己当政，"手握王爵，口含天宪"，形成宦官政治，也即所谓的马弁政治。因为宦官生理上有残缺，所以心理往往比较阴暗，很容易倒行逆施、肆意妄为，造成"纲纪大乱"，社会秩序难以维系，于是各方重新洗牌，又开始新的兄弟政治。

萨孟武分析相关问题总是非常到位。他说中国社会，当官是对上级负责，天天琢磨人、对付人，实际上是一门对付人的学问。中国的人才往往是对付人、琢磨人之才，而不是做事之才。从某种意义上讲，中国是"人才"过剩，而"事才"太缺，政治不可能不腐败黑暗。萨孟武对有些问题态度很悲观，比如他认为社会发展可能会变得更差。专制政治下，国家是君主的私有财产，君主要谋自己的地位安固，就不能不讨老百姓的喜欢。如果官吏过于贪污，一定会引起人民的反抗，势必会危及皇室的安危，于是，皇帝就会出面肃贪，以谢天下。而到了今天（指二十世纪四十年代），名义上国家是人民的，大家都是国家的主人公，但实际上谁都不是国家的主人公，谁对国家的安危都不负责。以前因为有君主干预，官员贪污还不至于太严重，而现在大家遇到贪腐现象，想的是万一将来自己也有这一天，何必现在跟人家过不去呢。

贪污为什么会越来越严重呢？萨孟武说，自然经济条件下，贪污的都是一些实物，如牛马猪羊之类，这些东西不易存放，多拿了也没什么用处，因此苛捐杂税还有一定限度。货币产生以后形势发生变化，因为货币可以保存，什么地方都可以用，官员的贪污程度大大提高。但是，货币经济下，贪污也有底线，金满箱，银满箱，交通不便利的情况下不但运输不容易，而且容易引起强盗的觊觎或穷人的眼红，连生命都有危险。所以，货币时代贪污也是有一定限度的。到了信用经济时代，数千万的巨款，像孙悟空的金箍棒一样，变成一张汇票弄到外国去了，半道里也不怕强盗抢去。因此，现代社会贪污的数额超过古人几千几万倍。

读到这些观点的时候，我认识到在萨孟武那里，历史不仅仅是知识的积累，更是一种智慧的体认。许多问题我以前不太注意，经他加以揭示、加以点评以后，就看得很清楚了。如《西游记》里的显圣真君，他可是天界罕见的英雄，能战胜和降服那爱捣乱的孙悟空的天神，可他在天界地位并不高，他没在中央朝廷做官，而被发配在灌州，在地方享受下界的香火。为什么这么重要、有能力的人会下放到这么远呢？就因为他是玉皇大帝的外甥。玉皇大帝这个最高统治者认为，越是与自己亲近的、有本事的人，对自己的威胁就越大，是决不能放在自己身边的。同样的道理，当孙悟空第三次反上天宫的时候，玉皇大帝就不愿意再用他来对付孙悟空了。为什么？再用他的话，他的功劳会越来越大，势必对自己的权威形成挑战，对自己的地位构成威胁。这与中国古代的政治生态是非常接近的。

平时自己不大注意的这些道理，经萨孟武先生这么一点评，就豁然开朗、悠然会心。所以我在想一个问题，历史学究竟该怎么做？萨孟武就曾公开表态：他研究《红楼梦》《水浒传》，就不大注重版本，他强调，他自己并不反对考证，但是反对把考证作为研究的终极宗旨。考证无非是一种工具、一种手段，真正高明的学者是用人家考证的结果为自己的论证做铺垫、做基础。我想这对我们现在的学风来说，也是一个发人深省的警示。

现在学界很推崇那种看不懂的文章，誉之为"预流"。大家都看得懂的文章你可能说它不入流，读一个小时就睡着的是三流学问，半个小时能睡着的是二流学问，让你拿起书看到书名就昏昏欲睡、悠然入梦的是一流学问。这么说好像有点夸张了，但确实有这种现象。现代社会，真正研究历史的人在社会上有影响力的不多，历史学传播舞台上，更多的是搞文学的人来客串，玩票，他们成了主角。我想，史学在正确的知识积累、高明的思想诠释的基础上，更应该是一种智慧的体认、文化的推广，给今天的工作带来帮助，给我们的人生赋予启示，这才是更有意义的。所以，萨孟武先生虽然谦虚地说，《〈红楼梦〉与中国旧家庭》等书，属于姨太太面孔，不是"阳春白雪"，无法登大雅之堂，但它们确实更有生命力，更有影响力，至少能激发大家关心历史、关心社会、关心社会学和政治学的兴趣。这才是真正的立足于历史，又超越于历史！

从这个意义上说，萨孟武先生的《〈红楼梦〉与中国旧家庭》，真的非常值得一读！

从终点回到原点：传统政治的轮回

著名学者萨孟武先生在其《〈水浒传〉与中国社会》一书中，认为中国传统政治的主要特征之一，是兄弟政治（同姓宗室把持权力，"封建亲戚，以藩屏周"）、舅爷政治（包括亚形态姑爷政治，即外戚势力擅权）与马弁政治（宦官专政主持朝纲，"手握王爵，口含天宪"）这三种基本形态的交替嬗递，循环往复（这很容易让人联想到电影《无间道Ⅲ》主题歌中的一句歌词："从终点又回到原点"，艺术与政治相通，古代与今天一律）。然而非常不幸的是，这三种政治形态最终都是弊端丛生，"一蟹不如一蟹"，只见其轮回，不见其进步。就像元曲《高祖还乡》中所唱的那样，"兴，百姓苦；亡，百姓苦"。证诸史实，萨孟武先生之见诚为不刊之论。

俗话说，"打虎亲兄弟，上阵父子兵"，血缘纽带长期存在并影响于政治，决定了中国传统政治的最原生形态必定是"兄弟政治"。"封建亲戚，以藩屏周"（《左传·僖公二十四年》），西周初年周天子大封同姓诸侯，人数多达数十人乃至百余人，"昔武王克商，光有天下。其兄弟之国者十有五人，姬姓之国者四十人"（《左传·昭公二十八年》）；武王既崩，成王年幼，此时出来摄政的，乃是周公。可见西周统治者是希望通过推行"兄弟政治"，来巩固"小邦周"骤然取得的对"大邦殷"的军事胜利，维持统治机器的正常运转，所谓"大邦维屏，大宗维翰，怀德维宁，宗子维城"(《诗经·大雅·板》)。

然而，动机虽然很好，但是在具体运作中，其效果却不佳，最初跳将出来反抗周室的，竟然是成王的亲叔叔，周公旦的亲兄弟——管叔、蔡叔、霍叔一伙。他们先是散布"周公将不利于孺子"之类政治流言，蛊惑人心，搅乱朝廷；接着又策动纣王之子武庚举起叛帜，彼此狼狈为奸，沆瀣一气，向中央朝廷亮出刀枪，杀气腾腾，要把原有的政治格局彻底砸烂，重新洗牌，专擅天下。史称"管蔡之乱"或"三监之乱"。闹得周公不得已说服召公，发布《大诰》，"内弭父兄，外抚诸侯"(《逸周书·作雒解》)。亲自挂帅，率师东征，"伐奄，三年讨其君，驱飞廉于海隅而戮之。灭国者五十，驱虎豹犀象而远之。天下大悦"(《孟子·滕文公下》)，费尽九牛二虎之力才把叛乱给镇压下去。"兄弟政治"从一开始便亮起了红灯，其前途当然不容乐观。

尽管如此，"兄弟政治"作为最主要的政治形态，在西周之后仍是代有承继。汉高祖刘邦千辛万苦从西楚霸王项羽手中夺得天下之后，有鉴于秦王朝推行郡县，废除分封导致二世孤立而亡的教训，全面推行郡国并行制度，在翦除韩信、彭越、英布等异姓诸侯之后，分封同姓为王者九国：弟刘交为楚王，子刘肥为齐王，从父兄刘贾为荆王，子刘长为淮南王，子刘建为燕王，子刘如意为赵王，子刘恢为梁王，子刘友为淮阳王，子刘恒为代王。并明确制度："杀白马立誓，非刘氏而王者，天下共击之！"同样是把天下看作一家一姓的产业，"兄弟同心，其利断金"，是不折不扣的"兄弟政治"。

然而到了后来，兄弟们之间不能彼此相安，同床异梦，尔虞我诈，做天子的随时算计整肃自己的叔伯兄弟，做诸侯的也相继盘算着黄袍加身的美事，暗地策划动乱，密谋造反，最终酿成了血雨腥风的"吴楚七国之乱"以及稍后的"淮南王叛乱未遂事件"，"兄弟政治"再一次宣告破产。

其他类似的例子还有许多，如晋武帝司马炎从曹魏子孙手里夺得政权，建立晋朝，为了稳固统治，曾大规模封建诸侯，这当然也属于典型的"兄弟政治"，可是其最终的结果是"八王之乱"，赵王、河间王、成都王、楚王、汝南王、齐王、长沙王、东海王等八王先后拔刀亮剑，一个比一个凶狠，生死相搏，狂野厮杀，结果导致少数民族贵族武装大规模内侵，晋怀帝、晋愍帝先后羊入虎口，不得善终，西晋朝廷遂告覆亡。

又如明太祖朱元璋分封诸侯，以为这是中外相维的良策，稳定天下的妙方，孰料其驾崩之后，尸骨未寒，燕王朱棣便借口所谓的"清君侧"，兴兵作乱，举兵犯阙，一举推翻了朱元璋生前钦定的接班人建文帝的统治，将建文帝的亲信大臣齐泰、黄子澄等人宰鸡屠羊般杀得干干净净，并用一出惨绝人寰的"诛十族"悲剧，把方孝孺全家送上血腥的历史祭坛，史称"靖难之役"。这些事例充分表明，把政权委托给叔伯兄弟子侄，往往会事与愿违，兵动宫闱之间，祸起萧墙之内，"兄弟政治"破绽百出，难以为继。

"兄弟政治"既然行不通，随之而来的便是外戚擅权，实施所谓的"舅爷政治"。即如萨孟武先生所言："此后少主即位，已经不学武王那样，使兄弟摄政，而学汉高祖那样，使太太摄政。在妇人摄政之下，用人以什么做标准呢？妇女虽然出嫁从夫，但是夫家的人，由她看来，总不及娘家的人亲密，因此之故，妇人摄政，常常引用外戚，吕后王诸吕，就是一个证据。这个时候，夫家兄弟当然失去权势，反之，娘家兄弟则可大出风头，所以当时政治可以叫做舅爷政治。"(《〈水浒传〉与中国社会》"由宋江的家族关系说明中国古代的政治")

然而，"舅爷政治"较之于"兄弟政治"根本没有优点可言，它同样对君主的地位构成威胁，经常诱发政治上的动乱。西汉初年诸吕作乱，几乎颠覆刘氏江山；西汉末年王莽篡汉，新朝粉墨登场，都说明"舅爷政治"极端不可靠。其弊端在后世愈益明显，轻则操弄国权，肆意妄为，导致内外离心，政局动荡，如东汉窦宪"以侍中，内干机密，出宣诰命"；又如东汉阎显兄弟凭借阎皇后之力，"为卿校，典禁兵"，干预朝政。重则篡夺江山，自立为帝，使政权易主，社稷改姓。这类史实，各代皆有。例如王敦尚武帝之女襄城公主，桓温尚明帝之女南康公主，专任阃外，手执雄兵，威势既振，便有犯阙之意，这属于驸马（姑爷）作乱的典型；又如王恭乃孝武帝皇后之兄，东晋庾亮、庾冰、庾楷均是明帝皇后庾氏之兄弟或子侄，也皆在羽翼丰满之后滋生不臣之心，这属于外舅作乱的例子。再如桓玄为桓温之子，即晋之外甥，兵马既盛，就忍不住露出狰狞嘴脸，窥觊非望，篡窃天位，则表明外甥也不足恃了。至于杨坚以北周皇帝岳丈身份，从宇文氏手中夺得皇位，建立隋王朝，那更是典型意义上的外戚篡权了。

由此可见，内外亲戚一旦有了大权，无不反戈相向，釜底抽薪，这叫做皇帝的如何能够食甘寝安！"舅爷政治"的危险性、黑暗性不比"兄弟政治"弱，它的维系同样困难重重、举步维艰，所谓"贪孩童以久其政，抑明贤以专其威。任重道悠，利深祸速……湮灭连踵，倾辀继路"（《后汉书·皇后纪》）。其实这也是人性的普遍特点。因为，荣华富贵，始终是世人竞相追逐的目标；功名利禄，永远是世人朝思暮想的期盼。在巨大的诱惑面前，人总是很难把持住自己，于是忘恩负义、落井下石有之，患得患失、自寻烦恼亦有之，只要有利可图，哪里还能顾得上什么亲情，什么道义！

随着年龄的增长，小皇帝自然不满意舅爷们骄横跋扈，大包大揽，他痛心于寄人篱下，苦恼于芒刺在背，所以总想设法改变这样的格局，收回法定的权力，实现"天上地下，唯我独尊"。可是，他"生于深宫之中，长于妇人之手"，势单力薄，无有奥援，如何与气焰正炽、尾大不掉的外戚势力相抗衡？既然他无法突出重围和相隔甚远的外臣相谋，那么他就只能把身边朝夕相处的宦官引为腹心，同他们策划于暗室，伺机于可乘。一旦讨平外戚，扭转乾坤，皇帝论功行赏，宦官当然得势，遂有机会跳到前台干预朝政，"不得不委用刑人，寄之国命"（《后汉书·宦者列传》）。于是乎，"舅爷政治"又一变而为"马弁政治"了。

由宦官主导的"马弁政治"，则是传统政治形态中最恶劣、最下流、最糟糕的一种类型。其祸患之严重，相较"兄弟政治"与"舅爷政治"均有过之而无不及。宦官（明清时期则称"太监"）是刑余之人，生理上的残缺往往使得他们存在心理上的变态。（像司马迁那样的，受了宫刑还能保持基本正常的心理状态，发愤写书，一心一意做自己的名山事业的，属于凤毛麟角，没有普遍性。）加上他们自幼净身入宫，通常没有受过系统的教育，对儒家所提倡的道德伦理多不感冒，对道家所主张的旷达人生态度更是无法认同，他们有的只是报复社会的变态心理，仇恨一切正常、美好的事物。

一朝大权在手，这种压抑着的仇视社会的情绪就会被充分宣泄出来，给社会造成巨大的破坏，同时也给统治秩序带来灾难性的冲击："举动回山海，呼吸变霜露。阿旨曲求，则光宠三族；直情忤意，则参夷五宗……狗马饰雕文，土木被缇绣，皆剥割萌黎，竞恣奢欲，构害明贤，专树党类。"（《后汉书·宦者列传》）

事实也正是如此，东汉桓、灵之际政治的腐朽黑暗，唐代顺宗、文宗几位天子的悲惨下场，宋代童贯等人作威作福紊乱朝纲，明代王振、刘瑾、魏忠贤之流专权所造成的恶劣后果，均是"马弁政治"可恶丑陋的具体体现。

正因为"马弁政治"是最黑暗的政治，因此，它对君主地位、权力所构成的实质性危害也最为严重。换言之，"马弁政治"是传统政治最后的红灯，它出现的时候，就意味着"统治者已不能照常统治下去了，而被统治者也不能再容忍照常的统治了"。于是，大动乱爆发，乱得七荤八素，乱得不能再乱之后，自然会有"圣明天子"降临，由他"奉天承运"，出来收拾残局，使天底下的芸芸众生能够摆脱"求做奴隶而不得"的"乱世"，而进入"可以暂时做稳奴隶"的"治世"（鲁迅语）。政治形态又开始转入"兄弟政治"，三种传统政治形态的新"轮回"遂重新启动，这就是所谓的"由终点回到原点"，典型的中国传统政治的基本运行律！

自污自晦：古代功臣自我保全之道

"飘然高隐"太困难，效忠输诚不尽管用，功臣宿将为了全身免祸只好另外再出高招。他们苦心孤诣，多方摸索，反复实践，找到了一条更加实际、更加有效的自我保全之道，即通过自晦、自污的方式，博取君主的放心，换得自己的太平无恙。

按照常人的思维逻辑，潜在的皇权争夺者，总是那些雄才大略、奋斗不息者，或者是阴险狡诈、深有城府的家伙。相反，那些了无心机、庸庸碌碌，只图吃喝玩乐，热衷淫佚享受的人则容易满足于已有的待遇，不会冒险去觊觎非望，兴风作浪，即便万一生事滋乱，就凭这些人花拳绣腿的功夫，对付起来也容易得多，稍加弹压，即可摆平。所以说，声色是娱，犬马是好，其无大志，可想而知。皇帝喜欢的就是这类酒囊饭袋。在他们眼中，贪图享受甚至贪污腐败，不失为一种"美德"，一个腐败的奴才与一个精明的人才，他们宁取前者而不用后者，如此方可以高枕无忧，稳踞皇帝宝座。

皇帝这些微妙的内心活动，自有人细心揣摩，功臣宿将为保命全身则更不会闲着。他们发现，在皇上的心目中，求田问舍、安居乐业、不思进取者，远远要比壮怀激烈、闻鸡起舞、有所追求者来得亲切和可爱得多。既然是这样，那么身处嫌疑之地的自己，要全身避祸，最好的办法就是贪图享受、醉生梦死，让皇帝陛下觉得自己只有依翠偎玉的"花心"而没有争权夺利的"野心"，龙心一大悦，就想不起下"兔死狗烹"的杀手了。天底下，难道还有比这更加合算的买卖吗！

战国时期著名的"四公子"之一魏国信陵君无忌，就是深谙此道的高人。秦国虎狼之师攻打赵国，将赵国都城邯郸围得严严实实，昼夜进攻，赵国危在旦夕，赵国平原君等派遣使者奔赴魏国求救，魏国国君惧怕秦国，虽派兵以搪塞人情，但却让援军在邯郸城外远远地屯驻下来，逗留不进。赵国越加着急，继续遣使请求魏国援军及时进击，与守城赵军里应外合，解救邯郸之围。此时，信陵君基于唇亡齿寒的认识，激于对秦军暴行的义愤，遂采纳侯生的建议，通过魏安釐王的妃子如姬窃得虎符，从魏军主将晋鄙手中夺得魏国十万大军的控制权。

通过"窃符救赵"之举，信陵君统率魏军在邯郸城下杀败不可一世的秦国大军，既拯救了濒于覆灭的兄弟之邦——赵国，又为自己的祖国——魏国赢得了继续生存的时间和空间，可谓是大大的功臣。但是凯旋后，他发现魏王对自己并不感谢，既没有原谅自己"窃虎符""夺兵权"的行为，还猜忌自己打败秦军的功劳，自己已经无意中陷入了"功高震主"的困境，性命有如风中之烛，随时有可能让他的兄长也就是魏王殿下一口气吹灭。为了逃避魏王的迫害，他及时亡羊补牢，使出非常高明的"自晦"之计，故意整日沉溺于醇酒美人，装出一副碌碌无为、可怜兮兮的模样，终于躲过了一劫。

魏国信陵君的自晦之计还只是停留在实践层面，把它上升到理论高度的第一人，据史书记载，似乎是秦国大将军王翦。他向秦王嬴政"多请良田美宅"之举，可谓是功臣宿将唯恐天子见疑，而以好货自污求得全身远祸的典型例子。

公元前230年至公元前225年，秦王政按照"灭诸侯，成一统，建帝业"的战略目标，实施"远交近攻"等一系列战略方针，"挥剑决浮云，诸侯尽西来"，蚕食鲸吞，相继攻灭了韩、赵、魏、燕诸国，紧接着开始了伐楚的准备。秦王先是征询了战功卓著、风头正健的青年将领李信的意见，问他攻灭楚国、统一南方需要多少兵马。李信当时正陶醉于灭燕战争的成就之中，睥睨一切，顾盼自雄，他头脑一热，表示只需要二十万人马便足以犁庭扫穴，灭亡楚国了。秦王听了李信的表态后倍感振奋，但他多少还有些不放心，于是又向老将王翦征求意见。王翦久经沙场，经验十分丰富，他做出了慎重而具体的判断：楚国国土面积广阔，各种资源丰富，人口众多，军事实力可观，虽然屡次战败，但"百足之虫，死而不僵"，"瘦死的骆驼比马大"，仍拥有相当的实力，绝对不可轻视，草率行事。所以他向秦王明确表示：依臣愚见，要讨平楚国，非得动用六十万大军不可。

秦王听了很不高兴，便语带讥讽地斥责王翦："王大将军您可真的是英雄迟暮了，居然如此胆怯，也太看重对手了。李信拍胸脯保证只需二十万兵马便可扫平楚国，勇气可嘉呀。我看这一次还是让年轻人放开手脚去冲锋陷阵吧！"于是秦王下令，由李信和蒙武统率二十万将士大举攻楚，去完成统一南方的战略目标。王翦乐得清闲，乘机称病告老还乡，杜门谢客，过他的安逸生活去了。

谁知李信、蒙武大军深入楚境之后，虽然连克数座城池，颇有斩获，但不久就遭到楚国名将项燕统帅的楚军主力的大规模反攻，一时间秦军大败，丢失两个营寨，战死七名都尉。楚军得势不饶人，乘胜追击三天三夜，杀得李信弃城而逃，前功尽弃。

秦王听说李信骄傲冒进，惨遭败绩，震惊不已，这才后悔当初不听从王翦的意见，自食其果。正应了那句老话："不听老人言，吃亏在眼前。"没奈何，他只得亲自登门，请求王翦重新挂帅出征。王翦一再推辞说："老臣年迈多病，委实难以担当如此重任，为了不致贻误军国大事，恳请君王另选贤将为妥。"但是，秦王不为所动，执意要他领兵出征。王翦本来还想推辞，后想到白起将军当年推三阻四不肯出任围攻赵都邯郸的秦军主师，以致惹祸杀身的故事，害怕自己重蹈覆辙，只得答应出征。不过有一个条件他坚决不让步，那就是要求有六十万兵马用于攻楚，否则，万万不敢受命。秦王已见前车之鉴，又迫于军情十分紧急，只好答应了王翦的请求，并正式拜封其为大将，以蒙武为副将，统率六十万之众全面平定楚国。

王翦临行之时，秦王亲自送到霸上（在今陕西西安市东），设宴为其饯行。酒席之上，王翦起身举觞，一面为秦王祝福，一面为自己求财，请求秦王多赏赐自己一些良田、美宅和园池。秦王笑着说：老将军何必多此一举，到时候您打了胜仗回来，便可跟寡人同享荣华富贵，难道还需担心晚年穷愁潦倒，衣食无着吗？王翦回答说，话可不能这么讲呀！在君王您手下为将，即便有再大的功劳也无法封侯，所以有必要请求多多赏赐田地、园池和房产，以便为子孙后代留下一点家业，也好免去老臣我的后顾之忧。秦王听了哈哈大笑，未置可否，只是说：不急不急，以后再说。

王翦拔寨启程之后，经蓝田至武关，一路上连续五次派遣使臣回朝，请求秦王快点把田园宅产赏赐给他，一副急不可耐的样子。他的做法令常人很难理解，连他身边的亲信侍从也看不下去了，纷纷劝他说：将军，您一路上不向君王报告具体的军情，反而不断地派人要求封赏，这是不是有点本末倒置，做得太过分了呢！可是，王翦却笑着对自己的心腹左右解释他这么做的用意：这就是你们几位有所不知了！自古以来哪一个君主对大臣没有猜忌之心呢？你们谁能保证秦王不是这样的人？我所率领的六十万大军，几乎就是秦国的全部兵力了，他怎么能放心得下呢？一旦有风吹草动，使他心生疑忌，轻则派人监督、束缚我用兵的手脚；重则废黜职务，解除兵权，甚至还会给我招来身首异处的祸患。我再三请求赏赐，难道真的是为了一点点田地、房屋、园池吗？不，当然不是，这不过是借此让他对我放心，使我能够放手用兵，完成灭楚大业，造福于大王和国家罢了！一番话，使得左右亲随茅塞顿开，对主帅王翦的为将韬略钦佩得五体投地。

　　王翦的自晦、自污之道果真收到了很好的效果。在秦王眼中，王翦不过是一个会打仗而无野心异志的人物，所以对他信任无比。王翦得此机遇，遂能够全力施展才干，很快就战胜了楚军的主力，杀死项燕，灭亡了楚国。同时，由于王翦在秦王面前装出一副胸无大志、斤斤计较的模样，消除了君主的猜忌之心，所以，秦统一六国以后，他能够平安无事，逍遥自在，优哉游哉，幸得善终。

　　王翦是中国古代能够以自晦、自污之韬略，逃避君主猜忌，保住身家性命的典型人物。他的成功给后代的一些功臣宿将以大的启迪：自晦、自污可以全身免祸，于是他们纷纷学样，争相效仿。

南朝刘宋时期的功臣宿将沈庆之可以算是一个例子。

沈庆之少年时躬耕垄亩，以勇力闻于乡里。三十岁弃农从军，在镇压孙恩、卢循起事，讨伐南方少数民族反抗，平定鲁爽、刘诞、刘劭的叛乱和与北魏大军的长期对峙中，屡建军功，勋业卓著，官封车骑大将军、开府仪同三司、南兖州刺史，算是刘宋朝廷中不折不扣的一大功臣。然而，更加让人惊奇的是，在当时皇帝动辄大杀功臣，功臣们朝不保夕、血流成河的环境下，他居然能躲过一次次杀机，活到了八十岁。沈庆之的高明，在于他处处有意显示自己的无知无识，以一个大老粗、乡下佬的形象面对皇上及世人，使他们以为他只不过是一个大字不识、了无心机的厚道人。既然其胸无大志、安分守己，那么又何必过于注意他，让他自生自灭就是了。沈庆之的高招说白了也很简单，即善于自污、自晦，使皇上感到放心，用句形象的话来表示，就是他惯于老虎扮猫。

据史书记载，沈庆之在这方面的表现的确天衣无缝。为了显示自己的庸碌无为、循规蹈矩，沈庆之十分注意日常生活中的一举一动。每次进宫朝贺，他乘的是猪鼻无幰车，左右从者不过三五人。有时候骑马到郊外溜达，也不过是一人一马而已。一个声名卓著的大将军，出行乘坐的是低档车，也没有随从前呼后拥、鸣锣开道，确实是够低调的。所谓以小看大，见微知著，沈庆之的举止，无疑是在向皇上传递这样一个信息：我饱食终日，无所用心，知足常乐，没有一星半点的非分之想。

此外，沈庆之还特别注意树立自己贪图享受、不问世事的乡下土财主形象。他在京城清明门外耗费巨资建造了四所"室宇甚丽"的深院大宅，又在风景秀美地带娄湖修建华宅园林，呼朋引类，让亲戚朋友一起居住进来，鲸饮猛吃。他还广买田产，添置家业，以至"产业累万金，奴僮千计"。对于女色，沈庆之也表现出浓厚的兴趣，春宵苦短，多多益善，不知餍足："妓妾数十人，并美容工艺。"

就这样，沈庆之将自己这头吊睛白额猛虎，成功地装扮成了一只步履蹒跚、只晒太阳不逮老鼠的病猫。而且还做得十分自然，了无痕迹，"随风潜入夜，润物细无声"，进入了老子所说的"生而不有，为而不恃，功成而弗居"的上乘境界，应该说，他基本上实现了自己的目的：巧妙地避开风口浪尖，躲到一个不被他人注意的角落里，全身免祸数十载，让同辈人艳羡，教后代人倾慕。

唐代名将郭子仪聚敛奢侈，纵情声色，是通过"自污"以全身远祸的又一个典型事例。

郭子仪能够"福禄永终"，全身免祸，除了他处处表现自己"效忠"皇帝的态度外，还有一个重要的原因，就是他善于"自晦""自污""逞侈心，穷人欲"，使得皇上相信他不过是一个胸无大志、贪图享受的"赳赳武夫"。在个人生活方式上，郭子仪也比与他齐名的李光弼多留了几个心眼儿。李光弼为人廉洁自律，洁身自好，全身上下透着一股凛然不可侵犯的浩然正气。可郭子仪却根本不欣赏这一套。他心里明镜似的，知道皇上宁可功臣贪墨，不愿功臣清廉，因为前者让人安心，后者却教人揪心，所以他便顺着梯子朝上爬：聚敛奢侈，穷极人欲，"良田美器，名园甲馆，声色珍玩，堆积羡溢，不可胜纪"。仅一次宴会就耗费了三十万钱，正是典型的"朱门酒肉臭"的写照。

　　从表面上看，这似乎是郭子仪私生活上的污点。其实问题并不这么简单，它正是郭子仪善于韬晦的表现。你想想，他"勋力之盛，无与伦比"，稍有疏忽，就会步韩信、彭越等人的后尘，功高震主，与皇帝产生嫌隙，轻则丢了乌纱，陷身囹圄；重则丢了脑壳，株连九族。而纵情享乐，五毒俱全，则可以让皇帝陛下高枕无忧，心情愉快。这恰恰是郭子仪参透玄机，"明哲保身"的障眼法。若不是深谙为臣之道，富于政治经验，哪里会想得到这步妙招？

　　另外，在处理与同事、部下的关系方面，郭子仪也大智若愚，大巧若拙。他治军的最大特点，是"御下恕"，用今天的话说，就是不唱黑脸，会做"顺水人情"，懂得"锦上添花"，对部属的行为睁一只眼闭一只眼。虽然"威略不逮"李光弼，"而宽厚得人过之"；"临下宽厚，每降城下邑，所至之处，必得士心"。麾下将士对郭子仪感恩戴德，渐渐形成了势力圈子："麾下宿将数十，皆王侯贵重，子仪颐指进退，若部曲然。幕有六十余人，后皆为将相显官。"（《旧唐书·郭子仪传》）这种不做"难人"，善于同广大群众打成一片的本领，李光弼是无法望其项背的。这些人受到郭子仪的器重，得了郭子仪的好处，投桃报李，就很自然要替郭子仪说好话。而皇上陛下呢，看见郭子仪一副窝窝囊囊、徜徉于声色犬马温柔之乡的样子，又听见有这么多的人称道郭子仪与世无争、为人随和的好处，就不会再猜忌他了，反而觉得留着他恰好能显示自己不杀功臣、雍容大度。这样一来，郭子仪以"自污"求自保的意愿也就圆满实现了。

其他像南宋名将韩世忠纵情声色，风流快活；北宋开国功臣石守信"专务聚敛，积财数万"之类，同样学的是王翦、沈庆之、郭子仪等以"自晦""自污"求全身免祸的招数。早有史家指出，石守信的"专务聚敛"乃"自晦"之术："然守信之货殖钜万，岂非亦因以自晦者耶？"（《宋史·石守信传》赞）此说的确颇有道理。因为当时石守信手中的兵权虽然已经被解除了，但是威望尚在，难以完全保证他不为别人所利用。在这种情况之下，石守信自毁声誉，以保生命，不失为聪明之举。

不但武将出身的功臣"自晦"以自保，就连文臣出身的功臣也有奉"自晦"为圭臬，亦步亦趋的。如汉初丞相萧何便是通过贪墨自污来赢得汉高祖刘邦的信任的："黥布反，上（刘邦）自将击之，数使使问相国（萧何）何为……客又说何曰：'君灭族不久矣……君初入关，本得百姓心，十余年矣。皆附君，尚复孳孳得民和。上所谓数问君，畏君倾动关中。今君胡不多买田地，贱贳贷以自污，上心必安。'于是何从其计，上乃大悦。"（《汉书·萧何传》）

又如赵普，在帮助宋太祖赵匡胤"杯酒释兵权"，收拾了石守信、王审琦等功臣勋将后，惧怕皇上转而对付自己，也立马"自晦""自污"，以求全身而退："以隙地私易尚食蔬圃，以广其居，又营邸店规利。"（《宋史·赵普传》）

由此可见，只要是功臣，不管是文臣还是武将，都十分注重运用自晦之道以释君主之猜忌，从而保全自己。这从侧面也反映出，它不失为功臣宿将自我保全的最佳途径。当然，以自晦求自保也并不是万无一失的。就拿前面提到的沈庆之来说，尽管他一辈子自晦、自污，小心谨慎，缩手缩脚地熬到了八十岁高龄，但最后仍然没有逃出皇帝张开的天罗地网。刘宋废帝虽然觉得沈庆之不会谋反，但自己诛杀大臣时，沈庆之碍手碍脚的，干脆把他也赐死算了。只不过赐死后，对他的赏赐甚为优厚，追赠侍中、太尉如故，并谥忠武公。沈庆之的家属也没有受到任何牵连。对于沈庆之来说，这已经可以说是最好的结局了，不但享有八十岁的高寿，而且连名声也保住了。

虽然自晦自污以求全身远祸并非尽善尽美之策，有时到头来尚有"机关算尽，反误了卿卿性命"之虞，但是对于绝大多数功臣来说，这是他们逃脱皇上的血腥魔掌，不重演"兔死狗烹"历史悲剧的无奈选择。从这个意义上说，它确实是处理复杂而恐怖的君臣关系时的"不言之教"，价值与作用"天下希及之"！

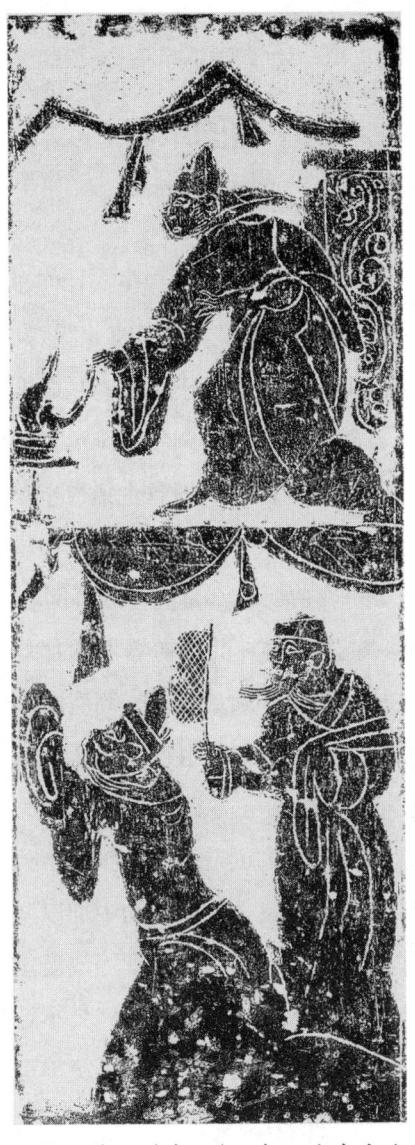

人物画像石（东汉）。浙江海宁市海宁中学出土。画面上层人物高冠宽袖，正在添灯油；下层一人拱双手跪地，另一人持便面侍立于其后。

才性离合

最是高处不胜寒：伍子胥的末路

中国传统文化中有一个十分特殊而又奇怪的现象，这便是司马迁所说的"夫作事者必于东南，收功实者常于西北"。从历史的角度考察，弃英雄如敝屣的现象，最早出现在春秋时期的南方诸侯列国——吴、楚、越等国，那里专制集权统治机制比较早地建立并开始运转，于是屠戮功臣以巩固君主集权也早早粉墨登场、领导潮流了。楚国成得臣、子反不得善终，吴国伍子胥衔恨而亡，越国文种大夫一命呜呼，都是典型的事例。

这里，我们仅说伍子胥。在公元前6世纪初爆发的那场吴楚战争中，伍子胥和孙武一样，是吴国大破楚军、高奏凯歌的主要功臣。为了夺取对楚战略决战的决定性胜利，伍子胥向吴王阖闾提出了"疲楚误楚"的战略指导方针，将吴军分为三支，轮番出击，骚扰楚军，麻痹对手，创造战机，置敌于死地。这一方针为阖闾欣然采纳，并且在具体军事行动中加以坚决的贯彻落实。六年间，吴军先后袭击楚国弦、豫章等战略重地，使得楚军疲于奔命，斗志丧失，士气低落。同时，吴军这种浅尝辄止、打了就跑的几近"无赖"做法，也给楚军统帅造成严重错觉，让他们误以为吴军的行动仅仅是武装骚扰而已，断定"小泥鳅掀不起什么大浪"，因而忽略了吴军这些"佯动""捣乱"背后所包藏的大大"祸心"，放松了应有的警惕，到头来终于栽了大跟头。

等各方面条件成熟后,伍子胥与孙武等人一起,捕捉时机,辅佐阖闾指挥吴军于公元前506年全面发起著名的柏举之战,正确选择有利的进攻方向,"以迂为直,以患为利","攻其无备,出其不意",迅速穿越大隧、直辕、冥阨三关险隘(均在今河南信阳一带),实施远距离的战略奇袭,乘隙蹈虚,风卷残云,重创楚军,五战五捷,一举攻占楚国政治、经济、军事、文化中心——郢都(今湖北江陵)。

入郢之战被著名历史学家范文澜先生称道为"东周第一战",吴国一举击败多年的老对手楚国,给长期称霸、顾盼自雄的楚国以十分沉重的打击,从而在很大程度上改变了春秋后期的整体战争格局,为吴国的进一步崛起,奠定了坚实的基础。

此后,伍子胥又辅佐阖闾之子夫差,在反击越国进犯的夫椒之战中,统率吴军长驱直入,连战连捷,杀得越军溃不成军,几近亡国。

可是,伍子胥在"西破强楚""南服越人"战争中的卓越贡献,在辅佐阖闾父子过程中的全身心投入,并没有给他的人生带来幸运。夫椒之战后,是乘胜灭越,还是北上伐齐,在战略方针的选择上,伍子胥与夫差存在着尖锐的分歧,夫差为人目空一切、刚愎自用,他对伍子胥的杰出战功心怀嫉妒,于是,他渐渐萌生了过河拆桥、卸磨杀驴的心思。当他看到伍子胥始终坚持南下灭越的初衷,知道伍子胥与齐国重臣有友好交往的消息时,不禁怒火攻心,气不打一处来,遂下决心诛杀伍子胥这位使吴国强盛的第一号功臣,他派人给伍子胥送去属镂之剑,逼他自尽。

伍子胥手捧属镂之剑，回想自己一生的坎坷经历，念及辉煌功勋带给自己杀身之祸的大冤恶遇，忍不住悲从中来，涕泪滂沱，沉痛地对下属说："我死之后，一定要在我的墓上种植梓树，使其可作棺木以埋葬吴国；再挖出我的眼睛，将它悬挂在吴都东门之上，让我能看见越寇灭亡吴国这一幕吧！"说罢，他挥剑割喉，气绝身亡。一代英豪最终做了黑暗君主专制制度"卸磨杀驴"的牺牲品。

夫差听说了伍子胥的临终遗言，更是怒不可遏，暴跳如雷，他一不做二不休，干脆派人取来伍子胥的尸身，抛入滔滔不绝的江水之中，以解自己的心头之恨，使得这出悲剧更带上一幕凄惨的"尾声"。

伍子胥之死，当然是一出悲剧，导致这场悲剧发生的主要责任者无疑是吴王夫差，然而，一个巴掌拍不响，伍子胥在这中间也不是没有问题，他的才华、他的处事方式，尤其是他的性格，至少对激化他与夫差的矛盾起到了催化剂的作用。

伍子胥自然极有才干，聪明睿智，深富韬略。当年伍氏遭遇灭门之祸时，伍子胥识破楚平王传召的险恶用心，没有像兄长那样犯傻回郢都自投罗网，而是选择了辗转出逃，使楚平王的斩草除根计划未能完全得逞。这种在生死关头的沉着、冷静，是成就事业的基础，渡过危机的本钱，可见伍子胥在政治舞台亮相伊始，便是一个极有主见、极有远略的非比寻常之人。

春秋时期，大臣出奔是很常见的事情，但是对出奔目的地的选择，却能反映政治智慧与斗争韬略的高下。伍子胥没有逗留于齐晋等大国，也不曾漂泊于郑宋等小国，而是选择了南方的吴国，实在是高明之至。因为他懂得齐晋等大国有的是各类人才，物以稀为贵，多了便不值钱，在能人扎堆成窝的地方，要想立马脱颖而出、出人头地肯定非常不容易，常言道"宁为鸡口，不为牛后"，去齐晋实在不是上策。宋、郑等小国倒是会热情欢迎他去投靠，自己努努力，谋个一官半职大有机会，可是这些国家都小了一些，根本不能成为楚国的对手，其主观上也丝毫没有向楚国叫板的胆量，自己去了也不过是白忙乎一场，父兄之仇又猴年马月可以报得！所以，郑宋等小国也无法成为自己考虑投奔的选项。而强大起来的吴国必然会与近邻楚国发生利益冲突，双方对江淮流域的争夺是不可避免的。所以，自己要报父兄被杀之仇，必须借吴国之手；而吴国要实现削弱楚国实力，取代楚国成为南方霸主的目的，也必然离不开自己的帮助，必须要借助自己的智谋。双方之间合则双赢，这个注值得下。

战略的核心是高明预判战略形势，在多种可供选择的行动方案中选定最合理的。正如流行歌曲《当爱情经过的时候》歌词所唱的"到下一个路口，是向左还是右，有谁来为我参谋"。战略就是决定向"左"或向"右"的"参谋"。伍子胥做出了向"左"向"右"的正确选择，证明他不愧为不世出的谋略大师、战略学家。

至于破楚之后吴国新的战略主攻方向的选择，伍子胥的见识和判断也是完全正确的。当时，吴国要谋求进一步的发展，就必须在"南服越人"或"北威齐晋"两个方向中做出正确的选择，区别主次轻重，循序渐进，以避免两线作战，陷于战略上的被动地位。很显然，伍子胥是最坚定的"南进"派。他认为，齐、鲁等国对吴国来说，不过是"疥癣"之疾，不足畏惧："夫齐、鲁譬诸疾，疥癣也，岂能涉江、淮而与我争此地哉？"（《国语·吴语》）"破齐，譬犹石田，无所用之。"（《史记·伍子胥列传》）反之，越国则是楚的盟国，长期以来为虎作伥，同吴国对着干，兵锋咄咄，得寸进尺，有亡吴之心，实乃吴国的心腹大患。吴国只有先彻底打败越国，才能国基永固、霸业有成。总算苍天保佑，吴军在夫椒之战中大获全胜，此时灭越，有如探囊取物，不费吹灰之力。伍子胥自然不愿错过这样的良机，所以坚持"宜将剩勇追穷寇"，要求夫差当断则断，把灭越大业进行到底。因为他心里十分明白，越王勾践不是等闲人物，其左右股肱范蠡、文种更不是省油的灯，眼下越国虽然遭受严重挫折，但是只要其一息尚存，就有可能死灰复燃、卷土重来，所以不能不一鼓作气，乘势一举灭亡它，绝不能养虎遗患。另外，他认为灭亡越国还可以确保他日吴国北进时没有后顾之忧，避免出现两线作战的被动局面，从战略角度考虑，灭越也是当务之急。

伍子胥的意见没有错，他对吴国的忠诚也无可置疑，可是为什么他的好心不能得到好报，正确的主张未被采纳姑且不说，甚至连自己的性命也搭了进去，最终酿成悲剧呢？这不能不联系到他的性格弱点和处事方式了。

常言说："性格决定命运。"这一点在伍子胥的身上体现得十分明显。从有限的史料记载来看，伍子胥的性格特征是刚强有余，圆通不足，他疾恶如仇，秉直而行，这固然有值得肯定的地方，可是过于执着，有时不免不识时务，僵硬固执，把明明是正确的意见或做法异化为不合人情、不可理喻的言行，引起旁人的反感，惹来不必要的麻烦。

这一点在他攻入郢都后的许多做法上都有鲜明的体现。从双足踏上郢都土地的那一刻起，伍子胥就像疯了似的实施最坚决的复仇。他这样做，不是没有一点道理的，的确，自己的父亲和兄长惨死在楚王的斧钺之下，自己则被迫背井离乡，四处逃亡，历尽人间的沧桑，尝遍不幸的苦酒，家仇如山，身恨似海，让人日夜衔思，怒火填膺，唯求手刃仇人，报仇雪恨。如今苍天有眼，自己终于以胜利者的身份踏上这片洒满泪血的土地，他百感交集，万般慨然，回想起当年的遭遇，不禁热血沸腾，怒火中烧，悠悠万事，唯此为大，这就是彻底复仇，一泄心头之恨。

孔子说"以直报怨"，伍子胥不是不该复仇，问题是复仇应该按常理出牌，要符合一般人的思维习惯与行为方式，能够得到局外人的理解和认可。最高的原则，便是一切都要适可而止，见好便收，切忌忘乎所以，失去方寸。以这个原则对照伍子胥的复仇举动，我们会觉得伍子胥显然做过头了：他统领士兵掘开楚平王的坟墓，亲自鞭尸三百，并且"左足践腹，右手抉其目"，大骂平王以泄愤恨，这的确是不顾社会舆论与影响，只图一时痛快的行为，是典型的被仇恨与怨怼蒙蔽了理智的结果，这当然是很难为他人所谅解和接受的。当时就有人对伍子胥的鞭尸事件提出批评和质疑，可兴头上的伍子胥哪里听得进去，反而用"日暮途穷"可以"倒行逆施"的理由为自己进行辩解，这无疑是强词夺理，错上加错。

个性如此果决刚毅的伍子胥，与同样刚愎自用的吴王夫差凑合在一起，双方的隔阂与冲突乃是可想而知的。俗话说"一根桩上拴不得两只叫驴",伍子胥如何能与夫差和谐相处？更糟糕的是，伍子胥和阖闾同辈，在夫差在位期间，他已经是典型的前朝元老了，对于夫差，他恐怕会以子侄视之，有意无意地扮演"亚父"的角色。而事实上，"亚父"的角色是最不容易扮演的，尤其是在很有主见和才干的子侄跟前，若是真的端起"亚父"的架子，倚老卖老，指指点点，那么，受到后辈的冷落，甚至恚恨实在只是迟早的事情，看项羽如何对待范增便可了然，这中间固然有陈平离间计的作用，可是如果双方没有芥蒂，这样的小儿科手法又如何能够得逞？

伍子胥与夫差的关系也有相似之处，夫差尊重伍子胥不假，但是这并不意味着伍子胥可以自说自话，我行我素，夫差毕竟是成人，又打了像夫椒之战这样的特大型胜仗，正踌躇满志、不可一世呢，可是伍子胥偏偏倚仗自己的功勋与资格，要对夫差的北上争霸计划说三道四、评长论短，要求夫差像孩子一样听信顺从他的意见，这当然会让夫差感到很没有面子，他心中的恼怒与抵触是可想而知的，只是碍于情面，没有马上发作而已。如果说伍子胥发表意见前，夫差还游离于南下或北上的两难选择的话，那么，经伍子胥一激，他恐怕反而真的下了决心：就不听你的唠叨多嘴，你越是主张南下灭越，我就越不信这个邪，偏偏要北上中原，与齐、晋等大国周旋一番，看看在吴国究竟谁是主人，谁说话算数。这样一来二去，伍子胥自然被边缘化了，甚至连生命都处在了危殆的境地。

其实，我们可以设想一下，如果伍子胥在性格上稍稍圆滑一些，借其他人之口说出自己南下灭越的主张，自己不做出头橡子，或者干脆正话反说，故意去奉迎夫差的北征计划，这样反倒有可能会使夫差临事而惧，变得犹豫疑惑起来，以至于最终放弃这种战略上明显存在漏洞的选择。可以"亚父"自居的伍子胥迫不及待地掺和了进来，使得事情愈发复杂化，完全背离了他的初衷。

伍子胥将儿子托付给齐国鲍氏抚养的行为，更加速了他死期的到来。"狡兔三窟"，自我保护，给自己找个退路的做法本来无可厚非，可是在君臣关系已十分微妙的情况下再这么做，却等于是横生枝节、火上浇油，让夫差坐实了对伍子胥建议灭越、反对伐齐动机的怀疑。在夫差看来，伍子胥这么做，恰好证明了他"怀有贰志"，更何况他的"窟"是营造在即将征伐的敌国的地盘上，实在是"是可忍，孰不可忍"。谁知道伍子胥聪明一世，竟会如此懵懂一时，他死在属镂剑下，的确是无可奈何的事情。

伍子胥是典型的性情中人，"强梁"是他的显著性格特征，可哲人老子早就说过，"强梁者不得其死"，伍子胥的性格早已为他埋下了"不得其死"的根子。同时，伍子胥是元老，是"亚父"级的人物，对这类人来说，在新的主子面前，最好是遇上矛盾绕着走，碰上难题三缄口，孔子说"不在其位，不谋其政"，又说"君子思不出其位"，伍子胥呢，以他特殊的背景，则应该更进一步，做到"在其位，不谋其政"，这样，他才有可能与雄心勃勃、刚愎自用的夫差相安无事。然而，伍子胥毕竟不同于后世的长乐老冯道诸人，他不但要"谋其政"，而且有越俎代庖的嫌疑。这如何能让夫差容忍，如何能让夫差舒坦？双方的彻底决裂是无法避免的。伍子胥将儿子托付给齐国鲍氏的秘密一暴露，伍子胥再聪明，再能干，也是百口莫辩、一败涂地了。

幻想用人力主宰事物、操纵政治，只会使一切变得混乱糟糕，走向反面，"为者败之，执者失之"，事与愿违，种瓜得豆。正如老子告诫孔子的那样：明察秋毫者容易自蹈死地，这是因为其议论他人；博学多闻者容易危及自身，这是因为其批评他人。还是糊涂一些，不要固执，"毋以有己"，忘了自己吧。伍子胥无法做到"毋以有己"，再加上顶着"亚父"这不尴不尬的特殊身份，无怪乎进退维谷、动辄得咎。从这个意义上讲，伍子胥之死在很大程度上只能怪他自己。

"鱼与熊掌不可兼得"——吴起身上的德才悖论

"人君为政在于得人",这层道理历朝历代的统治者都明白,因此,"举贤任能"的口号代代相沿袭,可以说是中国传统政治文化的一个图腾:"帝王之道也,以择任贤俊为本,得人而后与之同治天下。"(《河南程氏经说》卷二)

可是,大千世界,千奇百怪。人才的类型多种多样,最理想的人才自然是资兼文武,德才兼备,道德文章,均臻一流,既有为人楷模之德,又不乏经国安邦之能。遗憾的是,"金无足赤,人无完人",人才上的求全责备往往是一厢情愿的事情。实际生活之中,作为个体的人才通常难免有这样或那样的缺陷,而且能力越大,其他的毛病就越多,或操行有亏,或性格孤僻,或恃才傲物,或放荡不羁。总之,"尺有所短",德行相悖乃是发生在许多人才身上的普遍现象。

战国时期著名的政治家、军事家吴起,可谓是历史上德薄才高的一个典型人物。

说起吴起的德操,委实让人无法恭维。此人从青少年时代起,便抱着强烈的功利心,时时刻刻渴望着出人头地、扬名天下,为此竟不择手段,动辄以最残忍甚至无耻的方式,实现自己向上爬攀、为官作宰的目的。

为了平步青云,吴起不惜花费千金,破家游历,奔走于列国之间,自荐于诸侯之前。然而,他的努力一开始就处处碰壁，不仅弄得家道破落，而且还受到邻里闲人的讥笑嘲弄，成为他们茶余饭后的谈资。说实在的，这本来算不得什么大不了的事情，至多不加理睬，继续打拼，直至做出一番成绩，让闲杂人等在事实面前闭上鸟嘴。可是我们这位吴起却丝毫没有雅量，大怒之下，竟罔顾法纪，手刃了那帮说三道四的闲人。这些闲人尽管说话刻薄了一些，但毕竟罪不至死。吴起为出一口窝囊气，使三十多人喋血利剑，横尸堂前，视人命如草芥，其狠毒野蛮实在让人不寒而栗。

　　如果说，吴起对外人狠心残忍多少还可以理解，那么，他对自己亲人的所作所为则不免使人感到疯狂可怖、灭绝人性，让人懂得什么叫天良丧尽，什么叫蛇蝎心肠。在家乡卫国犯下命案后，吴起流窜到了鲁国，先是在曾子门下研读了一段时间的经典，差一点混成一名大儒，可是他道德上的劣根性却扼杀了这种可能：他母亲在卫国老家忧愤去世，按传统的礼仪规范，吴起这时应该暂时中断学业，回家奔丧，以尽人子的孝道。但是，利欲熏心的吴起却没有这么做，这种藐视传统道德规范的惊世骇俗之举，只能说明吴起的冷血无情。这样的品德，自然无法在讲究纲常伦理的儒家门庭中立足，他与曾子的师生之谊也从此彻底断绝了！

　　被逐出儒家行列后，吴起转而研读兵书，揣摩韬略，凭着自己的天资，吴起很快在兵学领域有了一定的造诣，颇得鲁国朝廷的赏识。可是，当齐国军队大举来犯时，鲁穆公却在是否任命吴起为大将统军作战一事上举棋不定、踌躇犹豫了。原因不是别的，就是吴起的妻子是齐国人，鲁穆公担心他在战场上回护齐军。吴起察知这一内情后，为了得到鲁穆公的信任，一不做,二不休,竟然不惜杀死妻子以表明心迹。终于,他依靠这种冷酷血腥的方法赢得了大将的兵符,用妻子的鲜血和头颅圆了自己的升官梦,这就是人神共愤的"杀妻求将"。这时,吴起已经完全突破了道德的底线,成为丧心病狂的嗜血恶魔。长期以来,吴起成为许多人厌恶、憎恨的对象,恐怕就是因为他的德操的确充满邪恶、丑陋,实在让人喜欢不起来。

但是,如果撇开道德操守不论,吴起在当时实实在在称得上是第一流的能臣干吏。他残杀妻子谋取大将一职后,统率鲁国军队以弱胜强、以少胜多,大破不可一世的齐军。日后,他又辗转来到魏国,在那里前后任职多达二十七年之久,辅佐魏文侯、魏武侯两代君主,治绩突出,战功卓著,"立为大将,守西河,与诸侯大战七十六,全胜六十四,余则钧解,辟地四面,拓地千里"(《吴子·图国》)。在铁马金戈的洗礼中,吴起作为威震八方的军事统帅名闻遐迩,声誉日隆。尤其是在与秦军的作战中,吴起奇正并用,避实击虚,扬长避短,指挥若定,多次战胜实力强大的秦军,攻克秦国多座城池,夺得战略要地西河地区,使得魏国在与秦国的激烈角逐中占据了战略上的有利态势。

吴起的最后生涯是在楚国度过的。在那里他辅佐楚悼王进行全面的改革,殚精竭虑,雷厉风行,制定了一系列变法的措施,并且在实践中坚决贯彻执行。首先是"明法申令",废除世卿世禄制度,规定凡是分封贵族传了三代的,就一律收回他们的封爵,取消其俸禄,废除其公族的谱籍和各种世袭特权,并且将一些旧贵族迁徙到边远地区,从而有力地加强了中央集权统治。其次是实行精简,整顿财政,奖励耕战,撤并了不少多余的政府机构，裁减了许多冗官，从而大大减少了国家的财政支出，提高了行政的效率，使得楚国的经济日益繁荣和发展。第三，"要在强兵"，将取消贵族俸禄和裁减冗官节省下来的钱财，用于抚养将士，扩充军备，增强国防，从而建立起一支能征惯战的强大军队，直接为楚国从事兼并扩张战争提供服务。

吴起主持的变法改革，收到了显著的效果。楚国的国力迅速得到恢复和发展，一跃而成为当时屈指可数的头等强国。吴起以雄厚的国力为基础，统率楚国雄师南征北战，所向无敌，取得了"南平百越，北并陈、蔡，却三晋，西伐秦"（《史记·孙子吴起列传》）的重大成就，威震天下，举世瞩目。

此外，吴起还在兵学理论的研究与总结方面取得了突出的成就，和兵圣孙武一样，为后世留下了一部不朽的兵学名著——《吴子》。该书较全面地反映了战国时期的战争特点和吴起本人独到的兵学观点，深刻地总结了战国前期丰富的实战经验，是继《孙子兵法》之后又一部体系完备、思想精辟、影响深远的兵学著作，在中国古典兵学发展史上具有不可磨灭的地位。

吴起在鲁、魏、楚等国经国治军的经历及其成就、在兵学理论建树方面的贡献，足以证明时人对他"用兵司马穰苴不能过也"的评价，乃是实至名归、货真价实，同时也足以说明吴起才智过人，办事能力超群，这恰好与他龌龊卑劣的德操形成巨大而鲜明的反差，可见一个人的德与才在很多情况下处于相悖对立的状态，对不少人而言，德才兼备往往是理想态，志大才疏或者才高德薄才多为比较常见的现象。

对于高明的统治者来说，最理想的辅佐之才无疑应该是德才兼备者，但是在很多情况下，这往往是可遇而不可求的。这时候正确的态度是要正视现实，不拘一格任用那些身上不无种种毛病或者不足的人才，"因任而授官，循名而责实"，发挥他们在治国经武方面的长处，同时对他们的缺陷有清醒的认识，用制度乃至权术控制与制约他们的行为，将其消极影响控制削减到最低的程度。魏文侯、楚悼王对"贪而好色"的吴起的任用，刘邦对"盗嫂昧金"的陈平的驱使，都是用人方面相当成功的例子。

权力欲的深渊：白起范雎生死劫

曾有人用"厚黑"两字来概括中国传统政治的基本特征，即在中国古代政治大网络中，人与人之间充满了尔虞我诈、翻手为云、覆手为雨的无情倾轧和噬食，谁脸皮厚，谁心肠黑，谁就能在政治角逐中把握先机、左右逢源。这个说法虽然带有很大的片面性，失之于偏颇、绝对化，但也不无一定的道理。的确，在封建社会里，政治往往是十分残酷无情的，它"始于作伪，终于无耻"，虚伪的周旋，血腥的倾轧，"你方唱罢我登场"，像口巨大而深不可测的陷阱，使人们有意无意地葬身其中，留下无尽的痛苦与遗憾。无怪乎有人要将二十四史形容为伤心的"相斫"史。

这种伤心"相斫"的性质，在同僚关系上往往有最集中的反映。常言道"同行是冤家"，同僚之间，为了满足各自无穷的权力欲，为了在君主面前摇曳尾巴争宠邀功，为了在切分利益的蛋糕时赢得最大的份额，都不免像乌眼鸡似的，好话说尽，坏事做绝，互相倾轧，不择手段。彼此间仇恨多于关怀，拆台多于互助，猜忌多于理解，幸灾乐祸多于同情提携。于是寡恩薄义过河拆桥者有之，党同伐异落井下石者有之，无事生非自毁长城者亦有之。其结果，是许多人被黑暗政治吞噬，历史长河中不断有新的冤魂失足落水，这是历史的丑陋，也是历史的无奈。

战国时期，秦国文武两大名臣白起与范雎之间的"生死劫"，可以说是这种丑陋官场文化的一个缩影。

战争是战国时期社会政治生活的主旋律，与之相应的，就是英雄辈出、名将如云，若就骁勇善战这一点来讲，应首推这位白起。

白起（？—前257），郿（今陕西眉县东）人。据《史记》等史料记载，白起从普通士兵到秦军主帅，一生征战沙场，前后达四十余年，曾指挥重大战役十余次，歼敌近百万人，夺取了韩、赵、魏、楚等国的大片土地，为秦国统一六国奠定了坚实的基础，称得上是战国时期首屈一指的"常胜将军"，誉之为"战神"毫不为过。

白起的军事功业以东破韩、魏为起点。公元前294年，白起被秦昭王任命为左庶长，统率秦军一举攻占韩国的新城（今河南伊川西南）；次年，又率军同韩、魏联军在伊阙（今河南洛阳一带）进行战略决战，全歼韩、魏联军二十四万人。经过这次战役，韩、魏两国一蹶不振，从此畏秦如虎，献地求和，而秦国则基本上实现了"断山东六国之脊"的战略意图。

在对韩、魏的战争取得重大胜利后，秦国把军事进攻的重点转向了楚国。时已官拜大良造（秦国最高武官）的白起忠实地执行了这一战略方针，于公元前279年率秦军数万人南下攻打楚国，连克鄢（今河南鄢陵西北）、邓（今河南邓州）等五城；翌年又攻占楚都郢城（今湖北江陵西北），焚烧夷陵（今湖北宜昌东南），迫使楚襄王迁都于陈（今河南淮阳）。接着，白起又先后攻占巫、黔中之地，将楚国西部大片国土并入秦国版图，从根本上摧毁了楚国赖以抗秦的实力，战略格局为之彻底改变。白起本人也因军功卓著而被封为武安君。

在中国历史上，白起以善打歼灭战而闻名，他用兵艺术的最大特色是知己知彼，料敌详审，准中求狠，出奇制胜。这一点在公元前261年爆发的秦、赵长平之战中得到了最突出的体现。

长平之战是战国时期规模最大的一次战争，也是白起军事生涯中最辉煌的杰作，其军事成就在这一战中达到了巅峰。当时，韩、魏各国连遭秦的打击，朝不保夕；楚、齐、燕诸国也屡受重创，自顾不暇。唯有赵国，自赵武灵王实行"胡服骑射"军事改革以来，军事实力增强，成为秦统一天下的主要障碍。秦、赵之间的战略决战有如箭在弦上，势在必发。就在这样的背景下爆发了长平之战。

在这场生死大战中，身为秦军主帅的白起，针对只会"纸上谈兵"的赵军主帅赵括轻敌骄傲的弱点，制订了"诱敌冒进，奇正并用"的作战计划，即命令前锋部队担任诱敌任务，当赵军进攻时，佯败后撤，而将主力配置在纵深构筑的袋形阵地，抵挡阻遏赵军的攻势；动用奇兵两千五百人埋伏在两边侧翼，伺机穿插到赵军侧后，切断其退路；再用五千精骑插入赵军营垒，牵制营垒中剩余的赵军。这真是一个天才的作战方案，在古代世界，只有迦太基伟大统帅汉尼拔的布阵勉强可以与之媲美。

赵括在不明虚实的情况下，贸然采取进攻行动，率主力进入秦军预定的包围圈内。白起即令两翼奇兵迅速出击，将赵军截为三段。赵军四面受敌，粮道断绝，援兵不至，突围不成，完全陷入绝境。被围困四十六天后，赵军饥疲不堪，甚至自相杀食，死亡的阴影笼罩着部队。绝望中，赵括亲自率领精兵突围，结果被秦军乱箭射死。赵军失去主将，斗志全无，四十余万饥疲之师全部向秦军解甲投降。白起除下令放回二百四十多个少年外，其余降卒一概坑杀，写下了战争史上十分残酷的一页。

赵国是当时秦国在关东六国中最后一个强劲的对手，长平之战从根本上削弱了赵国，为秦统一六国扫除了一个巨大障碍，而白起本人也在此役中创造了中国战争史上大规模野战机动歼敌的典范战例。

从白起辉煌卓越的军事生涯来看，很显然，他是秦统一六国的第一号功臣。秦国要"振长策而御宇内"，东出函谷，席卷天下，首先要控制天下中枢——韩、魏，从而占有战略上的最大主动与优势，这一步，白起通过伊阙一战，杀敌二十四万有生力量后实现了。秦国的第二着棋，是要彻底削弱关东六国中面积最大、人口最多、军队最众的楚国，消除"纵成则楚王"的巨大威胁。这一目标，也凭借白起的天才指挥，克楚国都、焚楚王陵，打得楚人丧魂落魄而遂愿。秦国第三步，是要坚决打击关东六国中战斗力最强的赵国，摧毁关东六国的侥幸抵抗心理，最大限度地打开通向胜利、完成统一的道路。这一心愿，同样还是依靠白起长平一战而水到渠成地画上了圆满的句号。至于日后秦始皇派王翦、王贲等人最后剿灭六国，也无非是在白起栽种的桃树上采摘桃子而已，换成你我，或许也能轻松摘得，并不稀罕。从这个意义上说，白起是对中国历史的进程做出过巨大贡献的伟人！其功勋绝不在秦皇汉武、唐宗宋祖之下。

然而就是这么一位功臣,也同样未能走出"兔死狗烹"的怪圈,魂断杜邮,衔冤千古。

稍加考察便知,白起其实是残酷政治斗争中的牺牲品,他的蒙冤殒身,在很大程度上正是功臣倾轧功臣的产物。

这个陷白起于万劫不复绝境的功臣,就是当时任秦国丞相,同样曾为秦国的发展做出过重大贡献的应侯范雎。

这位范雎丞相,与那陷害岳飞落得千古骂名的张俊可有所不同,他是秦国不折不扣的大功臣。他所提出的"远交近攻"战略方针,使秦国统一六国的战略走上了健康正确的方向,帮助秦国以较小的代价赢得了最大的战略利益,"得寸亦大王之寸,得尺亦大王之尺",秦军所向披靡,蚕食鲸吞,占尽战略上的主动,为最终横扫天下、混同一统奠定了坚实的基础。从这个意义上说,范雎无愧为勋侔白起的大功臣。而范雎本人亦因功勋卓著而由普通客卿爬上丞相的高位,位极人臣,风光无限。

可惜的是范雎是位心胸狭窄、嫉贤妒能的政治短视者,他对白起的功勋耿耿于怀,必欲捣乱破坏之而后快。这种根深蒂固的敌意与矛盾,在秦军长平大捷后尖锐激化到了极点,最后酿成了一次总冲突、总爆发。

长平一战,白起统率秦军全歼赵军主力四十余万,从根本上消灭了关东六国赖以抗秦的有生力量,秦统一天下的道路从此畅通无阻了。白起本人也因此战的大获全胜而功名达到鼎盛。他把握战机,及时进围赵都邯郸,期待一举灭亡赵国,把秦灭六国的事业向前大大推进一步。

然而,白起的巨大成功,却让范雎心头酸溜溜的,他感受到了莫大的空虚失落。他的这种微妙心态，被聪明人察觉并加以利用，纵横家苏代向范雎进言：赵国一旦灭亡，秦王便成了天下的主宰，白起也将因功晋升为三公。他"为秦战胜攻取者七十余城，南定鄢、郢、汉中，北擒赵括之军"，即便是周公、召公和姜太公的功业也比不上他。接着苏代话锋一转，向范雎点明如果白起继续建功将会对他产生什么影响："今赵亡，秦王王，则武安君必为三公，君能为之下乎？虽无欲为之下，固不得已矣。"接着，苏代居心叵测地向范雎建议：不如答应赵、韩诸国的求和意愿，放过赵国，"无以为武安君功也"。(《史记·白起王翦列传》)

苏代的建议正中范雎下怀，为了个人的得失，阻止白起再立功，范雎他竟然不顾国家利益，向秦昭王建议允许赵国求和："秦兵劳，请许韩、赵之割地以和，且休士卒。"头脑简单的秦昭王采纳了他的意见，遂下令解除邯郸之围，使得白起灭赵的战略计划功亏一篑。

唾手可得的胜利就这样被轻易葬送，这当然叫白起既伤心又失望。得知这原来是范雎从中捣鬼，白起的愤懑可想而知，"由是与应侯有隙"。而对于采纳范雎意见的秦昭王本人，白起内心深处也萌生了些许不满。所以，当秦昭王改变想法，决定重新围攻邯郸时，白起托病不朝，死活不肯出任主帅。秦昭王知道他有病是假，闹情绪是真，故一再坚持让他挂帅出征，并数次派范雎上门去劝请。白起一见范雎就来气，更是坚辞不从，君臣关系从此变得十分紧张。

对于一直嫉妒白起军功的范雎来说，眼下的僵局正是他梦寐以求的。为了彻底除掉白起这个竞争对手，他决定趁热打铁，利用秦昭王对白起的信任危机，鼓唇摇舌，挑拨离间，进一步强化秦昭王对白起的恶感。他的战术果然奏效，秦昭王最终下令贬白起为普通士卒，逐出京城咸阳。可怜一代名将白起，在范雎的陷害下，竟然被剥夺一切，流落天涯。

不过对于范雎而言，白起被削职流放还不能让他完全满意，他的终极目标是消灭白起的肉体，彻底斩草除根。为此他再接再厉，向秦昭王进谗言说："白起之迁，其意尚怏怏不服，有余言。"秦昭王听了火冒三丈，于是下令逼白起自杀。旷世军事天才白起就这样殒命黄泉，留给历史一个巨大的遗憾。

白起的屈死（用司马迁的话说，就是"死而非其罪"）又一次表明，功臣之间出于嫉妒、争名夺利等阴暗心理的倾轧斗争，是传统政治弊端的客观反映，是导致将星陨落、功臣不得善终的重要原因之一。同时也表明，对于功臣宿将来说，最大的危险不是来自战场上的明敌，而是来自自己周围暗藏的以同僚面目出现的敌人。这种人为的政治内耗、倾轧，使得多少功臣没有倒在战场却倒在了官场，让历史付出了巨大的代价。

厚黑有道：公孙弘的伎俩

"山重水复疑无路，柳暗花明又一村"，自汉武帝刘彻独具慧眼，听取董仲舒等人的意见，推行"更化"政治，"罢黜百家"之后，儒生的遭遇宛如新旧两重天，"换了人间"。

其中最具有说服力的例子，莫过于齐地菑川人公孙弘在"耳顺"（六十岁）之年，以白衣而为博士、内史、御史大夫，直至丞相，封平津侯，风光无限，显赫一时，成为普通儒生用孔子这块敲门砖撞开利禄大门的一面旗帜，使天下读书人在经历了秦始皇"焚书坑儒"的苦难、无赖皇帝刘邦拿儒冠当作尿盆使的屈辱、窦太后逼着辕固生赤手空拳搏斗野猪的淫威之后，终于看到了隧道尽头的亮光，冬去春来的希望，扬眉吐气有期，弹冠相庆可待，于是乎他们个个精神抖擞，意气风发，准备到官场上一显身手，大展抱负，用东汉大历史学家班固的话来说，就是"公孙弘以治《春秋》为丞相封侯，天下学士靡然乡风矣……自此以来，公卿大夫士吏彬彬多文学之士矣"（《汉书·儒林传》）。

公孙弘仕途腾达，官运亨通，当然是际会风云所致。但是，不可否定的是，这也包括他自己有几把刷子的原因。首先，处事谨慎，能摆正自己的位置，从不做"出头鸟"，更不和汉武帝抢镜头，"其行慎厚，辩论有余"，"每朝会议，开陈其端，使人主自择，不肯面折庭争"；"弘奏事，有所可，不肯庭辩"。(《汉书·公孙弘传》)总之,他为人做事十分低调,收敛锋芒,与汉武帝保持高度一致。

其次,生活比较俭朴,能比较高明地展示自己道德上的优点,符合朝廷"以孝治国"的基本原则。如对待自己的后母,奉养尽孝,胜于亲出,自是人子的典范,堪为社会的楷模:"养后母孝谨,后母卒,服丧三年。"又如生活上清廉自律,乐于助人,将俸禄都用来安顿亲朋好友的生活,堂堂丞相居然毫无积蓄:"身食一肉,脱粟饭,故人宾客仰衣食,俸禄皆以给之,家无所余。"(《汉书·公孙弘传》)积德行善,有口皆碑。

尽管汲黯等人辛辣地指出公孙弘这么做动机不纯,是狡诈的表现:"弘位在三公,俸禄甚多,然为布被,此诈也。"可在公孙弘太极推手式的表现面前,汲黯等人的指责根本不能动摇汉武帝对公孙弘的信任:"上然弘言""上益厚遇之""上以为有让,愈益贤之"。(《汉书·公孙弘传》)能在风波险恶的官场上如此游刃有余,进退从容,公孙弘的能耐不可不谓极大,足以令人刮目相看。

第三,谈吐颇有幽默感,为人不乏亲和力,史载公孙弘"为人谈笑多闻"就是明证。在复杂的官场环境中,这一性格特征是调节气氛、改善关系的有效润滑剂(就像今天在官场上,能说"段子"活跃气氛的人,始终要比整天耷拉着一张苦瓜脸的家伙受欢迎的情况一样)。公孙弘具备这方面的天才,无疑对其在官场上立足有着巨大的帮助。《汉书·循吏传》称他"通于世务,明习文法,以经术缘饰吏事",这正是他不同于一般"迂远而阔于事情"的陋儒的地方,"天子器之"也就十分自然了。可见汉武帝将他树立为学者从政的典型绝非无的放矢、心血来潮。

公孙弘虽然不乏才干，也有政绩，即所谓"居官可纪"，可是却存在着一个致命弱点，即心胸十分狭窄，心理相当阴暗，患有无药可救的"红眼症"，"文人相轻""官场倾轧"到了极端的地步。史称其"性意忌，外宽内深"，"多诈而无情"，这就是说，他小肚鸡肠，大奸似忠，大恶如善，表面上一副谦恭和顺、彬彬有礼的正人君子形象，实际上城府极深，自我中心欲膨胀。当面是人，背后是鬼。同僚当中凡与他有隙怨者，"无远近，虽阳与善，后竟报其过"。(《汉书·公孙弘传》)真可谓台上握手叙欢，脚下猛使绊子，怀恨在心，睚眦必报，迟早让人家吃不了兜着走，稀里糊涂撞个头破血流。

主父偃也是朝廷重臣，同样颇得汉武帝的信任，"上从其计""岁中四迁"(《汉书·主父偃传》)。尤其是他提出通过"推恩"削弱诸侯王实力的建议，深得嗜权如命、专意独裁的汉武帝的欢心，成为武帝身边的大红人，倍受恩宠，权倾朝野。

主父偃的得势，让公孙弘在一旁瞧着十分不爽，他与主父偃结下了很深的梁子，时刻等待着报复的机会。

机会终于来了。主父偃由于对齐王、燕王等诸侯的惩治过于严酷，激起了王公贵族们的强烈反弹，加上他自己手脚也不干净，曾收受诸侯贿赂，因此激怒了汉武帝。"大人豹变"，武帝遂下令将主父偃下狱惩办。不过，此时汉武帝还不想取主父偃的性命，"上欲勿诛"，可公孙弘不干了，他知道错过了这个村，就没有这个店。只有发扬"痛打落水狗"的精神，对主父偃落井下石，才能永远除去这个强劲的对手，彻底释放长期憋在心中的怨气。

于是，他一改"不肯面折庭争"的做法，旗帜鲜明，振振有词，坚持要将主父偃处以极刑："齐王自杀无后，国除为郡，入汉，偃本首恶，非诛偃无以谢天下。"（《汉书·主父偃传》）在他执着的坚持之下，武帝最终改变了"欲勿诛"的初衷，下令将主父偃处死并夷其九族。可怜的主父偃，就因无意中得罪了这位"外宽内深"的公孙弘而招致惨痛的杀身灭族之祸！公孙弘的阴险和歹毒，由此可见一斑。至于公孙弘整治一代大儒董仲舒，更是典型地体现了其大奸似忠、大恶如善的卑劣"小人"伎俩。

董仲舒是汉代首屈一指的儒学大师，治《春秋》公羊学独步天下，无出其右者，他对汉代儒学的复兴和发展曾发挥过不可替代的作用："仲舒遭汉承秦灭学之后，六经离析，下帷发愤，潜心大业，令后学者有所统一，为群儒首。"（《汉书·董仲舒传》）有人把他比为姜太公和伊尹，认为其功业卓绝，要远远胜过管仲和晏婴："董仲舒有王佐之才，虽伊、吕亡以加，管、晏之属，伯（霸）者之佐，殆不及也。"（《汉书·董仲舒传》引刘向之语。）

连王充这样的汉代正统思想异端者，对董仲舒也是敬仰有加，喻之为周文王、孔夫子的嫡裔传人："文王之文在孔子，孔子之文在仲舒。"

公孙弘与他相比，不仅学术经历要浅薄得多（他"年四十余，乃学《春秋》杂说"，出道晚得多），而且水平更是要略逊一筹，"不如仲舒"。本来这是事实，也无碍于公孙弘做自己的丞相，因为学者与政客，毕竟是"两股道上跑的车，走的不是一条道"。但是，他气量极其狭小的性格特征，决定了他根本无法容忍在某些方面有人比自己要强的现实，所以，他妒火中烧，愤恨满腹，《汉书》用"嫉之"，非常简单的两个字，活灵活现地刻画出他对董仲舒的阴暗心理、仇视态度。

于是，公孙弘开始想方设法、处心积虑与董仲舒作对，必欲置之死地而后快。当时，汉武帝有一位胞兄，爵为胶西王，其人骄横狂悖、凶蛮残忍，把杀人视作小菜一碟，双手沾满了无辜者的鲜血："尤纵恣，数害吏二千石（一级的高中层官员）。"于是，公孙弘郑重其事地向汉武帝举荐："独仲舒可使相胶西王。"就是让董仲舒离开中央朝廷，去当胶西王的国相，企图借胶西王的屠刀，取董仲舒颈上的人头。

汉武帝不知就里，还以为是公孙弘为朝廷举贤，尽做丞相的职责，就批准了。董仲舒当然也不笨，他洞悉了公孙弘的险恶用心，可是圣意似天，皇命难违，只好强打精神，接旨前往赴任，落得个"哑巴吃黄连，有苦说不出"。所幸的是，"胶西王闻仲舒大儒，善待之"，还多少有点尊重知识、尊重人才的姿态，没有太为难董仲舒。而董仲舒本人又有自知之明，处处谨慎从事，三缄其口，终于保得首领，最后以"病免"告退，巧妙地挫败了公孙弘借刀杀人的图谋。

从公孙弘对待董仲舒的行为看，公孙弘的的确确是典型的"小人"。具体而言，他因学问逊于人而萌生杀机，足见其心胸之狭窄；欲借暴戾纵恣的胶西王之手杀人，又足见其害人手段之阴险毒辣，防不胜防。更加令人叫绝的是，他十分善于伪装，明明是要置人于死地，却偏偏装出一副诚心诚意、和蔼热情的样子，"阳与善"，诱使你在不经意间放松警惕，门户洞开，以致深陷绝境，饱尝苦果，轻则下狱，重则丢命。

古今同源，又有谁能说当今世上就没有公孙弘这类小人呢！与此类人交，可不慎欤？借用捷克著名革命领袖伏契克的话来说，便是"善良的人们，你们可要警惕啊"！

屈服与依附：王充的另一面

王充，当然是汉代第一流的思想家。一部《论衡》，让他身后享尽风光。到了近现代，王充依旧是思想史上的正面人物。"进步"两字，给他和他的《论衡》定了性，所以一提起他，不是加上一身鲜亮的行头，就是拖着一条光明的尾巴。其实这并无大错，怎么说王充也是汉代难得的大思想家，他的学说从总体讲，确实有值得肯定的地方。问题在于，王充具有双面性。如果把他的负面形象撕开了让大家看，那么，他头上"战斗的唯物主义思想家"这顶桂冠能否一直戴下去，就颇成为问题了。

儒家比法家、道家、墨家等学派来得高明的地方，就在于它的某些内容有时候能以貌似公允的面孔出现，以第三者的角度来调和当权者和平头百姓之间的矛盾冲突，借助这一招来保持社会生活秩序的相对稳定性。早期儒学（尤其是"迂远而阔于事情"的孟子学派）就具备这方面的特征。它当然是以帮当权者抬轿子为己任的，但在个别地方，并不和当权者的观点立场完全一致，而是多少会顾及平头百姓们的利益。所以，对当权者有一定的约束力，在某种程度上弥补了封建专制统治的某些不足，是对当权派根本利益更高层次、更佳意义上的尽忠效劳。

可是，我们的王充先生却不是这样。他是典型的"歌德派"，好像生下来就是替汉朝的当权派吹喇叭、抬轿子的。这么说，绝不是厚诬王充先生，而是事实确凿。

打开《论衡》，里面有《宣汉》《齐世》《恢国》《验符》《须颂》等篇什。一看标题，就知道是百分之百的"歌德"文字。主旨纯粹是声嘶力竭歌颂两汉王朝的所谓"盛德"，昧着良心论证汉代是胜过天堂的太平世界："恢论汉国在百代之上。"（《论衡·恢国》）两汉的皇帝，无论是傻的还是蠢的，个个是"圣明天子"："今上、上王至高祖，皆为圣帝。"（《论衡·宣汉》）既然汉朝这么美，天子如此好，那么在王充看来，身为汉家的臣民，就不应该有任何抱怨，而理应争先恐后去当"歌德派"，为饱食终日的达官贵人和他们的总头子皇帝唱颂歌、做祷告，这样才是正理："臣子当褒君父，于义较矣。"（《论衡·须颂》）王充先生说得最清楚不过了。

他自己当然是乐意充当"歌德派"的班头，为此，他可以不顾"群小日进，国家空虚，用度不足，民流亡，去城郭，盗贼并起，更为残贼"（《汉书·鲍宣传》）的历史事实，厚着脸皮，闭着眼睛，用最华丽、最动人的辞藻歌颂"汉德"，为汉家江山贴金抹粉，甚至为明明存在着的社会动荡狡辩开脱："建初孟年，无妄气至，岁之疾疫也。比旱不雨，牛死民流，可谓剧矣。"局势固然严重，可王充笔锋一转，坏事居然变成了"好事"，真是无耻的逻辑："皇帝敦德……天下慕德，虽危不乱，民饥于谷，饱于道德，身流在道，心回乡内，以故道路无盗贼之迹，深幽迥绝无劫夺之奸。以危为宁，以因为通，五帝三王，孰能堪斯哉！"（《论衡·恢国》）

好一个"民饥于谷，饱于道德"，"以危为宁，以困为通"!

  当然,王充先生的良知还没有完全泯灭,而且他也是聪明人,知道在学者圈子里,走流沙的总令人尊敬和同情,上朝廷的却多叫人厌恶和蔑视,古今中外,概莫能外。所以他就要寻找机会表白自己充当"歌德派"的不得已苦衷。照他的话来说,他吹捧皇帝,粉饰朝廷,是为了"免罪",太太平平过日子:"且凡造作之过,意其言妄而谤诽也。《论衡》实事疾妄,《齐世》《宣汉》《恢国》《验符》《盛褒》《须颂》之言,无诽谤之,造作如此,可以免于罪矣!"(《论衡·对作》)一副可怜兮兮的模样,得了便宜又卖乖,任何辩白都显得多余。

  为了向当权者献媚,王充先生热衷于鼓吹符瑞天命、五德终始这类鬼话,这与当时的俗儒方士,并没有什么本质的区别,"五十步笑百步",彼此彼此。王充爱谈"天命",推销"命定论",这实在是不争的事实。他把"天"看成是有意志的人格神,"天,百神主也"(《论衡·辨祟》)。天有意志,既有所欲,又能够"爱"得热烈,"憎"得火爆,所以一切都是命定之数,命中没有,再争也白搭。汉室之兴,在于天之所为;国祚长短,也在于天之定数:"国之存亡,在期之长短,不在于政之得失……亡象已见,虽修孝行,其何益哉!"(《论衡·异虚》)这种"命定论",与董仲舒先生的"天人感应"说比起来,是更落后、更消极的东西:"天人论"还有"神道设教",以神权限制君权的意义,而王充先生的"命定论"除了迷信,再也找不出半点清新的气息。说得不客气一点,是臭气熏人,令人窒息!

  最有趣、最滑稽的是,王充先生在自己的大作中煞有介事地列举了许多"符瑞"神话，曲里拐弯地"证明"所谓"汉致太平"并非虚构。庐江某个湖里发现了一块金子，王充乐颠颠摇起秃笔记上一笔，然后不忘给朝廷送上一个谄笑："为圣王瑞，金玉之世，故有金玉之应。"（《论衡·验符》）湖南零陵地带冒出"新闻"，"忽生芝草五本"，王充听到消息后，更是喜不自禁，忙不迭歌功颂德："咸知汉德丰雍，瑞应出也"（《论衡·验符》），"四海混一，天下定宁，物瑞已极，人应是隆"（《论衡·宣汉》）。真是拿着肉麻当有趣，徒然授人以笑柄。

　　王充的学说好坏参半，当是事实，用武林中的行话，王充其人也是亦正亦邪，清者自扬，浊者自沉，何必一味往他的脸上贴金，以致抹杀了他的本色。要晓得，向当权者摇尾乞怜，终究称不上"战斗"；而侈谈"符瑞"，宣扬迷信，也毕竟不能算是"唯物"。

无毒不丈夫：张杨的毁灭之路

厚道，当然是一种美德。用政治伦理范畴来对应，可以称之为"仁"。可是，我们也要看到它的另一面，即"厚道"也是人性中的一大弱点，尤其是当它存在于领袖人物的身上时，往往会成为一种累赘甚至灾难。"仁"者通常"懦弱"，因此，有合法君统继承优势且拥有数十万大军的扶苏，根本玩不过五毒俱全并得到奸佞之徒赵高、李斯撑腰的胡亥，在权力角逐中一败涂地，丢掉卿卿性命；仁慈宽厚的皇太孙建文皇帝，遇上野心勃勃且又心狠手辣的燕王朱棣，也是灰头土脸，束手无策。鲁迅先生在《论"费厄泼赖"应该缓行》中引用俗语说"忠厚是无用的别名"，此话虽然尖酸刻薄，但却道出了实情。

因仁和、厚道而招致失败的历史人物，为数众多。除了上面提及的例子，前秦皇帝苻坚、北宋太祖赵匡胤等人也都因为厚道而吃了大亏，一个让不厚道的慕容垂等人算计得身死国灭，一个让自己的亲兄弟赵光义用"斧声烛影"谋取了性命，下场都十分悲惨。这就教人想起了一句名言：对敌人的仁慈，就是对自己的残忍。

扶苏、苻坚、赵匡胤、建文帝都是历史上的重量级人物，他们因厚道而倒霉的故事，大家都比较熟悉，此处不再专门唠叨，还是看看相对不怎么显赫的历史人物是怎样受厚道的拖累而一步步走入绝境的吧。东汉末年群雄争霸中有一个人物，他同样是厚道性格的牵累者,这位仁兄,就是张杨。

张杨,字稚叔,东汉末年"以武勇给并州,为武猛从事"(《三国志·魏书·张杨传》)。自袁绍尽诛宦官,有人将一群豺狼(董卓和他的凉州军)引入都城之后,东汉王朝就分崩离析,陷入了愈演愈烈的军阀混战之中。这一时期张杨戎马倥偬,东征西讨,开始崭露头角,成为一位颇具实力的并州军武装首领。建安元年(196),他因护驾汉献帝返回京城洛阳有功,平步青云,被汉献帝册封为大司马,屯驻野王,割据一方。

然而,张杨这个人有一个很大的弱点,这就是厚道仁慈,缺乏主见,优柔寡断,史书称其"性仁和,无威刑"(《三国志·魏书·张杨传》注引《英雄记》)。这对于身处激烈残酷战争岁月的统军将领来说,简直可以说是致命伤。它在很大程度上会导致将帅患得患失,丧失权威,治军无方,驭众乏术,就像《孙子兵法·地形篇》中所批评的那样,"将弱不严,教道不明,吏卒无常,陈兵纵横,曰乱",最终沦落为英雄竞争场上的失意者,"人为刀俎,我为鱼肉",任人宰割。

张杨厚道仁慈、治军无方的典型事例莫过于他不讲原则,宽宥谋反的部属。一次,张杨得悉部属中有人谋反,他大为恼怒,当即传令,将图谋不轨、叛逆作乱者捆缚进帐,打算审问清楚之后,就地按律处以极刑。然而当谋反者进帐伏地痛哭流涕、叩头谢罪时,张杨的心肠却突然软了下来,完全为谋反者的哀求和眼泪所征服,居然陪着他们一起抹眼泪,发唏嘘:"对之涕泣,辄原不问",在恻隐之心的驱使之下,高抬贵手,赦免了这些谋反者。

这种不讲原则、没有分寸的宽仁做法,严重败坏了军队的法规纪律。张杨手下的将士们眼见反叛大罪尚且大事化小,不了了之,普遍认为一般的过错当然更加不会受到惩罚,便肆无忌惮,为所欲为,部队中放纵违纪的现象接连发生,而张杨本人的威信也日益下降。一支本来很有战斗力的部队,由于主帅张杨的仁厚宽大、治军无方而变得松弛散漫,一步步走向衰落。

"种瓜得瓜,种豆得豆",物换星移,终于到了张杨自尝恶果,饮下自酿苦酒的日子。建安三年(198),"挟天子以令诸侯"的朝廷实力派曹操出兵征讨盘踞在徐州一带的割据势力吕布。兵锋所指,曾经享有"马中赤兔,人中吕布"之誉的吕布不再有当年叱咤风云、横扫千军的英勇,而是势穷力蹙,节节败退。得胜的曹军步步进逼,穷追不舍,将吕布及其残部团团围困在下邳(今江苏睢宁县西北)孤城之中。吕布坐拥愁城,突围无术,守城无策,穷途末路,计无所出,危急之中,遂驰函向张杨求援。

张杨与吕布同为并州军,两人渊源甚深,交情甚厚,"素与吕布善"。故张杨在接到旧日好友的亲笔求援信后,忧心如焚,兔死狐悲、唇亡齿寒之感油然而生,遂急急下令,点起麾下兵众,准备驰援吕布。可是他手下的将士们平日里散漫惯了,遇到这样的大事,你一言,我一语,七嘴八舌,意见纷纷,莫衷一是,搞得张杨本人也狐疑踌躇,无所适从。部队还不曾开进到下邳,就因为意见分歧而停止不前。张杨无可奈何,不得已移军东市,在举棋不定中白白延误了战机,最终辜负了吕布的殷切期待,下邳城失陷,吕布被绞死在白门楼下。

"用兵之害，犹豫最大；三军之灾，莫过狐疑"，张杨的部属见其懦弱无能，"恤事多暗"，大失所望，料定张杨不是块材料，难以成就大事，渐渐萌生异志，准备改换门庭，以逃过为其殉葬的劫难。建安三年十一月，张杨军中爆发了一场大动乱，其部将杨丑突然发难，杀死了张杨。"蛇无头不行"，张杨一死，部队内部便开始了凶残的混战，曹操遂趁此机会痛下杀手，"遣史涣邀击……尽收其众"（《三国志·魏书·张杨传》），收编了这支队伍，进一步壮大了自己的实力。

兵圣孙武曾说"卒已亲附而罚不行，则不可用也"（《孙子兵法·行军篇》），又说"厚而不能使，爱而不能令，乱而不能治，譬若骄子，不可用也"（《孙子兵法·地形篇》）。意思是说：治军驭兵不能光实行厚赏而不施行严罚，否则军队就会成为一盘散沙，丧失战斗能力，导致覆军杀将的恶果。

张杨治军上的惨痛教训，印证了孙子上述这些深刻论断，迄今依旧发人深省。在许多情况下，单纯的"仁厚宽容，爱民抚众"，并不是经国治军的最好药方。正是在这个意义上，孙子才天才地提出"爱民可烦"，把"爱民"列为导致将帅完蛋、军队覆亡的"五危"之一。还是成都武侯祠里的那副对联讲得好："能攻心则反侧自消，从古知兵非好战；不审势即宽严皆误，后来治蜀要深思。"

做人要低调：贺若弼韩擒虎争功的教训

中国古代最有智慧的思想家老子对人生进退得失有透彻的参悟，曾说："持而盈之，不如其已；揣而锐之，不可常保；金玉满堂，莫之能守；富贵而骄，自遗其咎。功成、名遂、身退，天之道。"又说："是以圣人处无为之事，行不言之教，万物作焉而不辞，生而不有，为而不恃，功成而弗居。夫唯不居，是以不去。"告诫人们要懂得"福兮祸所伏"的道理，凡事要有分寸，要明白认清和高明把握适当的"度"，既不要不及，又不能太过，以免乐极生悲，走向反面，留下"亢龙有悔"的遗憾。

然而，对于大多数功臣宿将来说，他们的素质和修养使其很难真正理解老子"贵柔守雌""知白守黑"的妙谛，无法进入"夫唯不争，故无尤"的人生理想境界。事业的成功，地位的变化，他人的恭维，冲昏了他们的头脑，使他们飘飘然，不知收敛，忘乎所以，为所欲为，结果写下了人生的败笔，由辉煌走向毁灭，由光荣走向绝望。对于这些人来说，功名成就反而成了套在他们脖子上的绞索。

综观历史，君主与功臣名将间的关系多以矛盾对抗始，以你死我活残杀终，"兔死狗烹"或"鸠占鹊巢"的悲剧频繁上演，其中固然有君主集权专制、猜忌残忍的重要原因，但是，从功臣宿将这一面说，也有其肆意妄为、咎由自取的个人因素。他们或居功自傲，率性胡为，造成骄纵不可制约，危害国家与君主利益的严重后果；或不甘寂寞，四处伸手，处是非之地而毫不觉悟，陷入争权夺利、干预朝廷政治的泥潭，令天子极其不满，以致心生杀机；或伐能邀宠，互相倾轧，争名于朝，逐利于市，见荣誉即上，见利益便夺，惹得同僚侧目，导致天子反感。所有这一切，都严重加深了君臣之间的对立，导致杀身之祸的降临。皇帝是独夫，不是笨伯，为制止功臣宿将的骄纵妄为，也为自己统治的安危存亡计，他都要把矛头指向那些自命不凡、不可一世的功臣宿将，给他们以应有的教训。从这个意义上说，做出"诛戮功臣"这一决策者固然难辞其咎，但作为受害者一方的功臣宿将，自己身上也不无问题。这才是比较公允的认识。

在功臣宿将看来，他为朝廷所立下的战功，是他日后取富贵、享荣华的筹码，自己既然已向朝廷"投之以桃"，朝廷也不能让自己白白辛苦，而应该"报之以李"。"衣食之外，别无君臣"，双方互相利用，等值交换。"臣尽死力以与君市，君垂爵禄以与臣市，君臣之际，非父子之亲也，计数之所出也。"（《韩非子·难一》）战功越大，酬劳亦越大，否则就是破坏了政治游戏规则，大家都不舒坦。

由于朝廷通常以功勋大小来定酬劳高低，这关系到自己的荣誉、地位、利禄等实际利益，所以论功行赏牵动着绝大多数功臣勋将的每一根神经，使得他们沉不住气，在分享胜利的"桃子"时，锱铢必较，寸利必争，昔日的战友转眼成了可憎的仇敌，心智俱失，情感亢进，彼此大打出手，闹得不亦乐乎。这正应了老子的那段名言："五色令人目盲，五音令人耳聋，五味令人口爽，驰骋畋猎令人心发狂，难得之货令人行妨。""名与身孰亲，身与货孰多，得与亡孰病。是故甚爱必大费，多藏必厚亡。"

而身为皇帝者，也充分利用功臣宿将争名逐利的心态，对桀骜不驯的功臣宿将加以控御。在他的眼里，功臣宿将不过是一群狗，丢一块骨头就可教其互相撕咬搏斗："王见大王之狗，卧者卧，起者起，行者行，止者止，毋相与斗者；投之一骨，轻起相牙者，何则？有争意也。"（《战国策·秦策三》）历史上便有不少"两桃杀三士"之类的故事发生，而功臣宿将也多不争气，无法做到"超出三界外，不在五行中"，往往为一块没有多少肉的骨头争得你死我活、不可开交。《史记·叔孙通列传》载"群臣饮酒争功，醉或妄呼，拔剑击柱"，《旧唐书·房玄龄传》载"（公卿勋臣）咸自矜其功，或攘袂指天，以手画地"，描写的就是他们丢开一切矜持，蜂拥而上，龇牙咧嘴，争抢肉骨头的丑态。

功臣争功逐名的行为发展到一定程度，就会越过天子所能容忍的界线。为了保全朝廷的尊严，维持政权的安定，特别是强化自己的权威，天子一定会对功臣宿将倚功卖能的做法加以限制，不让它走到极端，有时甚至还会严加打击，开启杀戒。由此可见，功臣宿将见荣誉不能谦让，遇利益争执攘夺，居功伐能，骄傲自得，罔顾国家利益，漠视君主权威，个人私欲恶性膨胀，对权力财富的胃口越来越大，是导致天子对他们产生反感敌意，甚至不惜动用武力清除翦灭的原因之一。

隋朝大将军贺若弼、韩擒虎矜能争功，骄横跋扈，以致闹出纠纷，最终惹怒天子，贺若弼日后更因"口舌取祸"而杀身殒命，便是这方面一个比较典型的例子。

杨坚以北周皇帝岳丈之身份，从孤儿寡妇手中夺得锦绣江山，建立隋朝，是为隋文帝。他登基后勤政爱民，励精图治，发展生产，扩充军备，遂使国力迅速增强，具备了统一全国的基本条件。

一切准备就绪后，隋文帝杨坚于开皇九年（589）正月下达诏令，南下征伐江南的陈国，实施灭陈统一全国的战略决策。隋军水陆兵员五十余万人，在晋王杨广（也就是日后那位名声不佳的隋炀帝）的总指挥下，同时从长江上、中、下游分八路攻陈。当时隋朝吴州总管（相当于今天的军区司令）贺若弼、庐州总管韩擒虎奉命统率所部参加这场重要的战略决战，分别担任八路大军其中两路的指挥，分兵合势，"并敌一向，千里杀将"，兵锋直指陈朝的都城建康（今江苏南京市）。战斗进行得非常顺利，贺若弼率部在钟山（即紫金山）一带牵制和击溃了陈军的主力，"（陈军）兵交而走，诸将支离，阵犹未合，骑卒溃散"，并生擒了陈军猛将萧摩诃。而韩擒虎则亲率精锐骑兵五百人乘隙蹈虚，直捣建康城，一举擒拿了陈朝那位专爱听《后庭花》的宝贝皇帝——陈叔宝。"门外韩擒虎，楼头张丽华"，腐朽不堪的陈朝就此宣告灭亡，从而结束了中国数百年的南北大分裂局面，中华民族大融合就此进入崭新的阶段。贺若弼、韩擒虎（也包括杨广）都为此做出了重大的贡献。

捷报飞传，隋文帝特地下诏褒奖贺、韩两人的战功："此二公者，深谋大略，东南逋寇，朕本委之，静地恤民，悉如朕意。九州不一，已数百年，以名臣之功，成太平之业，天下盛事，何用过此！闻以欣然，实深庆快。平定江表，二人之力也……申国威于万里，宣朝化于一隅，使东南之民俱出汤火，数百年寇旬日廓清，专是公之功也。高名塞于宇宙，盛业光于天壤，遂听前古，罕闻其匹。班师凯入，诚知非远；相思之甚，寸阴若岁。"（《隋书·韩擒虎传》）真可谓说尽了天下最动听的言辞，推崇备至！

然而，面对攻灭陈国这一不世之功，贺若弼和韩擒虎都头脑发昏，忘乎所以起来。为了独揽平陈的头功，他们一进建康城便闹了一场不大不小的纠纷。贺若弼迟韩擒虎一步进城，一想到此事他心理就不平衡，气塞胸腔：明明是自己浴血奋战，才从正面击败陈军主力，可头功却被韩擒虎抢去，这口气如何咽得下去？他妒意大发，失去理智，当众与韩擒虎干上了："（贺若弼）既而耻功在韩擒虎后，与擒虎相诟，挺刃而出。"（《资治通鉴》卷一七七）由于贺若弼是重臣高颎举荐的（高颎曾对杨坚说"朝臣之内，文武才干，无若贺若弼者"），而平陈大元帅杨广又素与高颎有隙，所以杨广在这场风波当中，态度上的倾向性非常明显，他有意支持韩擒虎而贬抑打击贺若弼，并在杨坚那里参了一本，说贺若弼擅自行动，先期决战，违背军令，建议将其削职为吏。虽然这一建议为杨坚所拒绝，但杨广的参与，使得贺、韩二人的矛盾冲突变得更加复杂。

隋军回到京城长安之后，贺若弼与韩擒虎之间的争功风波不但没有平息，反而闹到了隋文帝杨坚的御座前，二人争得脸红脖子粗。贺若弼振振有词地说：我在蒋山（即紫金山）一带殊死作战，大败陈军的精锐，生擒敌方的骁将，"震扬威武"，才平定了陈国。韩擒虎这厮没有像模像样打过一仗，岂能够同我相比！贬低韩擒虎的战功，将平陈之功一股脑儿揽到自己的身上。

韩擒虎也不是个善茬儿，他仗着有杨广撑腰，毫不示弱，同样在隋文帝面前矜夸己功：皇上命令我和贺若弼同时进军，合力攻打敌人国都。可贺若弼罔顾君命，竟然提前行动，轻率地与敌人交锋，结果导致我军将士死伤惨重。而我仅用轻骑五百，兵不血刃，直取金陵，收降敌方大将任蛮奴，生擒活捉伪皇帝陈叔宝，攻占敌人的巢穴，彻底灭亡了陈国。贺若弼到傍晚才赶到城下，还是我打开城门放他进城的。像这样的人，只配治罪受罚，哪里有资格同我来相比！两人你一言，我一语，越吵越凶，若不是皇上本人在场，有所顾忌，几乎就要拳脚相加了。

隋文帝对贺若弼、韩擒虎两人的争功行为，表面上采取了不予深究、打圆场和稀泥的办法，称道他俩的功劳一般大，"二将俱为上勋"，给予很高的赏赐，大加勉励，封贺若弼为上柱国，并进爵宋国公，同时赐以数不清的珍玩，对韩擒虎的赏赐也比照同一标准执行，其实其内心深处对贺、韩两人的表现深感失望和不满，他曾让高颎与贺若弼论平陈之事，高颎回答说："贺若弼先献十策，后于蒋山苦战破贼。臣文吏耳，焉敢与大将论功？"隋文帝听了后哈哈大笑，"嘉其有让"。这实际上是从另一个角度，批评了贺若弼、韩擒虎矜能争功的过错。

虽然贺若弼、韩擒虎都得到重赏，但他们所失去的远要比得到的来得多。首先，他们失去了隋文帝的信任，更主要的是，他们实际失去了军权，可谓是明升暗降。这次争功风波之后，贺若弼给隋文帝留下了不好的印象——不听话、不服管，而且还有谋反的倾向。一旦给皇帝留下这种印象，那么该人的前途也就基本被葬送了,甚至性命也岌岌可危,"譬如朝露,去日苦多"了。所以,贺若弼虽然生活在荣华富贵之中,却再也得不到皇帝的重用,在几个地方当了几任父母官后就被迫退休了。退休后他就居住在当年立过战功的江陵,然而就是这种小事,在杨坚眼中也不能容忍,他说:"贺若弼当官时挑选的地方都是战略要地,退休后也选择了容易滋事的江陵,可见此人骨子里反心不死。"真是欲加之罪,何患无辞。

遗憾的是贺若弼虽然用兵如神,但在政治上却是一个十足的低能儿,他还梦想着东山再起呢!更糟糕的是,他还管不住自己的嘴巴,张口伤人,惹来许多麻烦,正应了"祸从口出"这句老话。他眼见高颎、杨素等人一步一个台阶高升,自己却赋闲在家,禁不住怒火中烧,四处说杨素、高颎没什么才能,不过是饭桶罢了。这些话传到了杨坚耳朵里,他非常恼火,马上将贺若弼召来,责问他:"朕任命高颎、杨素为宰相,你却每每说他们是饭桶,这是何居心?"贺若弼勉强回答说:"高颎是我的老朋友了,杨素是我的小舅子,我不过随便说说罢了。"杨坚念他昔日劳苦功高,才动了恻隐之心,权且寄下他的人头。贺若弼在鬼门关前转了一遭,勉强过了这一关。

隋炀帝登基之后,贺若弼就彻底玩完了。道理很简单,"人情似纸张张薄,世事如棋局局新",新一代君主通常对前代功臣有戒心,贬抑打击无所不用其极,更何况杨广早年就和贺若弼有过节,这时既然当了皇帝,自然要找机会同贺若弼算总账。可惜,贺若弼身临绝境犹不知及时抽身,依旧我行我素,信口开河,乱发议论。杨广可不是杨坚,他是不会容忍其他人对自己说长道短的,尤其是像贺若弼这类有资本摆谱、威名素著而又不大听话的宿将，他必定要摘下贺若弼颈上的人头，让其永远闭上嘴巴。所以，当贺若弼在炀帝西征问题上又犯了言论不慎的毛病时，杨广就毫不犹豫地将贺若弼推上刑场，让其付出了生命的代价。

贺若弼、韩擒虎同为一代名将，在灭陈统一南北之战中都立有赫赫大功。可是在胜利之后，却互相争功，毫不谦让，这就失去了大将应有的风度，沦为妇姑勃豀之流了。灭陈之后，两人之所以都未得到隋文帝的重用，而贺若弼在炀帝统治时期更因言论不慎、"矜伐不已"而丧生殒命，其中固然有封建帝王"飞鸟尽，良弓藏；狡兔死，走狗烹；敌国破，良将亡"的统治权术在起作用，但其个人修养上的明显欠缺，恐怕也是一个不可忽视的原因。

"古人不见今时月，今月曾经照古人"，对于历史上众多因军功而争待遇、要地位、捞实惠的功臣宿将来讲，贺若弼的遭遇，永远是一面明亮的镜子。

命悬一线：尉迟敬德闹宴风波

尉迟敬德，名恭，敬德是他的字，朔州善阳（今山西朔县）人。他是唐初著名将领，武艺出众，胆略过人，骁勇善战，所向皆靡，原为军阀刘武周的部将，后遵循"良禽择木而栖，良臣择主而事"的古训，改换门庭，投奔李唐阵营，直接在秦王李世民的麾下效力。曾参与击败王世充，镇压窦建德、刘黑闼起义军等诸多战事，战功卓著，威名四扬。

作为李世民的心腹爱将，尉迟敬德在李世民发动的杀兄屠弟逼父的玄武门之变中发挥了决定性的骨干作用。在这场政变的关键时刻，是他的神勇威武，阻止了齐王李元吉（李世民之弟）妄想用弓弦勒死李世民的企图，救了李世民一命，随后又是他奋勇击杀李元吉，收拾了太子李建成以及李元吉的党羽，擐甲执兵劫持唐高祖李渊（当然是美其名曰"护驾"），确保玄武门之变的最终顺利完成。应该说，李世民能够遂愿抢班夺权，在血泊中爬上皇帝的宝座，尉迟敬德功不可没。唐太宗李世民不是刘邦、朱元璋那样的无赖流氓，所以他对尉迟敬德的功勋心存感激，当了皇帝后不但没有过河拆桥，反而知恩图报，厚加赏赐，委以重任，让尉迟敬德先后担任泾州道行军总管、襄州都督等要职，并晋封其为吴国公，后又改封为鄂国公。

面对骤然而至的巨大荣誉和崇高地位，尉迟敬德像历史上大多数功臣一样，也飘飘然忘乎所以起来，骄横自满，志满意得，傲慢无礼。在他内心深处，或许是以为唐太宗的皇帝宝座是自己豁出性命帮忙抢来的，自己功盖天下，勋压同僚，纵情享受是应该的，蛮横霸道罔顾法纪是可以的，讲话随便乱发议论开口闭口骂娘也是允许的，遂肆意妄为，在飞扬跋扈的道路上越滑越远。唐太宗李世民开始时念他劳苦功高，与自己有过命的交情，对他的横行不法之举隐忍不发。可后来发现他实在太不像话了，终于按捺不住，勃然震怒，对尉迟敬德严加斥责，提出最严厉的警告。

这场君臣冲突的导火线是由尉迟敬德点燃的。据《旧唐书》卷六八《尉迟敬德传》的记载，有一次尉迟敬德出席唐太宗在庆善宫举行的宴会。入席后他发现自己没有坐在主桌，"时有班在其上者"，这下他可忍受不了了，怒火中烧，大声责问坐在自己上首的官员（或许是文职人员吧）："汝有何功，合坐我上？"这么一来，宴席的气氛顿时变得紧张起来。当时身为皇亲，也是著名功臣宿将的任城王李道宗恰好坐在尉迟敬德的下首，为了缓和气氛，他主动站出来打圆场，排解这场纠纷。他拿自己位居尉迟敬德之下的情况作例子，劝解尉迟敬德少安毋躁，不要为座次前后这类小事计较，不妨表现得大度一些。谁知尉迟敬德听了更是火冒三丈，将满腔愤怒转向李道宗发泄，居然大打出手，"勃然拳殴道宗目"。李道宗猝不及防，被打得鼻青脸肿，双眼几乎失明。

乱子闹大了，宴会主人唐太宗的好心情全部被破坏，代之而起的是对尉迟敬德骄横失礼行为的无比愤慨。他心里一定这么想，我在场这厮都敢如此放肆乱来，私下里岂不是更骄纵不法,胡作非为?他越想越气,下令停开宴会,"不怿而罢"。同时声色俱厉地训斥尉迟敬德说:朕过去阅读汉代历史,见汉高祖刘邦统治期间功臣宿将能全身而终的少之又少,对此,我心里常感到遗憾,"意常尤之"。等到朕登上天子之位以后,致力于保全功臣,"令子孙无绝"。然而你却太不识相,把朕的宽容优待当作软弱放任,一点也不理解我的良苦用心,在为官作宰期间,动辄触犯法律、放肆妄为,"辄犯宪法",你的所作所为令朕失望之极,联想起汉初故事,方知韩信、彭越等人遭到诛杀,夷灭九族,当是其咎由自取,而非汉高祖刘邦寡恩无义,犯有亏待功臣的过错。你要知道,国家大事"唯赏与罚",朕这回放过你,不等于以后还能饶恕你,"非分之恩不可数行",你可要懂得收敛,"勉自修饬",以免日后悔之不及,"无贻后悔也"!

总算尉迟敬德还没有太糊涂,这个粗中有细的将军听出了唐太宗训斥背后的凛凛杀机,全身上下顿时冷汗直冒,毕竟脑袋要紧,他可不想走当年韩信、彭越的老路,弄个身败名裂的下场,于是自此之后他收敛锋芒,不敢再骄纵放肆,尽量作出一副谦恭顺从的模样,以化解唐太宗心头的怒气。到了晚年,他更笃信方术,炼丹服药,闭门不出,与世无争,以"自晦"寻求"自保"。而唐太宗毕竟也不同于汉高祖刘邦、明太祖朱元璋,主观上有保全功臣以体现其皇恩浩荡、圣德可颂的意愿,所以见尉迟敬德能改弦更张,消尽戾气,也就留有余地,不再过多计较,让他在庸庸碌碌中打发时日,以终天年。这样,尉迟敬德免却了刀光之灾,唐太宗博得了保全功臣的美名,君臣相安,皆大欢喜!

唐太宗警告尉迟敬德的这段历史插曲，从一个侧面显示了历朝历代天子登基后翻脸不认人，汲汲于诛戮功臣、树立威严，固然有君主生性凉薄、刻毒寡恩的原因，但不可否认也有功臣宿将居功自傲、率意胡为，扰乱朝纲、触犯众怒的因素。作为封建统治的最高代表——天子，为了整肃朝纲，维护封建国家机器的根本利益，也为了巩固自己的地位，树立自己的威严，势必要对那些触犯法禁、飞扬跋扈的功臣宿将加以贬抑打击，走到极端，便是屠戮功臣宿将，以求一劳永逸。这就是中国历史上屠戮功臣血腥事件层出不穷的重要原因之一。要知道，像唐太宗这样宽厚仁慈的明君圣主在历史上屈指可数，而像尉迟敬德这样的迷途知返的功臣宿将同样并不多见。在大多数情况下，君主大多类于朱元璋，喜欢用屠刀对付那些居功自傲、触犯法禁的功臣宿将，而功臣宿将也大多类于蓝玉、年羹尧之辈，不乐意收敛自己的锋芒，热衷于骄纵任性，一意孤行地在通向地狱的道路上走下去。既然双方都没有改变的意愿，也不愿为化解误会、消除隔阂努力，那么，对天子来说，只得动用屠刀，对功臣宿将而言，迟早会为自己的"疯狂"付出血的代价。

"事君数，斯辱矣"：胡惟庸现象透视

孔子毕竟是"圣之时者"，对人情世故有着最透彻的观察，对荣辱贵贱有着最深刻的感悟，这方面是丝毫不亚于老子的。俗谚有云："世事洞明皆学问，人情练达即文章"，"是非只缘多开口，烦恼皆因强出头"，对照孔子的言行，可谓入木三分。

一部《论语》，有不少的篇章可以用来给孔子"圣之时者"的评价做注脚。譬如在人际关系上，孔子即提倡"君子之交淡如水"的交往原则，反对跟别人走得太近，关系过于密切。在孔子看来，事物都是对立的统一，都处于始终不息的运动变化之中，都会向着自己的对立面转化。有大好必有大恶，关系太近乎了，很难避免走向反面，成为陌路，利与害相辅相成，如影随形，没有无害之利，也没有无利之害。因此他一针见血地指出："事君数，斯辱矣；交友数，斯疏矣。"意思是说：与君主打得太热乎了，君主日后翻脸，会招致悲惨的下场；与他人交往到了形影不离、卿卿我我的地步，到头来很可能像刺猬似的互相伤害，势如水火。只有保持一定的距离，君臣、朋友才能彼此欣赏，相安无事，即所谓"距离产生美"。由此可见，保持距离，留有空间，既是人际交往上的成功秘诀，也是政治生活中的杰出智慧。

观察中国历史上的君臣关系，可以发现，不少功臣之所以没有好的下场，走的几乎都是建功立业——横遭猜忌——举事谋反（或受谗去职）——身败名裂的路，让人浩叹"太平本是将军致，不使将军见太平"的历史轮回，其中十分重要的原因之一，就是不知道或忘却了孔老夫子"事君数，斯辱矣"的明训，没有在君臣关系上与皇帝保持合适的距离，走入了"却认他乡作故乡"的重大思维误区。

综观历史，功臣勋将在建立大功、骤致富贵后忘乎所以、胡作非为，因而遭罹杀身之祸的，可谓不胜枚举。但这些功臣勋将之所以会忘乎所以、胡作非为，是因为他们自认为是皇上最亲近的人，与皇上有过命的交情，渊源极深，关系特铁。在他们的内心深处，或许是以为皇上的宝座是自己舍命帮忙抢来的，自己功盖天下，勋高五岳，纵情享受是应该的，做事出格说话骂娘是可以的，施加影响指指点点也是允许的。说到底是他们潜意识里的"圈子"意识在作祟。于是乎，他们死抓权力不放，占着位置不让，霸着财富不松手，滋生欲望永不满足，却始终不曾闹明白，名利富贵，犹如过眼云烟、白驹过隙，对它们的追逐等于是追逐幻影，迟早会落得一无所有，甚至于身陷祸难，正像《红楼梦·好了歌》所唱的："只嫌官帽小，反把枷锁扛。"

中国传统政治的鲜明特征之一是按圈子画线、凭亲疏用人，做个形象的比喻，就像今天北京道路交通的"环线"一样。任何统治者对于其麾下人物，都是按"环线"理论来确定相应关系的。最亲密的人，属于核心力量，相当于处于北京二环线以内的位置；比较亲近的人，属于依靠力量，相当于处于北京二环线、三环线的位置；普通关系的人，一般定位为利用对象，相当于处于北京的四环线、五环线的位置；不大可靠、无法放心的人，通常属于防范乃至打击对象，相当于处于北京的六环线甚至六环之外。五环线、六环线及以外的人物不得意自不必说，君臣之间彼此也心照不宣。除此之外，比较安全的不是二环以内的人，而是三环、四环的人。换言之，真正处于最危险境地的，往往是皇上身边的心腹大臣、社稷肱股。功臣勋将与皇上关系最为亲近，可是他们忘记了一个最普通的道理，没有永远的朋友，也没有永远的敌人，有的只是永远不变的利益。他们单纯地凭"圈子"意识行事，一旦与皇上的根本利益发生实质性的矛盾冲突，他们的死期也就不远了。

历史上"事君数，斯辱矣"一类的现象比比皆是，其中明初胡惟庸、蓝玉的遭遇，清代年羹尧、隆科多的下场，最具有典型性。

要说对待功臣宿将心肠之歹毒、手段之残暴，自刘邦以下，第一个当数那个游方小和尚出身的明朝开国者洪武皇帝朱元璋。他早年趁元末农民大起义如火如荼之机，混迹于义军队伍，凭借在市井中跌打滚爬熬炼出来的那份狡诈干练，在战争中崭露头角，成为称雄一方的主帅；更靠着徐达、常遇春、胡大海、刘伯温、宋濂、胡惟庸、蓝玉、汤和等一伙文臣武将、铁杆哥们的运筹帷幄、浴血厮杀，先后战胜陈友谅、张士诚、方国珍、明玉珍等武装势力，并打败元朝的铁甲精骑，攻克大都，混一天下，成为新兴明王朝的开国皇帝。可是，尽管朱元璋心想事成，富有天下，但他骨子里仍然不改市井泼皮的本色，狡狯、残忍、无信无义、刻薄寡恩、自私无耻种种不好的品质伴随着其一生。这样的人当上了皇帝，"兔死狗烹"的悲剧就拉开了血腥的帷幕，而他屠刀首先指向的，就是那些核心圈子里的人物。功臣宿将大祸临头是迟早的事。

就是这位朱洪武皇帝，从他立国伊始，就居心叵测地向最亲近的文武勋臣发出警告：要规规矩矩、老老实实夹着尾巴做人，切切不可效法西汉时期的韩信、彭越，"事主之心日骄，富贵之志日盛"。这实际上已经预示了他对功臣勋将的歹毒用心。尔后他再也按捺不住杀机，先后毒死功高盖世的徐达、刘伯温等人。

其实，这仅仅是一个开头，更大规模的屠戮还在后头呢！遗憾的是，胡惟庸、蓝玉等人依然沉浸在成功的喜悦中，一心以为自己是朱元璋核心圈子里的人，"淮西故人"，大树底下好乘凉，根本不用担忧自己的前途。殊不知，人是会变的，"圈子"也是会改的，自己辅佐朱元璋荡平群雄、灭亡元朝、夺取江山固然是事实，赴汤蹈火同样不假，可遇上了无赖出身的朱元璋，功劳就变成了让他们命归黄泉的催命符，"圈里人"的身份，只会提醒朱元璋更早对他们下毒手。如果他们自己能够早点意识到自身的危险，尽量淡化自己身为"圈里人"的色彩，夹着尾巴做人，也许就不大容易被朱元璋抓住辫子，可以多苟延残喘一段时间。即便是最终逃脱不了一死，至少也能及身而止，无须别人陪自己殉葬，做屈死的冤鬼。要知道，尽管朱元璋几乎将功臣屠戮殆尽，但毕竟还是放过了一个汤和将军。

令人惋惜的是，胡惟庸、蓝玉都不曾学张良和汤和，甚至不曾学石守信、王审琦，而偏偏效法了韩信和王敦，在功成名就之际，私欲急剧膨胀，做出了许多违法乱纪的事情，正好让一直想打破原先的"圈子"，拿功臣开刀的朱元璋抓到把柄。

如胡惟庸倚仗着自己"淮西故人"、朝廷丞相的身份和地位，骄横跋扈，专恣擅权，生杀黜陟等大事，他往往不待奏闻皇上即自行决断。内外诸司的奏章，他经常先行拆阅，凡是于己不利的即藏匿不报。同时大肆结党营私，排斥异己，打击压制与淮西集团存在矛盾的江浙集团。朝廷内外的势利小人，竞相公开行贿，纷纷奔走于他的门下。他所收受的金帛、珍宝、名马、器玩，多到不可胜数。又如大将军蓝玉，居功自傲，私蓄奴婢假子数以千计，恃势暴虐，在军队内部擅自黜陟将校，进止自专，无视朱元璋的绝对权威。北征回师，夜过喜峰关，守关将士未及时开关迎候，他一股蛮劲上来，居然纵兵毁关而入。朝廷明令禁止贩卖私盐，他却目无王法，令家人到云南私自贩卖食盐，带头破坏盐法。他侵占东昌民田，御史对此进行调查，他竟然下令逐走御史。凡此等等，不一而足。

　　功臣勋将的腐化堕落、骄纵不法，严重妨碍统治效能的提高，加剧了社会上各种矛盾的激化，而自命"圈里人"，功高震主，藐视朝廷权威，更威胁到皇权的集中。朱元璋是何等人物，本来他就准备磨刀霍霍向功臣，只是苦于缺少必要的借口。如今功臣勋将自己行为不检，贪赃枉法，骄横滋事，这岂不成了自己清理"圈子"、杀戮功臣的最好理由。不是我朱洪武不厚道，而是你老弟逼得我出毒招！恰好这时有人告发胡惟庸有"不臣之心"，又勾结北元残余和倭寇势力。这对朱元璋来讲，真是一个大好时机，于是他立即将胡惟庸满门抄斩，鸡犬不留，并借机大兴冤狱，一家伙砍掉了三万多人的脑袋。后来又说李善长知道胡惟庸"谋反"却没有及时报告，竟也将这位开国第一号功臣，朱元璋自己的亲家，全家处死；顺带着把第二号谋臣宋濂也给杀了。李善长有朱元璋亲赐的两道免死铁券，而且年已七十七岁，可是在朱元璋的眼里，他的性命还抵不上一条狗，照样不免一死。

对大将军蓝玉的处置也基本相同，先是给按上一个"谋反"的罪名，兴起大狱，一刀砍掉蓝玉的首级，接着穷究所谓的"党羽"，一万五千多人一呼隆跟着蓝玉下了地狱。其他的将领除了在战场上殒命的以外，绝大多数也不得善终。譬如傅友德、朱亮祖、华云龙等人就都是承蒙朱元璋的"恩典"而喋血刑场的。甚至连朱元璋自己的亲侄子朱文正、亲外甥李文忠等人也在劫难逃，无人幸免，"元功宿将相继尽矣"！同样以屠戮功臣而"青史垂名"的汉高祖刘邦与之相比，也是"小巫见大巫"。

清代雍正皇帝能在与诸兄弟争夺皇位的斗争中最终胜出，在康熙逝世后矫诏篡立，除了他本人善于玩弄权术、惯于搞阴谋诡计之外，主要是依靠年羹尧、隆科多这两员心腹干将的鼎力辅弼。隆科多是康熙病危时唯一在场的顾命大臣，又以国舅之亲担任步军统领这一要职，掌握着拱卫京城和畅春园的兵权，雍正即位的所谓康熙"遗诏"就是由他之口传达的。他为雍正登基立下了头功，因此备受雍正的尊重。

年羹尧长期以来就是雍正的心腹。他多年担任四川陕西总督，替西征大军办理后勤，处在牵制和监视雍正的强有力对手、十四皇子允禵（时任征西大将军）的有利位置。在雍正抢班夺权的斗争中，正是这位年羹尧使得允禵无法兴风作浪、束手认命。另外，他在雍正即位当年出任抚远大将军之职，迅速平定了青藏地区和硕特部的叛乱。这次军事胜利具有重要的政治意义，它对新即位的雍正皇帝是个极大的支持，有力地提高了他在朝廷内外的威信，大大巩固了他的统治地位，堪称一场"及时雨"。年羹尧因此得到雍正皇帝的多次褒奖。

很显然，年羹尧、隆科多都是雍正核心集团的骨干，典型的"圈内"人物。雍正成功爬上皇帝宝座，两人功不可没。这一点，雍正心里最是明白。因此即位之初，对二人尽心笼络，恩宠无比："舅舅隆科多……此人真圣祖皇考忠臣，朕之功臣，国家良臣，真正当代第一超群拔类之稀有大臣也。"赞誉年羹尧："从来君臣之遇合，私意相得者有之，但未必得如我二人之人耳！尔之庆幸固不必言矣，朕之欣喜亦莫可比伦。总之，我二人做个千古君臣知遇榜样，令天下后世钦慕流涎就是矣。朕实实心畅神怡，感天地神明赐佑之至！"

这类甜言蜜语，出自一个皇帝之口，实在闻所未闻，听起来令人肉麻，浑身上下起一层鸡皮疙瘩。可实际上这正是雍正准备向功臣下手的先兆，是最典型的口蜜腹剑、笑里藏刀。年羹尧、隆科多是雍正的铁杆死党固然不假，然而正是因为他们处于最核心的圈子，对雍正太熟悉了、太了解了，这就犯了最大的忌讳；与他们在一起，雍正身上的神圣光环就不复存在了，这对于九五之尊的皇帝而言，无疑是最没有办法接受的事实。

所以，雍正对年羹尧、隆科多的感激与信任只能是暂时的，他内心的深处，对这两位最铁的"圈内"人物其实存在着深深的猜忌，双方之间的关系迟早会搞僵闹翻。而雍正心肠之坚硬、手段之毒辣，丝毫不亚于明太祖。只不过雍正比朱元璋更加工于心计，更加善于从长谋划，"但将冷眼看螃蟹，看你横行到几时"，他不愿让自己担负一个"杀功臣"的名头，而愿意让功臣宿将自己上钩，于不经意间自陷死地，然后再从容不迫地收拾他们。

年羹尧、隆科多不是智商偏低的人，可是在雍正皇帝面前，却成了少不更事的"小学生"，根本看不出雍正的险毒用心，不知道雍正的褒奖其实是裹着糖衣的砒霜。他们自恃是雍正身边的大红人，来头大，靠山硬，身处"圈子"中的"圈子"，遂放弃了应有的警惕，误以为自己替雍正立下如此大功，放任自己、作威作福乃是理所当然的事情。于是乎，一个个招来了灭顶之灾。如年羹尧在建树大功之后，很快便忘乎所以、恃功骄纵。军中及川陕用人，往往不经奏请，即自行决定，称为"年选"。他以这种方式拉拢了一批人，形成了一个新的利益集团。随着权力和势力的增强，他更加骄横不法、目无君上、凌辱同僚，甚至令总督、巡抚跪道迎送。对雍正派往军中的御前侍卫（其实是专门监视他，寻找除掉他口实的特务），年羹尧竟然"作奴隶使令"，"为伊坠镫"。这样一来，他恰好中了雍正的圈套，打击收拾他的理由找到了。雍正的花言巧语犹在耳畔，便到了卸磨杀驴、过河拆桥的时候了。

雍正三年（1725），雍正先给年羹尧安上一个"怠玩昏愦""自恃己功，显露不敬之意"的罪名，将其调任杭州将军，同时讽示群臣继续给年羹尧罗织罪名。中国传统文化中一些负面价值观，造就了一批看皇上眼色行事、惯于顺竿子爬的无耻宵小。这等人在任何时代都不缺乏。现在皇上要治"年大将军"之罪，墙倒众人推，赶紧落井下石吧，遂有许多臣僚纷纷劾奏揭发年羹尧的"滔天罪行"。这正是雍正希望看到的局面。等到各种"罪证"收罗完毕（恐怕至少有一大半是"莫须有"

的），雍正便理直气壮地决定让"年大将军"命归黄泉。同年年底，雍正以九十二项大罪，勒令年羹尧自缢以谢天下（比起朱元璋动辄开斩数万人，雍正皇帝"仁慈"多了）！这位可怜的"年大将军"，至此终于为他"事君数"付出了惨痛的代价。

年羹尧死了，另一位"圈内核心人物"、大功臣隆科多的余日自然也不会太多。这位皇帝的娘舅老爷，在雍正登基之初一度备受优宠，加官晋爵，风光无限，当上了总理事务大臣，并出任掌握干部任命的吏部尚书，直接把持封官赐爵的大权。可惜的是，同年羹尧的情况相仿佛，隆科多一朝得志，也完全忘记了孔子"事君数，斯辱矣"的箴言，为自己进入权力圈子的核心而沾沾自喜，滥用职权，不可一世，任用官员，经常不经奏请，任意决定，一时间遂有"佟选"之称。

他的所作所为，自然要引起雍正皇帝的极大反感，并拨动了其潜意识里黜贬功臣、诛戮下属的神经：这天下究竟是你当家，还是朕做主？你自以为是朕核心圈子的人，可以肆无忌惮，要知道朕只要乐意，便能够一脚将你踹出圈子，永世不得翻身。在收拾了年羹尧之后，雍正便转头对隆科多动手了。从雍正三年起，雍正皇帝开始冷落隆科多，曾多次严厉指斥他，并解除了他步军统领这一要职，剥夺了他的兵权。后来，干脆给他安上党附年羹尧、徇庇查嗣庭的"罪名"，削去太保头衔，罢掉吏部尚书的官职。

到了雍正五年（1727）六月，隆科多又被揭发出所谓私藏玉牒，"有不臣之心"的罪行。同年十月，雍正以四十条"大罪"，判处隆科多永远圈禁。第二年，隆科多这位拥立雍正的第一号大功臣，不明不白地死在了畅春园圈禁的场所，走完了他由功臣到"罪犯",由"圈内"到"圈外"的坎坷人生之路。

雍正时期的"圈内人"、大功臣年羹尧、隆科多两人的遭遇,充分显示了中国封建社会,皇帝是毫无人性、毫无情义、毫无信用的冷血动物,他们对功臣勋将怀有天然的敌意,为了坐稳龙椅,会全然不顾"圈子"的存在,毫不迟疑地把自己的恩人打入十八层地狱。而功臣勋将也局限于"圈子"意识,身处险境而犹不觉悟,自恃功高勋重而肆意妄为,逆拂龙鳞,触犯法禁,促使其迅速失去君主恩宠,被逐出权力核心"圈子",以致身死族灭。

"事君数,斯辱矣",话虽平淡,却是凝聚千百万人人生经历与教训经验的结晶。从这个意义上说,孔夫子的确具有睿智的头脑,超群的智慧,看透人生百态,参悟得失玄机。他所提倡的"交友""事君"之道,直至今天仍不无一定的启示意义。它提醒人们:所谓"圈子"并不可靠,知道进退才最重要,关系固然不能没有,但保持距离必不可少。作为政治人物,看问题要冷静沉着,做事情要大处着眼,胜利和失败仅仅是一线之隔,胜利中往往隐藏着危机,切切不可头脑发热、心智迷失、贪多务得、好高骛远。只有走出这种思维上的误区,才能赢得生机,获取最大的成功。

唐彩绘釉陶贴金甲胄武士俑。陕西礼泉郑仁泰墓出土。该人俑头戴兜鍪，顿项垂肩，身着光明铠，足蹬黑靴，还原了唐代武士的形象。现藏陕西历史博物馆。

英雄的命运

人尽其才：王猛的襟怀

能用人任贤固然很了不起，而能够做到不以有过为不贤，放手使用，则更是不容易。能人有能耐不假，可是能人身上有毛病同样是真，而且越是有能，毛病往往也越多，轻的骄傲自大，桀骜不驯，眼睛长在额头上，脾气就像炮筒子，既不易相处，更不好领导；重的或好色，或贪财，或凶蛮，或嗜血。总之，给他们拴上缰绳，加上笼套，实属不易。

在漫长的中国历史上，"不以有过为不贤"的用人襟怀并不难见到。前秦王猛用将善容其短的做法，就是一个比较典型的例子。

王猛（？—375），字景略，北海郡（今山东昌乐县西）人，东晋十六国时期前秦政权的著名政治家，军事家。王猛家世寡素，早年"以鬻畚为业"，曾经贩卖畚箕于洛阳市上。后徙居华阴，博学好读兵书。他富有政治才能，苻坚当上前秦皇帝之后，即对他加以重用。从此，王猛忠心耿耿辅弼苻坚，鞠躬尽瘁，为前秦王朝统一北方、巩固统治贡献了自己的全部才智。史称"（王）猛宰政公平，流放尸素，拔幽滞，显贤才，外修兵革，内崇儒学，劝课农桑，教以廉耻，无罪而不刑，无才而不任，庶绩咸熙，百揆时叙。于是兵强国富，垂及升平"（《晋书·苻坚载记下附王猛传》）。这基本上概括了他一生在政治、经济、军事方面的重大建树。

王猛主要是一位政治家，他在治军方面的作为，集中体现在拔擢将才、因才任职这一点上。其中在对待猛将邓羌的问题上，王猛"容其所短，收其所长"的做法，尤为后人所称道。

且说东晋废帝太和五年（370）六月，王猛接受苻坚委派，统率步骑六万征伐前燕国。前燕国主慕容暐闻报前秦大军蜂拥而至，便于八月间下令太傅上庸王慕容评"将中外精兵三十万以拒秦"。同年十月，王猛与慕容评各自统领大军相持于潞川（今山西潞城东北）。

"知彼知己，战乃不殆；知天知地，胜乃可全"，在双方决战前夕，王猛出于掌握战场主动权的考虑，派遣将军徐成前去侦察前燕军的"形要"——虚实情况，所谓"形之而知死生之地，角之而知有余不足之处"（《孙子兵法·虚实篇》），并要求他在"日中"返回大营报告。但是，这位徐成将军却违背军令，"及昏而返"。王猛十分生气，准备按军法处死徐成。

这时，有位猛将名叫邓羌的站出来替徐成求情，说：如今敌众我寡，马上又要开战，徐成是位良将，应当赦免。王猛断然予以拒绝，声称"若不杀（徐）成，军法不立"。邓羌坚持自己的请求：徐成是我邓羌的部将，虽然他违期失律理当处斩，但我愿与他一起效力死战以赎其罪。可王猛仍然坚持原则，不予许可。王猛这么做自然有他的道理，军法不是儿戏，岂能出尔反尔，而且如果宽宥了徐成，自己身为主帅，颜面又往哪里搁？

急性子的邓羌被王猛这种冷峻执法的态度激怒了，他一不做，二不休，匆匆返回营地，"严鼓勒兵"，准备攻打王猛。王猛知道此事后，便询问邓羌这样胆大妄为的原因。邓羌愤怒地答道："受诏讨远贼，今有近贼，自相杀，欲先除之！"王猛觉得邓羌这人既讲朋友信义，又有一股子天不怕地不怕、敢作敢当的勇气,是位可用之才。杀一徐成,再搭上一个邓羌,这买卖可赔大了!于是出于笼络安抚、息事宁人的考虑,他派遣使臣前去转告邓羌:请将军息怒,我现在就赦免徐成。

邓羌见徐成已无性命之忧,心里石头平稳落地,同时也觉得自己的做法属于以下犯上,过于放肆,便来到王猛的主帅军帐表示歉意。王猛对先前的冲突毫不在意,他执着邓羌的手说:"吾试将军耳,将军于郡将尚尔,况国家乎?吾不复忧贼矣。"

时隔不久,王猛统率大军与燕军在潞川进行决战。当时,前燕军队人数众多,声势浩大,王猛为了打击敌人的气焰,并战而胜之,便想起用邓羌这位猛将冲阵。于是他便召来邓羌,说:"今日之事,非将军莫可以捷。成败之机,在斯一举,将军其勉之!"(《晋书·苻坚载记下附王猛传》)可邓羌这时却奇货可居,同王猛讲起条件来了:"若以司隶见与者,公无以为忧。"意思是如果能把司隶校尉的大官给我当,什么都好商量,打败燕军小菜一碟。其潜台词当然是如不满足我的官瘾,那么只好骑驴瞧唱本,走着瞧,别指望我出工又出力。

王猛很不满邓羌在关键时刻要挟,对方"漫天要价",自己便"就地还钱",回答他说:这不是我所能办到的,我只能答应让你做安定太守、万户侯。邓羌见王猛没有痛快答应自己的要求,心里很不舒服,便悻悻而退,回自己的军营去了。不一会儿,大战开始了。王猛急召邓羌,邓羌居然"寝而弗应"。不得已,王猛只好亲自驰赴邓羌的军帐,当面答应了邓羌的索官要求。邓羌这时才改变消极态度,"大饮帐中",待到酒足饭饱之后,便与部将张蚝、徐成等人一起,"跨马运矛,驰入(慕容)评军,出入数四,旁若无人,搴旗斩将,杀伤甚众"(《晋书·苻坚载记下附王猛传》），杀得前燕军丢盔弃甲，溃不成军。

王猛见初战获胜，遂乘机指挥前秦主力全线出击，大破燕军。前燕军主帅慕容评"单骑走还邺"，秦军取得了潞川战略决战的完全胜利。

《资治通鉴》的作者司马光引述崔鸿的话说："邓羌请郡将以挠法，徇私也；勒兵欲攻王猛，无上也；临战豫求司隶，邀君也。"这三条，在古人眼里都是非常大的罪过："罪孰大焉。"

然而，作为大政治家的王猛，却能够"容其所短，收其所长"，终于调动起邓羌的积极性，"以成大功"。这是真正高明的用将艺术，也真正体现了政治上的大智慧。

王猛在用人上"不以有过为不贤""容其所短"的思维与行为方式，也给后人留下了极其重要的启示，即"金无足赤，人无完人"，"尺有所短，寸有所长"。任何事物都有其独特的地方，都有值得肯定的优点，从"道"充斥宇宙角度而言，世上"无弃人""无弃物"，即没有一无是处之人，亦无一无是处之事。高明的统治者要善于辩证地观察问题，做到善于资鉴，从而更好地充实丰富自己，把握主动权。

因此，在用人上，必须分清主次，要看一个人的主流，而不要纠缠于枝节问题；有时甚至要忍耐，为了大目标的实现而做暂时的妥协，暂时的让步。在现实中，不少人成功的奥妙就在于其"有所为有所不为"，在于其"弃小利而获大利"，虚怀若谷，不为人先，谦让以取美誉，韬晦以待时机。这表面上是多让步少争先，是多投入少产出，实际上是"以迂为直，以患为利"，从间接路线达到直接路线所不能达到的战略目标。这样，人才才能涌现，事业才有希望。

檀道济的悲剧人生

古代的统治者,他可以凶恶残暴,也可以骄奢淫逸,因为,这是能爬到权力金字塔塔尖上的人的"特权",草民们对此早已经习惯,并不得不乖乖认命了。古人所言"惟辟作威,惟辟作福,惟辟玉食"(《尚书·洪范》),就是这个道理。但是,他们唯独不能愚蠢。道理十分简单,即愚蠢会导致治国理政上的荒腔走板,最终堕入灭亡的深渊!

"自毁长城",就是统治者愚蠢的一种直观体现。

现在,就让我们回溯历史,了解一下"自毁长城"这个典故的来龙去脉,看看它的主人公——南朝刘宋时期的优秀将领、著名功臣檀道济的历史悲剧,这样,我们对这个典故中所蕴含的文化特质与时代精神或许会有进一步的体会,咀嚼出更加复杂的滋味。

儒家"亚圣"孟子说"知人论世",这当然是不刊之论。所以,我们在叙说檀道济悲剧性个人遭际之前,姑且先来了解一下他所处的时代,看一看他的悲剧是如何不可避免地发生的。"莫之为而为者,天也;莫之致而致者,命也"(《孟子·离娄上》),在巨浪滔天、呼啸而至的社会洪流面前,个人的力量、个人的作为的确是渺小而无奈的。

东晋末年,门阀政治日趋腐败,阶级矛盾日益激化,危机四伏,人心思乱,爆发了震撼南半个中国的孙恩、卢循武装举事（历史教科书称之为"孙恩卢循起义"，可怎么看这场动乱也没有丝毫的"起义"气息，名不副实，还是改称"武装举事"来得合宜）。在镇压这场武装举事的过程中，一些出身地主阶级中下层——寒门的将军，开始掌握东晋王朝的兵权。代表人物刘裕，就在这样的背景之下，借助东晋"第一王牌军"北府兵的力量，"奋起寒微"，灭亡了东晋，登上皇帝宝座，建立起刘宋新王朝。

刘宋王朝的建立，使东晋以来门阀士族的统治地位遭到削弱，专制主义皇权重新抬头。这是符合古代社会发展总趋势的合理现象。然而，专制皇权的强化，也造成了统治阶级内部矛盾的激化。宋武帝刘裕咽气之后，他的继承者多为贪婪不餍足、杀人不眨眼的暴君，为了夺取和巩固帝位，他们彼此猜忌，互相残杀，上演了一幕幕钩心斗角、你死我活的"骨肉相残"丑剧。

"城门失火，殃及池鱼"，刘宋朝廷的文武大臣，尤其是声望高、地位重的功臣勋将，在一场场政治斗争中大多被冠以莫须有的罪名而惨遭无辜屠戮，遂造成了刘宋王朝内部君臣离心离德，军力不振，无法抵御北魏政权进攻的一系列严重恶果，也为日后野心家萧道成乘机崛起，灭宋建齐创造了条件，提供了契机，所谓"人必自侮然后人侮之"！

檀道济就是在这种特殊的时代背景下开始经营其人生的，而他最终蒙冤被杀，则体现了在这种黑暗政治之下，功臣宿将历史命运的典型归宿。

檀道济，高平金乡（今山东金乡北）人，出身寒门，是刘裕最早的追随者之一，也是刘宋王朝最著名的将领。历任扬武将军、宁朔将军、征南大将军、司空、江州刺史、镇北将军、南兖州刺史等要职。他智勇兼备、骁勇善战，在历次重大战役中，"身先士卒，所向摧破"，讨鲁山、擒桓振，破徐道覆，还曾辅佐刘裕北伐后秦，连克许昌、成皋、洛阳等重镇要地，大获全胜，战功赫赫。后又长年担负戍守北边的重任，在与北魏大军相持过程中，屡建功勋。北魏军中上下对他都忌惮三分，避之唯恐不及。

以檀道济的军事才能和卓越贡献而言，称其为捍卫国家的"万里长城"并不为过，说他是维系刘宋政权安危的中流柱石也恰如其分。

檀道济作为一位杰出的军事统帅，在治军上也颇有建树，往往能临事不惊，处危不乱，善于量势设计，稳定军心，扭转战局。如著名的唱筹量沙，巧解敌围就是典型的一例。

对待战俘，檀道济也具有远见卓识，不以血腥屠戮为能事，而以瓦解敌军斗志、减少自己进军破敌阻力为目的。如北伐攻克后秦战略要地洛阳后，檀道济曾俘获后秦军将士四千余人。当时部下都建议干脆统统坑杀算了，一则以绝后患，二则以破敌胆。确实，这是古代战争中胜利一方对败军所经常采取的一种措施。当年白起在长平坑杀赵军降卒四十余万，西楚霸王项羽巨鹿麈战获胜后坑杀秦军降卒二十余万，就都采取了这种做法。然而，檀道济却认为"伐罪吊民，正在今日"，大开杀戒，得不偿失，于是把这些战俘一概释放，遣送回家。《孙子兵法·作战篇》上讲："车杂而乘之，卒善而养之，是谓胜敌而益强。"檀道济的这一善俘举动，收到了政治上、军事上的很好效益，使得"戎夷感悦，相率归之者众"（《宋书·檀道济传》)。

檀道济虽然功勋卓著，兵权甚重，可是对于刘宋政权却是一片忠心，毫无贰志。这一点连宋武帝刘裕本人也看得非常清楚，所以他没有效法当年汉高祖刘邦的做法，将这位大功臣推上断头台，并且在临终之前谆谆嘱咐他的继承人少帝刘义符说："檀道济虽有干略（即军事上颇有一套），而无远志（即政治上没有什么野心），非如兄韶有难御之气也（也即控御起来不会有困难）。"（《宋书·武帝纪下》）

可是，就是这样一位忠心耿耿、威震强敌的英勇将领、元戎功臣，最终还是不能为他参与拥立的宋文帝刘义隆所容纳，惨遭灭门大祸，留下千古遗恨！

若仅仅从"恪尽臣节"的角度衡量，檀道济平生唯一一件做错的事就是他当年出于为刘宋朝廷前途考虑，参与了徐羡之、傅亮、谢晦等人所策划的废杀少帝、拥立文帝的活动。这件事情有干预朝政（其实也是皇帝家中私事）之嫌，文帝上台后并不感激，反而恩将仇报，对事件的主谋徐羡之、傅亮、谢晦等人大开杀戒，但是檀道济早已改弦更张，"洗面革心"，及时向宋文帝效忠输诚，替文帝擒杀了过去一条战壕里的同志谢晦将军，也算是将功折罪了。按理说，檀道济应该太平无事，至少是有惊无险。

然而，宋文帝刘义隆终究没有放过这位功臣元勋。他登基后，以檀道济"立功前朝，威名甚重，左右腹心，并经百战，诸子又有才气"的缘故，始终对他心存"疑畏"。之所以暂时不杀檀道济，不过是因为他还有利用的价值，可以替自己镇守北方，抵御北魏大军的进攻。这一点，是只知道打仗，不懂得政治权术的檀道济将军永远也不会想到的。

宋文帝的阴暗心理,恰好为无耻小人所利用。彭城王刘义康十分嫉妒檀道济的功名,他趁宋文帝久病不愈、心情郁闷恶劣之际,屡进谗言,声称"宫车晏驾,道济不可复制。"这正好戳到了宋文帝的痛处,牵动了他隐忍多年的凛凛杀机,"涓涓不塞,将为江河;荧荧不救,炎炎奈何;两叶不去,将用斧柯"(《六韬·文韬·守土》),于是他立即下旨把檀道济从其驻地江州召回朝廷。当时,檀道济的妻子已经预见到此去凶多吉少:"高世之勋,自古所忌。今无事相召,祸其至矣。"

但是,檀道济的见识似乎还比不上一个妇人,他总以为自己有大功于朝廷,对皇上忠心耿耿,还不至于有大的危险,依然奉诏入京。《太平御览》卷八八五,引《异苑》"时人为檀道济歌",并注云:"檀道济元嘉中镇寻阳。十二年入朝,与家分别,顾瞻城阙,嘘唏愈深。识者是知道济之不南旋也。故时人为其歌曰:'生人作死别,荼毒当奈何。'"

檀道济在京城建康住了一段时间后,宋文帝的病情略有好转,恰好此时北魏又入侵边境,宋文帝一看檀道济还有用处,就准备让他"还镇",放他回江州。檀道济刚刚登上回归的船,尚不及拔锚启航,宋文帝便旧病复发,沉疴不起,有道是"攘外必先安内",于是他再度下达圣旨,召回檀道济,收付廷尉,并将其子孙、亲信一网打尽。

宋文帝在诏书中"痛斥"檀道济:"阶缘时幸,荷恩在昔,宠灵优渥,莫与为比。曾不感佩殊遇,思答万分,乃空怀疑贰,履霜日久。元嘉以来,猜阻滋结,不义不昵之心,附下罔上之事,固已暴民之听,彰于遐迩。"似乎真的是罪大恶极,罄竹难书。可是看诏书中开列的具体罪名,却仅仅是包容诗人谢灵运,"潜散金货,招诱剽猾,遹逃必至"等等,而且都是捕风捉影,查实无据。(《宋书·檀道济传》)即便真的有,亦罪不至死。真可谓是"欲加之罪,何患无辞"!但是宋文帝除掉檀道济的决心已定,也就顾不得更多了,遂将檀道济及其儿子檀植、檀夷等亲属、部将数十人,押赴刑场砍头示众,制造了一起骇人听闻的屠戮功臣事件。"可怜白浮鸠,枉杀檀江州。"(《南史·檀道济传》)

檀道济被逮捕之时,曾愤怒得"目光如炬",摘下帽子往地上猛地一摔,恨恨道:"乃复坏汝万里之长城!"这就是人们耳熟能详的成语"自毁长城"的由来。

檀道济的悲叹感慨太有道理了,"自毁长城"的恶劣后果很快显现了出来。宿敌北魏君臣闻知檀道济的死讯,禁不住大喜过望,雀跃欢呼,认为刘宋方面再也没有能同自己相抗衡的大将之才了,自己可以高枕无忧,为所欲为了:"道济已死,吴子辈不足复惮。"(《南史·檀道济传》)(这跟当年晋文公听说劲敌楚国令尹子玉被逼自杀的消息后,兴奋地大声喊叫"莫予毒也"的状况如出一辙!)于是北魏趁机加强了对刘宋政权的军事攻击,刘宋北部边境局势骤然紧张,防御阵线几至崩溃。

到了这个时候,刘宋皇帝才想起檀道济守边安境的好处来,禁不住浩叹:要是檀道济还在,岂能容北魏"索虏"军队如此嚣张捣乱!可惜人死不能复生,"既知今日,何必当初",这正好验证了"人必自侮,然后他人侮之"这条颠扑不破的真理。

檀道济的悲剧,也从一个侧面说明,在古代残酷的政治斗争中，功臣宿将往往不是老谋深算、心肠歹毒的君主的对手，他们惯于按自己正常的思维安身立命，待人接物，对专制君主刻薄寡恩、猜忌滥杀的本质缺乏清醒的认识，轻信君主的"允诺"，迷信君主的"善意"，结果经常是大上其当，悔之莫及，徒呼奈何。这类学有专攻的"专业人士"，在某一领域内自是才华横溢，建树多多，但是面对错综复杂的人际关系、波诡云谲的政治权术斗争，却显得十二分的幼稚。若是不慎陷身于权力斗争，他们的结局通常都非常的悲惨。韩信、白起、李牧等人是如此，檀道济也不例外。对于封建专制君主来说，像檀道济这样的功臣勋将，永远是潜在的威胁，有用时不妨当枪使，一旦感到用起来不怎么方便，或者说自己的地位受到某种威胁（尽管绝大多数情况下都出于主观想象），便要赶紧丢开，甚至干脆折断，这正是古代统治者"宁赠友邦，不与家奴"的固有心态，也是难以改变的政治取舍。

与此相反，一些庸庸碌碌的小人，虽无一技之长，却能凭着八面玲珑、摇唇鼓舌而飞黄腾达、左右逢源。会做事的不如会做人的，有功劳的不如没功劳的。英雄豪杰、功臣勋将四处碰壁，历尽坎坷，甚至无端付出生命的代价；无能之辈、奸佞之徒春风得意，称心如愿，或当大官，或捞大钱，这可以说是中国古代社会令人痛心疾首的悲剧。

正是因为这个缘故，历朝历代的经史典籍，差不多全是教人如何为人处世的，却很少有教人如何做事立功的。"各人自扫门前雪，莫管他人瓦上霜"，"是非只为常开口，烦恼皆因强出头"，"世事洞明皆学问，人情练达即文章"，"今朝有酒今朝醉，明日愁来明日忧"，"逢人且说三分话，未可全抛一片心"。

它们就是要提醒人们，只要会做人，便等于拥有了一切，否则你专业再精、功劳再大、贡献再多，也是白搭，纯属徒劳。檀道济似乎不太明白这层奥秘，所以下场才会那么悲惨，死得才会那么难看。

写到这里，真的应该为檀道济的人生悲剧，一掬同情之泪！

再见了，潼关：哥舒翰英雄揾泪

"渔阳鼙鼓动地来，惊破霓裳羽衣曲。"唐玄宗天宝十四年（755），是唐朝历史上的一个转折点，也是中国历史进程中具有深远意义的一年。是年十一月，时任唐范阳、平卢、河东三镇节度使的安禄山撕去伪装，露出锋利的爪牙，以讨伐宰相杨国忠，"清君侧"为口号，公开扯起叛乱的旗帜，统率大军十余万人（号称二十万），风尘仆仆、马不停蹄从范阳南下，企图"出其不意，攻其无备"，袭取西京长安（今陕西西安市）、东京洛阳（今河南洛阳市）。十二月初二，叛军风驰电掣般地攻占战略要地荥阳，兵锋直指洛阳。

唐玄宗晚年暮气沉沉，在温柔之乡流连忘返，一向对安禄山宠信有加，他做梦也不曾想到这厮"得志便猖狂"，居然会恩将仇报，凶恶反噬。这时见局势危急，大祸临头，只得"兵来将挡，水来土掩"，他急急命令安西节度使封常清、左金吾大将军高仙芝募集兵员，迎击叛军，力图挽狂澜于既倒，度过这场严重的统治危机。

封常清受命抵达洛阳，十日之内总共招募了六万人，表面上数目可观，成绩不错，然而这些新军"皆白徒，未更训练"，作风散漫，武艺粗糙，仓促上阵后，根本经不起叛军强大铁骑的勇猛冲击，连战皆负，节节败退。叛军遂于同年十二月十二日乘胜占领了洛阳。

封常清率败军与高仙芝会合后,有鉴于"贼锋不可当"的现实,且考虑到潼关对于京城长安安全的重要性,向高仙芝建议"引兵先据潼关以拒之",为长安城筑起最后一道防御屏障。高仙芝赞同这一看法,于是两人便率兵退守潼关,厉兵秣马,谨为守备。

不久,叛军兵临潼关,唐军依托关隘殊死抵抗,叛军"不得而去",不得不作暂时的战术退却。可是,就在军事形势稍有缓解的情况下,唐玄宗却听信监军边令诚的谗言,抱着"宁可错杀一千,不可放过一个"的阴暗心态,以封常清"以贼摇众",高仙芝"弃陕地数百里,又盗减军士粮饷"等莫须有的罪名,滥杀了这两位久任边帅、屡立战功的大将,做出自毁长城的愚蠢举动。

封、高两人人头落了地,可是仗还得打下去,总得有人来承接他们留下的倒霉差使,很不幸,这个霉运让当时因生病在家将息的河西、陇右两镇节度使哥舒翰给摊上了。

哥舒翰大名鼎鼎,战功赫赫,"月黑雁飞高,哥舒夜带刀,至今窥胡马,不敢过临洮",这首唐诗讴歌的就是哥舒翰的英武神威,由他来与安禄山周旋,一决雌雄,本来是一个不错的选择。但是,非常遗憾的是,当时哥舒翰正身患重疾,"不能治事"。虽几经推辞,但终不获唐玄宗的恩准,没奈何,哥舒翰只好强打起精神,接下天下兵马副元帅(元帅一职当然要由皇室成员来领衔,外姓人再能干也没有扶正的机会,日后像郭子仪、李光弼干得再好同样也只是副元帅)的印绶,统领八万名唐军,连同高仙芝的旧部,进驻潼关,对垒安史叛军。

"有所长必有所短,有所明必有所蔽",尽管是名将,也会有弱点,哥舒翰也一样,这主要是指他治军"用法严而不恤",导致"士卒皆懈弛,无斗志"。其手下的骑兵主将王思礼与步军主将李承光又磕磕碰碰,互不服气,"争长,无所统一"。在这种情况下,自然只宜固守,而不便主动进击叛军,提前展开战略决战。所以,哥舒翰到达潼关后,只是加强防守,持重待机,迫使叛军前锋屯兵坚城之下,无法逾越潼关,进取长安。

正当双方主力相持于潼关之际,河北诸郡的民众愤恨于安史叛军的暴行,在常山太守颜杲卿、平原太守颜真卿等人的带动下,纷纷自发抗击叛军。郭子仪、李光弼也统率精锐的朔方兵出击,与河北军民相呼应、相协同,切断了叛军与范阳老巢的联系。延至次年正月,叛军前阻潼关,后绝范阳,军食不继,军心不稳。河北诸郡中归附叛军的"唯范阳、卢龙、密云、渔阳、汲、邺六郡而已"。叛军处境困难,进退维谷,于是安禄山迫不及待地在洛阳自称大燕皇帝,商议转入退却,回守范阳。很显然,哥舒翰当时所奉行的"老虎不出洞"对策是正确的选择,体现了"致人而不致于人"的高明作战指导特色。

可是,唐玄宗的"縻军"行动却改变了对唐军有利的战略态势。当时,唐王朝的军权仍然由骄纵不法的宰相杨国忠把持。杨国忠自知多年来作威作福,树敌甚多,所以十分害怕手握重兵的哥舒翰回兵长安同自己作对,与其"人为刀俎,我为鱼肉",不如"先下手为强",于是便向唐玄宗谎报军情说,陕州地区的叛军守将崔乾祐"兵不满四千,皆羸弱无备",鼓动昏庸的唐玄宗下令让哥舒翰兵出潼关,去收复陕州、洛阳。

哥舒翰久历戎阵,深谙"胜兵先胜而后求战,败兵先战而后求胜"的道理，对这种轻举妄动的做法实难苟同，他立即上奏唐玄宗，强调指出，安禄山是一只极其狡猾的老狐狸，他正制造假象，引诱我军进入圈套，万万不可上当："禄山久习用兵，今始为逆，岂肯无备！是必赢师以诱我。若往，正堕其计中。"主张固守待疲，伺隙破之，一举底定大局："且贼远来，利在速战；官军据险以扼之，利在坚守。况贼残虐失众，兵势日蹙，将有内变，因而乘之，可不战擒也。"

郭子仪、李光弼等人也给唐玄宗上奏疏，请求"引兵北取范阳，覆其巢穴"，同时建议哥舒翰统率潼关大军"固守以弊之，不可轻出"。

杨国忠见众将都反对潼关大军出击，以为是他们串通一气，联合起来对付自己，愈加草木皆兵，疑神疑鬼，惶惶不可终日。于是，他又奏告唐玄宗，说"贼方无备"，而哥舒翰瞻前顾后，逗留不出，是贻误军机，居心叵测。唐玄宗轻信杨国忠的一派胡言，同时也急于反攻，一雪前耻，便不顾众统军大将的正确意见，接连派遣使者前往潼关，催促哥舒翰立即出关进击叛军，收复失地。哥舒翰明知此刻进攻乃死路一条，可君命难违，遂"抚膺恸哭"，无奈地率唐军主力出关应战。

此时，叛军崔乾祐部已屯兵灵宝（今河南灵宝）、西原（距灵宝五十里）。西原南面靠山，北有黄河阻隔，中间一道隘路绵延七十余里。崔乾祐用重兵扼守险要之处，以近待远，以逸待劳，以待唐军自动送上门来寻死。

六月初，双方的会战拉开大幕。战前，哥舒翰与部下田良丘等人"浮舟中流"，观察对手的阵势。只见崔乾祐军兵力寡少，阵形不整，便下令催促诸军迅速挺进，由大将王思礼等率领精兵五万在前，庞忠等率兵十余万继后，自己则带领三万余兵马，留在黄河北岸指挥。

叛将崔乾祐见官军开进，便故意只派出万余人迎击，而且有意显示队伍"什什伍伍，散如列星，或疏或密，或前或却"的散乱假象。唐军趾高气扬，果然中计，"望而笑之"，放松了应有的警惕。

两军稍事交锋，叛军即"偃旗如欲遁者"。唐军见状，误以为叛军士气低落，不堪一击，便更加松懈，长驱直入，攻入狭隘险路。崔乾祐乘官军"不为备"之机，擂鼓指挥，突出伏兵，从山上投下无数木石，击杀唐军士卒"甚众"。此时唐军被困于狭路之中，骑兵人仰马翻，步兵挤作一团，无法展开战斗，"枪槊不得用"，陷入极大的被动。不得已，官军只好驱马驾毡车在前面开道，想突出叛军的重围。

然而，崔乾祐早有准备，他用数十辆草车阻塞唐军毡车的推进道路，然后乘着"东风暴急"，顺风纵火。顿时烟焰弥漫，"官军不能开目"。他们以为叛军还在浓烟之中，就聚集弓弩乱射一气，结果没有伤着叛军的毫毛，反而是"妄自相杀"，误伤自己。战至黄昏，当浓烟散去后，唐军才发觉面前并无叛军，可是，这时候他们所携带的箭矢却已消耗殆尽。叛将崔乾祐见机便派遣精骑从南面迂回，"出官军之后击之"。官军首尾受敌，"前后不相及，众寡不相恃，贵贱不相救，上下不相收，卒离而不集，兵合而不齐"（《孙子兵法·九地篇》），"于是大败"。士卒或丢弃兵器甲胄躲入山谷，或自相践踏被挤下黄河活活淹死，一时间哭喊声、呼救声震天动地。叛军乘胜紧逼，庞忠所率领的后军见王思礼统率的前锋溃败，亦肝胆俱裂，丧魂落魄，不战自溃。哥舒翰亲率的河北军见了这般惨象也士气顿挫，争相逃窜。至此，唐军全线崩溃，不可收拾。

败溃的唐军奔向潼关，只恨爹妈没有给自己多生两条腿。潼关关前原有三道堑壕，每道宽约两丈，深约一丈。溃兵慌不择路，纷纷跌入堑中，"须臾而满"，后继者踏尸而入。八万大军出关，这时入关逃得性命者只剩下八千人左右。可是崔乾祐得势不饶人，依然尾随而来，潼关的残军力不能支，一战即溃。叛军终于抢占了潼关，打开了通向关中的道路。唐军主帅哥舒翰本人见大势尽去，又忧恐落得封常清、高仙芝一般的下场，就摇动白旗，投降了安史叛军。

战略要地潼关失守后，长安便处于叛军的直接兵锋之下，再难固守自卫了。唐玄宗也只好仓皇弃都出逃，西行"幸蜀"，"九重城阙烟尘生，千乘万骑西南行"。皇位提前被抢走姑且不说，甚至连自己宠爱的女人都给搭了进去："六军不发无奈何，宛转蛾眉马前死……君王掩面救不得，回看血泪相和流！"唐朝平息安史叛乱的斗争，从此进入了更为困难和艰巨的阶段。

兵圣孙武子说："不知军之不可以进而谓之进，不知军之不可以退而谓之退，是谓縻军；不知三军之事而同三军之政，则军士惑矣；不知三军之权而同三军之任，则军士疑矣。三军既惑且疑，则诸侯之难至矣，是谓乱军引胜。"（《孙子兵法·谋攻篇》）哥舒翰所部唐军主力惨败潼关的原因很多，包括哥舒翰英雄迟暮、指挥无方，唐军素质低下、斗志消沉等。但其中最根本的一条，无疑当是唐玄宗昏庸颟顸又刚愎自用，听信小人杨国忠居心叵测的进言，"同三军之政"，"同三军之任"，对作战事宜乱加指挥，"縻军"羁将所致。他不能做到

"疑人不用，用人不疑"，拒绝听取那些真正了解敌我双方情势、身处战斗第一线的将领的正确意见，而强迫他们像木偶般遵从执行自己极端错误的决定，无视敌强我弱的基本现实，贸然出关迎敌决战，结果导致一败涂地，把老本全都赔了进去。

　　古代兵家历来强调将帅的作用，主张"兵权贵一"，赋予前敌将帅在战场上机断指挥、便宜从事的全权，认为"出军行师，将在自专；进退内御，则功难成"（《黄石公三略·中略》），这乃是由数不清的鲜血所凝聚而成的有关军队指挥与管理的法则，理应高度重视，坚决秉执。可是我们这位唐明皇却倚仗"九五"之尊，把这些明白浅显的道理彻底抛到了九霄云外，触犯了兵家大忌，更违背了为君之道。在这种情况之下，唐军要想避免丧师辱国、自食恶果的结局，难道能够办得到吗？！换言之，唐军潼关之战败北，乃是自己打败了自己，罪魁祸首，正是唐玄宗李隆基本人！

宋代政治文化传统与岳飞之死

一、相对宽松的宋代政治文化生态

不论是对读书人来说,还是就做官为吏、当平头百姓而言,活在宋朝,都算是幸运儿。开国皇帝宋太祖赵匡胤本人,虽然是赳赳武夫出身,但是宅心仁厚,宽忍包容。当然,这中间是有原因的,用王夫之的话说就是:"权不重,故不敢以兵威劫远人;望不隆,故不敢以诛夷待勋旧;学不夙,故不敢以智慧轻儒素;恩不洽,故不敢以苛法督吏民。惧以生慎,慎以生俭,俭以生慈,慈以生和,和以生文。"(《宋论》卷一《太祖》)他早早在太庙中立下"誓碑",定所谓的"祖宗之法"。(《建炎以来系年要录》卷四,建炎元年四月丁亥;另参见刘浦江《祖宗之法:再论宋太祖誓约与誓碑》)其中,优待后周皇室宗族、不杀功臣、不杀言事之士大夫三条,尤其是皇恩浩荡,旷古未有。

试问除了宋朝,还有哪一朝能如此优容厚待前朝的皇族宗室?"宋受晋终,马氏遂为废姓;齐受宋禅,刘宗尽见诛夷",这是改朝换代的政治常态。可宋太祖改变了这个游戏规则,这是多么了不起的胸襟!不诛戮功臣,宋朝也基本上做到了,但是,也有例外,如制造风波亭冤狱,杀"精忠报国"的国之栋梁岳飞,就是抹不去的劣迹,但这一冤案,很快就在宋孝宗时期得到平反昭雪，宋高宗、秦桧、张俊一干冤案的制造者还被钉上了历史的耻辱柱，成为千秋万代声讨唾骂的对象。至于宋朝的士大夫，在当时也活得非常滋润，逍遥自在。即使发表了与朝廷主流原则相背悖、不合时宜的言论，实在过分了，也不过加以"薄惩"，将你外放到边远的州郡去反省和改造，而且通常时间也不会太长，过上几年，法外施恩，就允准你返回中土，安享生活了。所以，苏东坡才会有这么良好的心态，吃荔枝，食龙眼，写诗作画，饮酒品茗，"日啖荔枝三百颗，不辞长作岭南人"！即使是涉嫌颠覆的"乌台诗案"，不也是高高举起，轻轻放下？

而普通老百姓在宋代的生活，毫无疑问，也是相对安宁惬意的。看张择端《清明上河图》所直观反映的汴京市民生活情景，读《武林旧事》《东京梦华录》之类的宋人笔记所记载的勾栏、瓦舍热闹场面，我们不能不承认宋代的城市繁华、经济发达，普通民众基本过上了尚算可以的生活。我们可以批评宋时民众安于现状、缺乏进取，但却不能不承认老百姓安居乐业、悠闲自在的事实。

另外，两宋的阶级矛盾固然存在，但是，在整个古代历史上，相对并不那么激烈，这与两宋的养兵政策似乎也有一定的关系。宋朝养兵，似乎并非完全基于国防安全，而是有一种社会管理上的考虑。一般情况下，新王朝建立伊始，战乱之后，通常会有大量的无主荒地，故可行"令黔首自实田"一类措施，但是，当王朝进入稳定发展阶段，土地兼并总是如影相随，成为社会生活中的一大痼疾。失地农民流离失所，无法维持生计，那社会动乱也就无法避免了。宋代的军队数额之所以庞大，乃至有"冗兵"之患，在一定程度上，或许是为了消化或缓解土地兼并导致部分民众难以生存的困难，避免出现流民漂泊的问题。这固然导致军队战斗力下降，但事物都有两面性，所谓"杂于利害"，有利必有弊，同理，弊端中也包含着一定的利，它在一定程度上也起到了缓解矛盾，维护社会基本稳定的作用。因此，全国性的民众暴动，历朝历代几乎都无法避免，有如宿命。例如，秦代有陈胜、吴广大起义，西汉有绿林、赤眉横扫天下，东汉有黄巾大暴动，隋代有瓦岗军、窦建德聚众造反，唐代有王仙芝、黄巢起义军席卷六合，元代有红巾军"如火燎原，不可向迩"，明代有李自成、张献忠横扫千军、荡涤乾坤，清代则有太平天国运动烽火遍地、势不可挡。而有宋一代，除个别的地方性动乱，如王小波、李顺造反，钟相、杨幺起义，方腊举事，以及个别的团伙性闹事，如宋江起兵之外，没有发生过全国性的暴动。这一事实本身，就说明学界宋代"积贫积弱"的结论似乎是下早了。说宋代"积弱"，问题好像不大，但若是称宋代"积贫"，那恐怕是值得商榷的。

二、岳飞之死的深层次原因与两宋政治文化的传统

然而，历史的诡谲之处就在于，宋代所推行的崇文尚礼之策，在作用上也具有两面性。积极的方面这里暂且先不说，其消极后果是很明显的，它直接导致军队孱弱疲软，萎靡不振，国防形势困顿危殆，左支右绌。不仅不能收复当年被石敬瑭割让出去的战略要地燕云十六州，反而年复一年让契丹、女真、党项、蒙古欺凌打压，损兵折将，割地求和，面子里子都输得干干净净。它打不过辽，打不过金，打不过蒙元，也就罢了，可在小小的西夏面前，都难逞一胜，则多少有些匪夷所思了。

导致这种局面的原因是多种多样的，燕云十六州的失落，西北牧场的易手，使优良战马的来源被切断，宋朝只能用川地的矮种马组建骑兵，这是其中一个不可忽略的因素。冷兵器时代，骑兵是处于核心地位的战略兵种，它的强大与否，直接关系着军力的盛衰，尤其是面对北方民族强大骑兵集团进攻时，自身骑兵虚弱，未战便已输了一半，毕竟，"以步制骑"往往只是一厢情愿的期盼。

但是，更主要的原因，还是宋朝廷的基本国策，赵宋建立伊始，即定下并推行倡导儒学、追求文治、崇文抑武、以文制武的基本国策："艺祖革命，首用文吏而夺武臣之权，宋之尚文，端本乎此"（《宋史》卷四百三十九《文苑传·序》）；"儒学复振，实自此始。所以启佑后嗣，立太平之基也"（范祖禹《帝学》卷三《太祖》）。这一国策固然起过积极的作用，但所带来的消极影响也是不容忽视的。

终两宋之世，"恐武症"似乎贯穿于始终，赵匡胤、赵光义消极汲取五代时期武人干政擅权的历史教训，一味考虑不让"黄袍加身"的历史重演，使得他们将巩固皇权、强化对军队的绝对控制置放在首要的位置，"悠悠万事，唯此为大"，可谓处心积虑，不遗余力！"宋所忌者，宣力之武臣耳，非偷生邀宠之文士也。"（《宋论》卷二《太宗》）"守内轻外，崇文抑武"成为国家的总体战略方针与基本路线。功勋卓著的武将，几乎都有一个悲剧色彩浓厚的共同命运，其一方面被帝王利用为上阵杀敌的重要棋子，另一方面则始终处于被监控、掣肘和防范的境地，既要奋勇杀敌，保家卫国，又缺乏最高统治者的基本信任，被猜忌，乃至被迫害。这种观念，不光来自帝王，也来自将儒学教条整天挂在口中的士大夫文人群体，成为社会精英们的共同价值取向和高度政治自觉。因此，忠心耿耿的狄青要由枢密副使晋升枢密使之时，跳出来反对的，是文彦博、庞籍、韩贽、王举正等一大群文臣，连当年欣赏与提携过狄青的范仲淹，也参与其中，而欧阳修在仁宗至和二年所上的《上仁宗乞罢狄青枢密之任》一疏，最具有代表性，影响也最为恶劣。仁宗宽厚，声言狄青是忠臣，但文彦博一句"太祖岂非周世宗忠臣"，马上触动了最高统治者的神经，"陈桥驿"成了高悬的利剑，在其阴影之下，武将功臣难免会有"战战兢兢，如履薄冰"的恐惧。

　　这一点反映在君将关系的方方面面，像宋太祖亲自考核各级军官，最主要标准乃是否具有"循谨"的优点，而"武勇"则次之。当时但凡大将出征，皇上都要面授机宜，颁发阵图，统兵者不可越雷池一步，其手脚被捆绑得结结实实，没有机断指挥的权力。战场形势瞬息万变，在这种情况下，要打胜仗，岂不是比登天还困难！《孙子兵法》有云："将能而君不御"是克敌制胜的重要保证，宋代皇帝反其道而行之，那只能是"乱军引胜"，在军事斗争中处处被动，连战皆负了。而当时的社会风尚，也以"文"优晋升为荣，而以任"武"职为卑，何去非"换资"的事例就很典型地反映了这种时代精神。挖掘岳飞悲剧的深层次原因，应该考虑到两宋政治文化大传统这个背景，换言之，从杨业、狄青到岳飞，两宋时期一以贯之的御将之策，犹如草蛇灰线，一直在产生灾难性的影响，襟怀坦荡的岳飞，显然也难以摆脱这一宿命。

从这个意义上说，宋高宗对武将所持的基本立场与所采取的举措，也是宋代这一政治文化大传统的自然延续。他之所以对金屈辱求和，杀害民族英雄岳飞父子，重用秦桧一党，满足于偏安江南一隅，"偷安忍耻，匿怨忘亲，卒不免于来世之诮"（《宋史》卷三十二《高宗纪下》"赞曰"），症结就在于两种战略指导思想的对立与冲突。宋高宗为了稳固帝位，维系和延续赵宋王朝的统治，确立了通过议和维持半壁江山的政治路线，而以岳飞为代表的主战派因坚决反对议和，主张北伐收复中原，成为其议和路线的巨大障碍，必欲去之而后快。而宋高宗这样做，绝不是偶然的，而是赵宋立朝以来基本国策的自然延续，所谓"事为之防，曲为之制。纪律已定，物有其常。谨当遵承，不敢逾越"。从现实层面考量，宋高宗等人认为，宋、金双方军事实力悬殊；就功利原则着眼，消极防御自宋太宗北伐失败后已实行多年，且有"效益"，继续推行，可保宋代统治苟延残喘；从政治管控的角度考虑，可以抑制武臣的权力上升势头，防范武臣尾大不掉。一句话，对宋高宗来说，他内心深处始终存在着一种情结，即崇文抑武，念兹在兹。因此，岳飞悲剧的发生具有内在的必然性。

三、岳飞之死，也是众多复杂因素综合作用下的产物

岳飞之死是十足的冤案。他以功招祸、因忠罹难的不幸遭遇委实让人痛心疾首，扼腕浩叹，这样的奇冤在历史上并不多见，因为功臣遭皇帝屠戮，问题虽主要出在皇帝的身上，但是功臣宿将自身也多少有些把柄被人抓住，如居功自傲，如骄横不法，等等。而岳飞的冤案则完全不同，它纯粹是宋高宗、秦

桧等人单方面为非作歹，这恐怕只有明末袁崇焕被冤杀事件差可比拟。无怪乎后人要对岳飞寄予无限的同情，并对残害他的刽子手赵构、秦桧严加声讨、痛予鞭挞了："青山有幸埋忠骨，白铁无辜铸佞臣"，"人从宋后羞名桧，我到坟前愧姓秦"！

岳飞被冤杀的原因，从根本上说，是他力主抗金，反对投降议和的立场，同顽固坚持妥协投降路线的南宋最高统治集团产生了尖锐的矛盾，因此被赵构、秦桧之流视为眼中钉、肉中刺，必欲去之而后快。为了满足金朝方面"必杀飞，始可和"的蛮横要求，赵构、秦桧遂冒天下之大不韪，将屠刀砍向功业卓著、赤胆忠心的岳飞。除了这个主因，岳飞的悲剧，也是众多复杂因素共同酿成的，例如，他无意中卷入朝廷内部的复杂争斗，出于公心仗义执言而触犯赵构的利益，从而受到猜忌、嫉恨，种下了祸根。

宋代立国伊始，一直把防范武将专权干政作为国家的既定方针。岳飞作为统率一支雄师的方面大员，自然要成为赵构的主要防范对象。如果岳飞功劳不那么大，才干不那么高，就像刘光世、张俊之流庸庸碌碌，无所作为，则朝廷尚可以有几分放心；或者假如岳飞性格不那么刚直，正义感不那么强烈，对朝廷事务噤口不言，漠不关心，就像后期韩世忠那样明哲保身，得过且过，朝廷至少不会如此快地启动杀机。然而岳飞偏偏是一个血性汉子，"做事斩钉截铁，为人光风霁月"，自己认准正确的事情非发言不可，这就直接触犯了赵构不可明白告人的私衷，其大祸临头也就无法避免了。

应该说，岳飞秉公议事、仗义执言的性格是一以贯之的。早在他还是一个下级军官时，就曾因这方面的原因遭受过打击。宋高宗赵构初即位，年仅二十四岁、身为下级军官的岳飞就不顾位卑言轻之嫌上书赵构，反对南逃，力主北上抗金："臣愿陛下乘敌穴未固，亲率六军北渡，则将士作气，中原可复。"（《宋史·岳飞传》）奏书触怒了赵构和朝中妥协派大臣，愤懑恼怒之余，他们给岳飞扣上了"小臣越职，非所宜言"的罪名，革去了岳飞的职务。

可是"江山易改，本性难移"，岳飞秉公言事的个性并未随着岁月的流逝而改变，遇有他认为正确的意见，他仍然要坦率表达，这样一来，赵构对他的猜忌便越来越重，悲剧的发生也就很难避免了。岳飞这时已不再是无足轻重的普通军官，而是手握重兵、威震天下的方面大员，他的一举一动都会触动赵构的神经，使其产生其他的联想，变得心绪不宁，寝食难安。

有一件事尤其让赵构大为反感，使他内心深处断定岳飞为"反侧之子"，有"不臣之心"。当时赵构因无子嗣而立太祖后裔赵眘（即后来的宋孝宗）为太子。金人为了挑起南宋朝廷内部的矛盾，表示要送钦宗之子赵谌回临安，企图在皇位继承问题上制造风波，挑拨离间，煽动不和。岳飞对赵眘的人品能力有所了解，认为他是一位合格的皇位接班人，所以主张维持赵眘的继承人地位，拒迎赵谌。为了表达自己的这个主张，他决定给赵构上奏章，详细阐说赵眘应继续担任储君的种种原因，提醒赵构千万不要中了金人阴险的离间之计。这时，有位名叫薛弼的大臣建议他放弃这种做法。薛弼向岳飞指出，朝廷对武将存有戒心，身为武将者应当循规蹈矩，谨守为臣的职分，"不在其位，不谋其政"，老老实实，恭顺听命。虽说岳飞你是出于公心提出自己的看法，但客观上却会使朝廷对你产生猜忌，所以还是不去捅这个马蜂窝为好，要懂得"是非只为多开口，烦恼皆因强出头"的道理！然而岳飞认为自己完全是出于公心言事，是为朝廷的前途着想，尽忠尽职，并无不可，于是，他仍坚持在朝堂上提出自己的观点。

事情的发展果然不出薛弼所料。当岳飞对赵构谈及拒迎赵靖，仍立赵眘为太子的意见时，赵构的脸色顿时阴沉下来，他忍住怒气听完岳飞的奏陈后，当即给予岳飞以严重警告："你的意见虽说是出于忠心，但武臣不得干预朝政，乃是祖宗定制，今后决不允许你再在这类问题上发表意见。"说完便拂袖离去。事后，赵构又让薛弼转达他对岳飞的警告，不得妄议朝政，还曾数次派宰相赵鼎向岳飞传达类似的训诫。大概从这个时候起，宋高宗赵构对岳飞的猜忌之心急剧膨胀起来：你岳飞拥兵十万，尾大不掉，居然还违背朝廷祖制，对朝政说三道四，乱发议论，究竟是想干什么？越思忖越觉得蹊跷，疑窦丛生，于是就认定岳飞头上长有反骨，绝对不可信任。这样的误解日复一日加深，到最后终于通过"和战争论"事件全面爆发，制造千古冤狱，残杀功臣岳飞。

显而易见，岳飞之死的另一层原因，是他出于公心对朝廷的具体政务发表了自己的意见，无意中触犯了皇帝的大忌，皇帝对他猜疑加深，最终亮出屠刀，制造冤案。

岳飞之死的又一个原因，在于君主集权专制政治对人才的扼杀。中国历史上许多功臣勋将遭诬陷，遭迫害，有一个重要的因素不可忽视，即一些人品龌龊、性情邪恶的同事，出于各种阴暗心理、卑劣动机，秉承专制君主的旨意，兴风作浪，借刀杀人。他们或捕风捉影，制造事端；或栽赃诬陷，挑拨离间；

或血口喷人,狠使绊子;或落井下石,墙倒众人推。总之,无所不用其极,其狠毒令人发指,其肮脏让人作呕。岳飞的同僚张俊将军,就是这类"跳梁小丑"的典型代表。

提到张俊,我们不得不先从岳飞坟前的四座铁铸跪像说起。游览过杭州的人恐怕都知道西子湖畔的岳王庙,民族英雄、爱国将领岳飞墓前铸有四尊跪着的铁像,受万人唾骂、古今诅咒。这四人就是残害岳飞的元凶。他们遭到有宋以来一切有正义感的人们的唾弃,被永远钉在历史的耻辱柱上。可见,历史终究是公正的,公道自在人心,英雄为人所缅怀,而奸佞则为人所憎恨。

这四人中,秦桧是残杀岳飞的主谋之一。秦桧之妻心肠歹毒不亚乃夫,正是她一句"放虎容易缚虎难",促使秦桧最终下定决心向岳飞开刀。万俟卨是岳飞冤案的直接"主审官",为虎作伥,在残害岳飞一案中充当急先锋,罪不可恕。他们三人受声讨、遭唾骂是很自然的。可是,第四个人给人的感觉却很微妙,既蔑视憎恨,又惋惜遗憾!

这人不是别人,就是当时名声显赫、地位尊崇,也曾立过战功的大将张俊。这位张俊长年在军中服务,也在抗金军事活动中跃马横戈,没有功劳有苦劳,一步步成为统兵数万、独当一面的方面大员,与韩世忠、刘光世、岳飞一起被誉为南宋"中兴四大名将",而且张俊还居于四人之首。

然而,就是这位被称作南宋朝廷"功臣"的张俊将军,丝毫不念与岳飞的袍泽之谊,丧尽天良,在陷害、残杀岳飞的丑恶事件中,充当打手,助纣为虐,以致身败名裂,被铸成铁像跪在岳飞墓前受后人唾骂抨击,遗臭万年,永世不得翻身。

从史料记载来看，张俊在岳飞冤狱中的确扮演了一个极其不光彩、令人作呕的角色。是他秉承赵构、秦桧的旨意，有意自解兵权，出任虚职枢密使，从而以"旅进旅退"的政治姿态，胁迫岳飞解除兵权，出任无实权的枢密副使，使其"痛饮黄龙"、收复中原的凌云壮志付诸东流。是他编造了岳飞在淮西战役中违抗圣旨、逗留不进的弥天大谎，使赵构、秦桧找到借口，罢免了岳飞的枢密副使之职。是他处心积虑要把岳家军彻底摧毁，要置岳飞于死地，而暗中在岳飞的部将中物色能告发岳飞的奸人，抬出认贼作父的副统制王俊、都统制王贵充当首告，炮制"告首状"，诬告岳飞最倚重的部将张宪要领兵到襄阳谋反，并把岳飞牵涉其中。也是他昧着良心判定王俊"告首状"中所述一切属实，"亲行鞫炼"，逼张宪自诬"欲劫诸军为乱"，并亲自伪造口供，将张宪、岳云一同押解到杭州的大理狱中，接着又向岳飞本人伸出魔掌，将捏造的案情上达"天听"，最终酿成惨绝人寰的冤狱悲剧。

正因为张俊秉承赵构、秦桧的罪恶旨意，鞍前马后来回奔波，做了大量基础性的前期工作，一手策划了所谓"岳飞伙同其子岳云、部将张宪阴谋叛逆"案件，赵构、秦桧才能顺水推舟，制造出英雄蒙难、千古同悲的"风波亭奇冤"。由此可见，张俊是赵构、秦桧迫害忠臣、自毁长城罪恶行径的主要帮凶，说他是岳飞冤案的"始作俑者"并不为过！他遭到人们的憎恨唾弃，被押上历史审判台示众，乃是咎由自取！

张俊诬陷迫害岳飞，固然有他品质卑劣的因素，但真正的病根还是应该到中国传统政治中去寻找。中国传统政治的一大弊端，就是提倡普遍平庸，反对个别冒尖，所谓"木秀于林，风必摧之；堆出于岸，流必湍之；行高于人，众必非之",指的正是这种现象。在中国古代政治生活中，存在着普遍的"劣胜优败"的淘汰机制。你才华出众，功业过人，就反衬出其他人的平庸与无能，他们因而会感到不舒服，觉得没面子，心理一失衡，就对成功者滋生出极大的敌意，恨不得把他拉回平庸之中，甚至要想方设法打击他，毁灭他。这样一来，嫉贤妒能、损人利己种种做法便大行于世了，小人得志猖狂，英雄进退维谷，亦成为正常现象，屡见不鲜了。换言之，中国古代的"人才"，往往是揣摩人、对付人之才，而非做事建功之才。而中国传统政治之所以萎靡不振，弊端众多，很大程度上，也是因为"人才"过剩而"事才"短缺。

从这个角度考察张俊陷害岳飞的行为，其初衷动机或许就比较容易理解了。张俊资历比岳飞老，地位比岳飞高，可是军事才能却远逊于岳飞，战功也无法和岳飞比拟，威望自然一天天不如岳飞，眼见岳飞"芝麻开花节节高""风风火火闯九州"，自己老牛破车，光彩不再，"暮去朝来颜色故，门庭冷落车马稀"，成了"迟暮的美人"，这如何不教人妒火中烧，气填胸膺。"是可忍，孰不可忍？"要摆脱这种尴尬的境地，维持自己既得的利益，最佳的出路便是把竞争对手打下去，从根本上消除这方面的威胁。而打击竞争对手的主要途径，则莫优于借助朝廷的力量，利用天子的喜怒哀乐。"量小非君子，无毒不丈夫"，只要能达到目的，就无妨不择手段。我同你岳飞不比军功，不比人格，专比谁脸皮厚，谁心肠黑，你岳飞如今神气，我就让你神气不起来；看看究竟是你有能耐，还是我有道行！于是乎，他心甘情愿充当赵构、秦桧等人的帮凶，成了十足的奸佞。

  一方面直言不讳，激发宋高宗赵构内心深处的凛凛杀机；另一方面功盖天下，害得庸将张俊之徒颜面尽失，无地自容。如此这般，尽管岳飞一心一意"精忠报国"，其心"天日昭昭"，但又焉能逃脱"风波亭之狱"，留得性命！

暗箭难防：熊廷弼之死

明代是中国历史上政治最为黑暗的时代，前后十多位皇帝，除了太祖、永乐、宣宗、仁宗少数几位外，大多能力平庸、品德不佳，即便是洪武皇帝与永乐天子，在承认他们有能力有魅力的同时，我们对其暴虐凶残、草菅人命、刻薄寡恩的人品德行也很难认同。一句话，明代是一个很"奇葩"的朝代！

在今天看来，生活在明代的人们，真可谓是摊上了命运上的大不幸，而这样的王朝称"大明"，真是一种讽刺，其实正确的称呼应该是"大暗"。金庸先生曾说过，明朝的皇帝没有几个成器的，从清朝皇帝中随便挑出几个，都要比明朝那帮废物皇帝强得多（参见《碧血剑》附录《袁崇焕传》）。客观地说，这话丝毫不错。

与明代前期相比，明代后期的政治更是每况愈下，断崖式下坠，越来越走向漆黑的深渊，与之相伴生的是党争激烈、倾轧无已；阉党、浙党、闽党、齐党、东林党冲突迭生，生死相搏；红丸案、移宫案、梃击案纷至沓来，冤冤相报。这种险恶的政治环境使得不少功臣宿将举步维艰，动辄得咎，稍有疏忽，就会陷足其中，葬送自己的政治前程，甚至搭上身家性命，成为某一政治人物或政治势力的牺牲品。当时著名将领、抗（后）金英雄熊廷弼的遭遇，就相当典型地反映了这一现象。

熊廷弼是明代万历末年与天启年间镇守辽东的明军主帅。万历四十六年（1618），他出任辽东经略，接过一副残破不堪的烂摊子。当时明军与后金军之间的战略会战——萨尔浒之战刚刚落下帷幕。在这场决定了辽东战略主动权归属的战事中，后金统帅努尔哈赤充分发挥八旗精骑机动性强、杀伤力大的优势，采取集中兵力，各个击破的作战指导原则，"任你几路来，我只一路去"，分合变化，灵活机宜，迅捷迂回，在短短数日内，先后大破各路明军，歼敌二十余万人。明军遭受了无法形容的惨败，骁将杜松、刘綎等人皆成了后金铁骑的刀下之鬼，命赴黄泉。

从此之后，明军畏后金铁骑如虎，称得上是"风声鹤唳，草木皆兵，望风披靡，肝胆俱裂"。明朝关外之地大多被丢弃，战场主动权彻底易手，后金兵锋直指山海关。"大厦将倾，非独木所能维系。"熊廷弼在这个时候到达辽东地区收拾残局，不啻是"受任于败军之际，奉命于危难之间"，委实太不容易了！

《吴子·论将》有云："夫总文武者，军之将也；兼刚柔者，兵之事也。"熊廷弼不愧为深富韬略、资兼文武的统帅之才。他抵达辽东前线后，即根据明军新历萨尔浒之战毁灭性惨败，后金贵族进攻势头正盛、锐不可当的实际情况，制定正确的战略方针，以时间换空间，采取积极防御之策，练兵守城，招抚难民，整肃军纪，修缮器械，做好持久作战的充分准备，从而迅速稳定了局势，缓解了明军上下普遍存在的畏敌怯战心理。后金方面观察到熊廷弼整军经武有方，明军实力有所重振，无机可乘，不敢贸然发动进攻，整个辽东战场的局面遂出现了比较大的转折，至少暂时趋于稳定，没有进一步恶化。从这个意义上来说，熊廷弼称得上是明廷的大功臣，身系辽东战场安危得失的中流砥柱。

可就是这样一位大功臣，到头来还是成了黑暗政治的牺牲品。明熹宗登基后，一味宠信大宦官魏忠贤，使得嘉靖、万历以来的黑暗政治发展到了登峰造极的地步，阉宦势力牢牢地控制了整个朝廷的军政大权。朝廷中的官员们大多都主动投靠或被动依附于魏忠贤等阉竖，他们彼此之间又结党营私，互相攻讦，倾轧不已，把朝廷政治闹得一团乌烟瘴气。

在当时，唯有东林党比较清正刚直，他们以前辈于忠肃公"千锤万击出深山，烈火焚烧若等闲；粉身碎骨全不惜，要留清白在人间"（于谦《咏石灰》）的品德情操相勉励，以"风声雨声读书声，声声入耳；家事国事天下事，事事关心"的姿态积极参与现实政治，与以魏忠贤为代表的腐朽势力展开坚决的斗争，成为整顿士风、挽救时局的唯一希望。

然而，由于顾宪成等东林党人并不掌握朝中实权，加之他们中间不少人志大才疏、眼高手低，甚至固执偏颇、党同伐异等原因，他们的最大作为也仅仅是清谈议政、针砭时局而已，并不能真正改变现状，反而往往因忤逆阉宦势力而遭到无情打击、残酷迫害。很显然，他们能做到"人生自古谁无死，留取丹心照汗青"（文天祥《过零丁洋》），可是，要实现"致君尧舜上，再使风俗淳"（杜甫《奉赠韦左丞丈二十二韵》）的理想却是门都没有。

熊廷弼不仅军事才能出众，而且在政治上也不乏良知，怀有正义感。他十分痛恨阉宦专权误国，同情和支持以东林党为代表的清流正直势力，如此一来，就大大触怒了阉宦集团以及依附于他们的朝中大臣。这些人视熊廷弼为眼中钉、肉中刺，必欲置之死地而后快，于是处处和他作对，事事与他为难。这些小人成事虽不足，但败事却有余，像样的本事没有，整人方面却个个无师自通，心狠手辣，全为九段高手（所以，要能在光怪陆离的社会上干一番事业，不至于早早出局，一条基本的原则绝对不可动摇，即宁可冒犯君子，不可得罪小人）。针对熊廷弼制定的行之有效的持久防御、伺机反击战略方针，他们横加否定，接连不断地给皇上进奏章，上疏启，弹劾攻击熊廷弼，诬蔑他胆小，不敢出战迎敌；中伤他无能，未能尽复失地（真是站着说话不腰疼）。昏庸的皇帝不分青红皂白，先是革了熊廷弼的职，听候查办，过不多久，又干脆将他逮捕关押。可怜一代名将，"虎落平阳被犬欺，龙游浅水遭虾戏"，壮志未酬而先罹牢狱之灾。

然而，熊廷弼所遭受的迫害还远远没有结束，更大的荼毒还在后头呢！随着以魏忠贤为代表的朝内外邪恶势力打击镇压东林党人力度的步步升级、层层加码，肆无忌惮的屠戮全面展开，作为东林党同路人的熊廷弼，死亡的阴影骤然笼罩了他。

熊廷弼在辽东前线抵抗后金进攻，立有靖边卫国的大功，所实现的正是广大民众的共同心愿。"公道自在人心"，他无辜蒙冤入狱，那些良知未泯的官吏和普通百姓都十分同情他，民间流传的一部绣像演义小说《辽东传》，热情讴歌了熊廷弼镇守辽东、痛击后金军队的英勇事迹。魏忠贤的徒党有一个名叫冯铨的，其父当年在辽东出任布政使一职，后金大军还未开到，他就率先鼠窜南奔，逃之夭夭了。《辽东传》第四十八回有"冯布政父子奔逃"一节，生动传神地描写了冯铨父子弃职而逃的狼狈丑态，反映了广大民众对阉宦势力的极大蔑视和憎恶痛恨。

冯铨对此事殊为恼怒，怀恨在心，加上想趁机讨好贼首魏忠贤，便买了一部《辽东传》放在衣袖里，朝见熹宗时，将它当作"罪证"呈送上去。诬告说：这部演义小说是熊廷弼收买指使他人所作，在书中，熊廷弼他恬不知耻，吹嘘拔高自己的功劳，而对朝廷则多有讥讽攻击，一笔抹杀陛下您的英明领导、丰功伟绩，实在是犯上作乱，罪无可逭。明熹宗一听，登时大怒，即刻下旨将熊廷弼从牢中提出，押赴刑场斩首，还将他的首级传送到边界各处示众，"传首九边"。就这样，明朝末年屈指可数的军事人才熊廷弼，为他的正直和刚烈献出了珍贵的生命。

熊廷弼的死，纯粹是黑暗政治的产物，是朝廷政治倾轧、宦官势力迫害正直之士的具体表现。它再一次用鲜血证明了，历史上这么多的功臣勋将招致不幸，衔冤殒身，其原因是极其复杂多样的，绝非简单的一句"功高震主"所能包含，所能概括。值得特别指出和强调的是：政治腐败黑暗对于众多功臣勋将来说，尤其是无情吞噬一切的巨大黑洞。而在其中，小人的上蹿下跳，栽赃诬陷，借刀杀人，趁火打劫，则比敌人的正面进攻更为恐怖、更难对付，所谓"明枪易躲，暗箭难防"！熊廷弼的遭遇就是一面镜子。

亲痛仇快：袁崇焕之死

当代最著名的武侠小说大师金庸先生其实也是一位杰出的历史学家（就此而言，当年浙江大学聘请他主持该校文学院并非败笔，不客气地说：那些在各类媒体上信口雌黄对金庸说三道四的"公众学者"，连替金庸拎草鞋都不够资格），他所撰写的《袁崇焕传略》，称得上是历史人物传记中的极品之作。他在文中栩栩如生地再现了袁崇焕的悲剧一生，对酿成这位大功臣被杀冤案的原因进行了全新的诠释，指出："崇祯之所以杀袁崇焕，根本原因并不是中了皇太极的反间计，而是在于这两个人性格的冲突。"这样的识见，自非一般只会玩玩竹头木屑考据之学的历史学者所能企及，也为我们重新认识袁崇焕的命运悲剧，乃至历史上功臣勋将无法得到善终的现象，提供了新颖可信的视角。

袁崇焕是继孙承宗、熊廷弼之后大明朝廷在辽东战场抗击清军的中流砥柱。他在十分困难的条件下，坚守明朝在辽东的战略要地宁远，运用正确的战略战术，发挥"红夷大炮"的巨大杀伤力（武器的重要性怎么强调都不为过，这一点古今相同），与战斗力极强的清兵浴血奋战，数次取得重大的军事胜利，使努尔哈赤一命呜呼，使皇太极损兵折将，粉碎了清兵所向披靡、不可战胜的"神话"，一度安定了辽东的局势。后来又率军在京师北京城下大破前来偷袭的清军，确保了京畿重地的安全。可以毫不夸张地说，他以一身维系着朱明王朝的安危存亡。

然而，袁崇焕又是一个性格刚烈、勇于负责的血性汉子。他壮怀激烈、志向高远，其诗"杖策只因图雪耻，横戈原不为封侯"，如实地反映了其高尚的情操和对理想的追求。在他的心目之中，只要是对朝廷、对民众有利的事情，都应敢作敢为，舍我其谁，而不必曲意奉承、明哲保身。（这一点同日后林则徐的襟怀可谓交相辉映："苟利国家生死以，岂因祸福趋避之。"）正是在这种思想意识的指导下，他不顾崇祯皇帝的忌讳，"请内帑"以充军饷；不顾越权专制的嫌疑，诛杀不听军令、贪赃枉法的大将毛文龙；不顾个人名节的得失，根据敌我形势对比实情，"擅主和议"。

袁崇焕这样做，其主观动机和出发点都是为了朝廷的长远根本利益，都是他忠贞为国、勤劳王事的本色体现。当然，我们也不必讳言，他的某些做法也有欠周详的地方，譬如诛杀毛文龙似乎就有越权之嫌。况且毛文龙虽有罪愆可惩之处，但是他在皮岛坚持抗清，牵制清军相当多的兵力，素为皇太极所忌惮，功过相抵，尚不至死。袁崇焕毫不宽贷地诛杀了他，也显得意气用事、草率残暴了一点。但尽管如此，这也不能算是大错。俗话说"尺有所短，寸有所长"，又说"金无足赤，人无完人"，我们不应该对袁崇焕过分苛求。正如张远冰所说："要一个人没有一点缺点，他也就会丧失所有优点。"（《一语道破天机：平民另类语录》）

遗憾的是，袁崇焕遇到的是崇祯皇帝。这位亡国之君的最大特点，是刚愎自用，性情偏激，胸襟狭窄，猜忌细苛。他或许能够容忍手下大将平庸无能，却无法容忍手下大将敢作敢为。袁崇焕勤于国事、独立不羁、勇于负责的精神与作为，对崇祯来说，乃是"欲与天公试比高"式的"狂妄"，这不是优点，恰好是罪过。只是当时辽东战场的大局尚须袁崇焕主持，他才按捺杀机，隐忍不发。但是，他的隐忍是有限度的，最终爆发乃是迟早的事情。等到皇太极利用"反间计"，诬陷袁崇焕与清兵勾结，准备里应外合颠覆朱明王朝的消息传来后，他终于痛下决心，诛杀袁崇焕以泄愤了。

就这样，一代功臣名将袁崇焕被扣上"叛逆谋反""擅主和议"等骇人听闻的罪名，被他所忠心耿耿辅佐保卫的朝廷无情残杀了。他被处以"凌迟"之刑，千刀万剐，死得极惨。更为可悲的是，北京城中一些不明真相的民众，轻信朝廷宣布的袁崇焕与清兵相勾结的"罪名"（由此可见控制话语权的重要性，封建专制社会，民众信息闭塞，能相信的只有官方舆论，所以指鹿为马式的骗局总是屡见不鲜），这时也以怨报德，参与残害袁崇焕：刑场上刽子手还不曾动手，这些愚民就扑将上去抢着咬他的肉，直咬到见了内脏，还连声咒骂"汉奸""该死"，似乎不如此便不足以张扬自己的"正义"与"崇高"。这才是真正的悲剧！（鲁迅先生对中国国民性的剖析可谓鞭辟入里，一针见血：中国老百姓被封建专制文化"洗脑"之后，不是变成麻木的"看客"，就是成了凶残的"帮凶"！袁崇焕行刑过程中，北京民众的表现足以证实先生之评判乃不刊之论！）

尽管如此，袁崇焕直到临死也没有为个人的不幸受冤而抱怨叫屈。他所痛心的，是自己不能再为守卫辽东、保国安民尽力了；念念不忘的，是希望朝廷重振雄风，击退清军，使国家长治久安，使百姓安居乐业。他的绝命诗正体现了这一崇高情感："一生事业都成空，半世功名在梦中。身死当有勇将出，犹为忠魂守辽东！"这样的襟怀，这样的追求，唯真英雄才拥有，唯大功臣才匹配！

袁崇焕拼了性命才在北京城下击退来犯的十倍于己的敌人，保全了崇祯皇帝和北京城中百姓的性命，可崇祯皇帝和北京城中那些不明真相的百姓却将他割成了碎块。天下之冤，难道还有比这更重更大的吗？连当时朝鲜的君臣百姓也为他的蒙冤被害而感到愤愤不平，认为袁崇焕与清军勾结之事纯属"莫须有"的罪名："此必行间之言也。"直到一百年之后，朝鲜的君臣还将冤杀袁崇焕作为明朝覆亡的重要原因之一。

袁崇焕无罪被杀，其后遗症是十分严重的。大功未酬，反被冤杀，实在令任何有志报国的人为之彻底寒心。这一后遗症，很快就为无情的事实所证明：朝廷自毁长城的做法，沉重地打击了明朝整个军队的军心士气，祖大寿等大将从此对朝廷离心离德，不愿再为朝廷效力。

从那时开始，明朝方面开始有整支整支部队投向清军的事情发生，更有人携带西洋红衣大炮投敌，清军掌握了铸炮的技术，开始自行铸炮，从而改变了双方在军事技术方面的力量对比，明军更加不是清军的对手。辽东前线的将士都灰心丧气，士气低落，牢骚满腹，自行溃散，"袁既被执，辽东兵溃数多，皆言：以督师之忠，尚不能自免，我辈在此何为？"那些统兵大将，更是首鼠两端，心怀异志，自称"在此立功何用"，纷纷"北去胡"而投降清军。他们不仅自己这么做，而且还写信给尚未降清的明朝将领，指出"南朝主昏臣奸，陷害忠良"，劝说他们认清形势，丢掉幻想，效仿自己，早日降清。辽东的局面从此土崩瓦解，不可收拾，明朝的灭亡遂成为不可逆转的历史趋势："封疆之事，自此不可问矣。""自（袁）崇焕死，边事益无人，明亡征决矣。"腐朽的朱明王朝，终究要为其滥杀忠良付出应有的代价。

像昏庸刚愎的崇祯皇帝诛杀功臣良将袁崇焕，自毁长城，导致丧师辱国乃至身死国灭这类事情，在漫长的封建社会里并不是孤立的现象，在明代以前有之，在明代以后亦有之。它给历史留下无数的悲剧，也让后人深深惆怅和嗟叹。这种频繁发生的历史文化悲剧，真的用得上唐代杜牧《阿房宫赋》中那句警言来加以形容："秦人不暇自哀，而后人哀之；后人哀之而不鉴之，亦使后人而复哀后人也！"

图书在版编目（CIP）数据

历史深处的君与臣 / 黄朴民著. -- 北京：华夏出版社有限公司，2024.（史家讲史）. -- ISBN 978-7-5222-0747-6

I. K820.2

中国国家版本馆 CIP 数据核字第 2024Q6U149 号

历史深处的君与臣

作　　者	黄朴民
责任编辑	王　敏
责任印制	周　然
出版发行	华夏出版社有限公司
经　　销	新华书店
印　　装	三河市万龙印装有限公司
版　　次	2024年10月北京第1版 2024年10月北京第1次印刷
开　　本	880×1230　1/32
印　　张	11
字　　数	248千字
定　　价	69.00元

华夏出版社有限公司　地址：北京市东直门外香河园北里4号　邮编：100028
网址：www.hxph.com.cn　电话：（010）64663331（转）
若发现本版图书有印装质量问题，请与我社营销中心联系调换。